前2千年紀の

ヒッタイトの歴史と文化

忘れられた帝国への扉

ビリー・ジーン・コリンズ［著］
アダ・タガー・コヘン［日本語版監修］
山本 孟［訳］

LITHON

THE HITTITES AND THEIR WORLD

by

Billie Jean Collins

Society of Biblical Literature

825 Houston Mill Road, Atlanta, GA 30329 USA.

ギャリー・ベックマンに捧げる

日本語版監修者まえがき

19世紀後半から20世紀前半は、ヨーロッパ人が「近東」と呼ぶ、西アジアと北アフリカの一部地域に対するロマンと宗教的な関心が非常に高まった時代であった。そのような関心は、失われた古代文明と、その遺物と文字記録を明らかにした大規模な考古学発掘に焚きつけられた。この地域は、第一次世界大戦終結まで、オスマン帝国の統治下にあった。ヨーロッパの研究者たちは、オスマン帝国から、エジプトやレバント、シリア、イラク、そしてトルコ本土まで、広範囲で研究を許可されていた。大戦後には、その大部分がイギリスとフランスの勢力下におかれたため、両国の研究者たちが考古学調査の先頭を走ることとなる。それ以来、日本を含め、他の国々の多くの研究者たちが、かつての大文明を掘り出し、それを調査するという継続的な取り組みに参入してきた。

ヒッタイト文明については、そのような取り組みの中では最も遅く、アナトリア中央と南部での発掘が始まった20世紀初頭に発見された。それは、ヒッタイト王国との関係が強く、レバントのカナンの文化を担ったウガリトに続く発見であった。また同時期には、前14世紀以来ヒッタイト帝国の一部となった二つの衛星都市、ユーフラテス川沿いのカルケミシュとエマルの発掘が開始され、そこでも貴重な文字資料の発見があった。

ヒッタイト王国は、歴史を通じて同じ王朝に統治されながら、400年以上続いた。その文化遺産は、アナトリアに移住してきたインド・ヨーロッパ語話者と原住民のハッティ人の混成によって前2千年紀に育まれた。また彼らは、現地文化を受容するだけでなく、東部や西部地域の文化を受容し、また両方面とはときに争いながらも、アジアとヨーロッパの結節点を支配することに成功したのであった。そして、彼らは同地域の政治史に名を残しただけでなく、王国崩壊後においても、その文化は前1千年紀のアナトリアとレバントの諸王国へと受け継がれた。この文化の連続については、今日世界中の研究者が注意深く研究を進めている。

前1千年紀の前半、レバントの一部地域を手に入れた古代イスラエル人にとって、ヒッタイト人は宗教的・法的慣習の源泉であったとみなせるだろう。詳細かつ包括的にヒッタイト人の歴史と社会、文化の全体像を描いた本書の著者ビリー・ジーン・コリンズは、終章を数百年の隔たりがあるヒッタイト文明と古代イスラエル人たちの関係に割いている。ヒッタイト人の遺産がどの程度、またどれほどの規模でヘブライ語聖書に伝わったのかについては、今なお研究者が議論しているところではあるが、本書で紹介されるように、その影響は無視できないように思われる。

過去20年間、ヒッタイトについて日本語で書かれた概説書がほとんどなかったため、日本でヒッタイト人の失われた文明を教えることは困難な課題であった。ヒッタイト学者は世界的に決して多いわけではなく、日本では数えられる程度かもしれない。そのため、若い研究者や、この学問に関心のある人々、一般の読者のためにヒッタイト文明に関する知識をまとめた概説書を提供することが重要であると考えた。このような動機から、ヒッタイトについて英語で書かれた、最も総合的で詳細なコリンズの著作を、共同で翻訳するよう山本孟博士に提案した。山本氏はその翻訳作業を引き受け、数年の努力が実って、今こうして読者の下に届けられようとしている。これまで日本の他の研究者の方々にも翻訳を確認いただき、貴重なご意見をいただいた。訳者からも後述で謝辞が述べられる。

翻訳作業において手厚くご協力くださった著者のビリー・ジーン・コリンズ（Billie Jean Collins）氏に心より感謝申し上げます。また、原著に掲載された図版を提供いただき、著作権の取得方法についてご教示くださったことにも感謝します。

翻訳書の出版許可をいただいたSociety of Biblical Literature Pressとそのディレクターであるボブ・ビュラー（Bob Buller）氏、プロダクションマネージャーであるニコル・L・ティルフォード（Nicole L. Tilford）氏、そして本書の出版にご支援とご協力をいただいたリトン社の大石昌孝氏に感謝申し上げます。

本書が、忘却されながら20世紀に再発見された、前2千年紀の忘れられた帝国への扉を開くことを強く願っている。

2021年4月1日　京都

アダ・タガー・コヘン

目　　次

図表一覧

凡　例

アルファベット翻字の表記

例

handandatar　　ヒッタイト語は常に小文字イタリックで表記する。

HAZANNU　　ヒッタイト語文書中のアッカド語は大文字イタリックで表記するが、
ヒッタイト語文書以外のアッカド語は小文字イタリックで表記する。

SANGA　　シュメール語は常に大文字で表記する。

記号の説明

角括弧［　　］は復元を表す。

山括弧〈　　〉は書記によって省かれた語を表す。

丸括弧（　　）は翻訳上の補いを表す。

三点リーダー … は文書の隙間あるいは翻訳不可能な語を表す。

原著者による原注は本文中にローマ数字で番号を付して巻末にまとめた。

訳者による補記は本文中に［　　］にして記し、訳注は巻末にまとめた。

本書に出てくる固有名詞の表記は『古代オリエント事典』（日本オリエント学会編）に準拠する。ただし、原著の表記にしたがう場合はその限りではない。また、聖書における固有名詞の表記は、原則として『日本聖書協会共同訳聖書』（日本聖書協会）に、トルコ語の表記については、庄司博史編『世界の文字事典』（丸善出版）にしたがっている。

まえがき

人類史上、類まれな時代である後期青銅器時代に、ヒッタイト人たちは大帝国を築いた。しかし、彼らはひとたび歴史の表舞台から降りると、完全に忘却されてしまった。ヘブライ語聖書にある一握りの言及以外、彼らの記憶は失われ、古典期の史料も彼らについてはまったく触れていない。第1章で述べるように、ヒッタイト人たちは20世紀に劇的な形で再発見されたのだが、まだほとんどの人には知られていない。これは無理もないことである。彼らが世界の文明に果たした貢献がいまだつきとめがたいからである。言うまでもなく、とりわけエジプトやメソポタミア、ギリシア、ローマといった、他の古代地中海世界の偉大な文明と比べると、ヒッタイト文明は、古代文明に関心のある人たちの目を引くように宣伝したり、売り込んだりされないままであった。それでも、幸運なことに近年ヒッタイトに新たな関心が集まり始めている。このことは、最近、ヒッタイトにかんする優れた書籍が出版されたことや、博物館での展示、ドキュメンタリー番組の放映があったことによる。また、ヒッタイト人たちの復活の鍵は、長年の懸案であった学術界における承認を得られるかどうかにかかっている。すなわち、ヒッタイト研究が古典期と聖書の背景、つまり西洋の伝統の背景を理解する上で、その価値が認められるかどうかにかかっている。

わずか10年前までは、本書のような概説書を執筆することはほぼ不可能であった。しかし、多くの新発見によって、ヒッタイト学者たちは後期青銅器時代のアナトリアで起こった歴史的事件の間の大きなギャップを埋められるようになってきた。まだ研究されるべき課題は多く残っているが、近年、ヒッタイト史を再構築する上で大きな進展があり、1998年に出版されたトレヴァー・ブライス（Trevor Bryce）の『ヒッタイト人の王国』（*Kingdom of the Hittites*）も、たった数年で大きくアップデートして再版されている。ブライスの研究書と、ホルスト・クレンゲル（Horst Klengel）の『ヒッタイト王国の歴史』（*Geschichte des hethitischen Reiches*）における並々ならぬ努力がなければ、本書の執筆作業はずっと困難なものになったことだろう。

ヒッタイト王国はほぼ400年にわたって存続した（およそ前1650～前1180年頃）が、その物語はこの年代におさまっているとはいえない。ヒッタイト人たちの歴史は、中期青銅器時代の形成期（前1800～前1650年頃）の数世紀と、王国時代に続く鉄器時代（前1180～前717年頃）を含めずして完全とは言いがたいのである。したがって、第2章では千年間におよぶ「ヒッタイト」の歴史すべてを扱っている。その歴史は、細部にはこだわらず、政治的出来事を概観したい人に向けて簡潔に示している。より詳細な歴史を知りたい読者は、すでに言及した書籍を含む、後期青銅器時代のヒッタイト人の歴史を詳説した文献一覧の「理解を深めるための参考文献」を参照されたい。

何十年もの間、聖書学者とヒッタイト学者は共に、ヒッタイト文書の中に聖書の章句を解明しうる情報源を熱心に探し求めてきた。この作業はきわめて有益であり、ヒッタイトの世界と聖書世界の比較研究はかなりある。しかしながら、そのような研究成果を一つにまとめた書籍はない。本書は、ヒッタイト研究が聖書の解釈にいかに寄与するのかについて、最新の研究を含めながら包括的にまとめることも試みている。このように、本書はこの主題についての研究蓄積を概観したい読者と、ヒッタイトの歴史・社会・宗教の簡潔な概説を求める読者に向けたものである。

本書で引用した聖書の章句はすべて新改訂標準訳聖書（New Revised Standard Version; NRSV）にしたがっている［日本語訳は日本聖書協会共同訳聖書にしたがう］。ヒッタイト語とアッカド語文書の翻訳については、著者自身によるものではない場合、注に示している。一貫性と簡便性のために、本書はいわゆる「中年代」をとり、かつブライスの『ヒッタイト人たちの王国』に示される王の即位順と治世年に従っている[訳注1]。

各章の草稿を読み、有益な指摘をしてくださったトレヴァー・ブライス氏とギャリー・ベックマン（Gary Beckman）氏、ブリアン・シュミット（Brian Schmidt）氏に謝意を表する。また、快く出版前の論文 “The Hittites and the Bible Revisited” を見せてくださったイタマル・ジンガー（Itamar Singer）氏と、素晴らしい地図を見せてくださったスザンヌ・ヴィルヘルム（Susanne Wilhelm）氏、編集上の助言をくださったケイティー・チャプル（Katie Chaple）氏に深く感謝する。SBLABSシリーズの一巻に収録される機会を与えてくださったアンドリュー・ヴォーン（Andrew

Vaughn）氏を始めとするSBLの方々、なかでもボブ・ブラー（Bob Buller）氏の支援と励ましに感謝する。最後に、執筆にあたってはクリス・マデル（Chris Madell）氏の支援や承諾、忍耐、励ましにも謝意を表する。

第 1 章　ヒッタイト研究史の概説

フランス人建築家であり探検家でもあったシャルル・テクシエ（Charles Texier）は、ロバに乗って初めてアナトリア中央高原ボアズキョイ村近くの古代遺跡へ続く轍の道を進んでいた。英国でヴィクトリア女王が即位する 4 年前、チャールズ・ダーウィンがビーグル号に乗って帰路についていた年のことである。ギリシアでは建築家レオ・クレンツェがアテネのアクロポリスの神殿再建に着手し、トルコではスルタン・マフムト 2 世がコンスタンティノープルの宮殿から広大なオスマン帝国を支配していた。この年は 1834 年だった。当時、ヘブライ語聖書でわずかに「ヘト人」に言及がある以外、誰もヒッタイトと呼ばれる人々のことを耳にしたことはなかった[訳注 2]。テクシエによる発見はこうした状況を一変させる出来事の端緒を開くこととなった。しかし、7 月のその日、聖書のヘト人のことなどテクシエの頭にはなかった。彼はその周辺にあると信じられていたローマの古代都市プテリアを探していたのであった。

発　　見

ところがテクシエが発見したのは、ローマのものとはまったく違う巨大な都市遺跡だった。このときまだテクシエはこの遺跡が何であるか知る由もなかったが、長く直線的に並べられた巨大石は重要な神殿の跡であり、大きな彫刻が刻まれた門を挟んで何マイルも続く城壁は、かつて帝国の都を防衛していたものであった。また、遺跡の北東には、神秘的で筆舌に尽くしがたいレリーフの数々が掘られた、幅の広い巨大岩（ヤズルカヤ、トルコ語で「刻まれた岩」を意味する）があった。これがこの文明全体における信教の鍵を握っていた[1]。ローマの遺跡でないならば、これらは果たして誰が何のために作ったのか。それ以前には誰も似たような遺跡を目にしたことさえなかった。

テクシエは報告書と実際よりいくらか美しく描いた遺跡のスケッチを残し

図 1.1　テクシエは、実際の様子を必ずしも忠実に表してはいないものの、ボアズキョイ村の遺跡を数多く描いている。上の絵は今日ヤズルカヤと呼ばれる岩の聖所に刻まれたレリーフの中心場面のスケッチである。Charles Texier, *Description de l'Asie Mineure* (Plate 77, 3 vols.; Paris: Didot, 1839-49)(Pitts Theology Library, Emory University, Atlanta, Georgia所蔵）より。

たが、その後に遺跡を訪れた旅行家たちは、さらに正確な情報をもたらした（図 1.1）[2]。その一人、ドイツ人の熟練した土木技師カール・ヒューマン（Karl Humann）は、1882 年にヤズルカヤのレリーフの一部を型に取ってベルリンの王立博物館へ送った。彼はこの遺構の実測図を初めて描いた人物でもあった。このときヒューマンは、アナトリア西海岸のローマ遺跡ペルガモンの発掘に従事しており、さらにジンジルリ（古代名サムアル）と呼ばれる遺跡の発掘のためにアナトリア東部へ向かおうとしていたのであった。

しかし、すでに 12 年前の 1870 年に大きな出来事が起こっていた。この年、二人のアメリカ人 J. A. ジョンソン（J. A. Johnson）領事と S. ジュサップ（S. Jessup）師が、シリア北部の都市ハマのバザールを散策していた際、「数々の小さな図と記号」が刻まれた四つの石を見つけていた。ただし、実際は 1812 年にすでに四つの石の内一つを発見していた人物がいた。シェイク・イブラヒムを名乗り、その短い生涯を近東の旅行と研究に捧げた、伝説的人物ヨハン・ルートヴィヒ・ブルクハルト（Johann Ludwig Burckhardt）である。彼の死後に出版された『シリアと聖地の旅』（*Travels in Syria and the Holy Land*）には、ハマのバザールにある建物の一角に埋め込まれた石についての言及があり、彼はこの石に掘られた「図と記号」を、一種の象形文字であると同定していたのである[3]。さらに、二人のアメリカ人がハマで四つの石を発見した翌年、文字が刻まれた別の石がアレッポのモスクの壁中に発見された。しかし、ハマでもアレッポでも、西洋人がそれらの型をとったり、スケッチを描いたりすることはできなかった。というのも、地元民はこれらの石に眼病やリューマチなどの病気を治す力があると信じて崇拝していたようで、西洋人を近寄らせようとしなかったからである。1872 年、アイルランド人宣教師ウィリアム・ライト（William Wright）が進歩的な考えをもった地元の知事《パシャ》の協力を得たことで一定の成果があった。一部の地元住民によるデモに悩まされながらも、ライトはこの建物の壁から石を切り出すことができた。石は船でコンスタンティノープルの博物館へ送られ、そこでライトは型を取った後、それを大英博物館へ送ったのであった[4]。

その後、同じような象形文字碑文がシリア北部だけでなくアナトリアでもさまざまな場所で発見されるようになり、テクシエたちがヤズルカヤで遭遇した碑文も同じ書記伝統で書かれていることが明らかになっていった。さらに、ハマの石のレリーフと 1878 年から発掘が開始された遺跡カルケミシュで発見されたレリーフの比較によって、アナトリア西部からシリア北部に至る地域に、連続する文化的伝統があったことが明らかになった。

1879 年には、イギリス人アッシリア学者アーチボルト・ヘンリー・セイス（Archibald Henry Sayce）がアナトリア西部のスミルナ（現イズミル）近郊にある二つの岩に刻まれたレリーフ（アクプナルとカラベル）を見に訪れている。古代ギリシアの旅行家パウサニアスは、『ギリシア案内記』の中で、永遠の悲嘆の象徴であるアポロンとアルテミスに 14 人の子供を殺されたタンタロスの娘ニオベの名を用いて、このアクプナルのレリーフを「石になった嘆き悲しむニオベ」と呼んでいる（『ギリシア案内記』第 1 巻 21 節）。また、カラベルのレリーフは、ヘロドトスがエジプトの王セソストリスを表していると考えたものであった（『歴史』第 2 巻 106 節）。翌年、セイスはロンドンで開かれた「聖書考古学会」での講演の中で、当時としては非常に大胆な関連づけを行った。彼は、アナトリアからシリア北部の至る所で見つかっている種々の建造物と碑文が、聖書に登場する「ヘト人」（ヒッタイト人）によるものだと発表したのである。

実際にはその2年前、すでにライトが小論文の中で同様の主張をしていたが、イギリス中でヒッタイト人のことが知られるようになったのは、セイスのこの刺激的な公開講演がきっかけだった。とはいえ、1884年に出版されたライトの著書『ヒッタイト帝国』(*The Empire of the Hittites*) も、ヒッタイト人が一帝国を支配したと断言し、ヒッタイト学という学問分野が始まったといえる契機となった点で研究史上の一大転機であった。

幸運にも、当時すでにエジプト語とアッカド語アッシリア方言が解読されていたので、両言語で書かれた文書から、彼らの新説が正しいことが証明された。アッシリア語文書には「ハッティ *ḫatti*」と呼ばれる国が何度も現れるし、エジプト語の文書も *Ḫt*（エジプト学者は *Ḫeta* と恣意的に母音を入れて表記している）に言及している。しかし、1880年までは聖書に現れるヘブライ語 *ḥittîm*（英語で「ヒッタイト」と表される）がアッカド語とエジプト語に現れる語と同じ人々を指しているとは誰も想像していなかったことだろう。アッカド語とエジプト語の史料は、前15世紀から前8世紀終わりにかけてのヒッタイト人たちの歴史的な背景知識を伝えている。ただし、これらの史料には若干の問題があった。というのも、ヒッタイトは数々の戦いで常に敗者として登場するが、明らかに広大な地域を長期間にわたって統治した王国が敗者であり続けたとは考えられないからである。さらに、当時はヒッタイトの政治の中心がシリア北部のカルケミシュであったと想定することについても誰一人として疑念を抱いていなかった。

しかし、次なる大きな転機は意外にもすぐ訪れた。1887年、異端のエジプト王《ファラオ》アクエンアテンの治世に年代比定される大量の外交文書がエジプトのエル＝アマルナで発見されたのである。この文書群には何百もの外交書簡が含まれており、なかには当時解読されていたアッカド語で書かれたヒッタイト王シュッピルリウマ1世からの書簡もあった。また、アルザワ王タルフンダラドゥとエジプトのファラオであるアメンヘテプ3世との間に交わされた書簡が2通あった。これらの書簡は同じように楔形文字ではあるが未解読の言語で書かれていた[5]。研究者たちは自然とこの言語を「アルザワ語」と名づけた。1893年、フランス人考古学者エルネスト・シャントル (Ernest Chantre) がボアズキョイで試掘調査を行った際、この「アルザワ語」で書かれた粘土板が複数見つかったことで、「アルザワ問題」はよりいっそう重大な問題となっていった。

1902 年、ノルウェー人学者 J. A. クヌートソン（J. A. Knudtzon）は、アマルナ文書群にかんする一連の研究の中で、この 2 通の「アルザワ語」書簡を独自に研究し、そこに書かれている言語がおそらくインド・ヨーロッパ語に属していると結論づけた[6]。インド・ヨーロッパ語族には、今日西洋で話される主要言語（ゲルマン諸語やロマンス諸語）だけでなく、スラブ語やインド・イラン諸語も含まれる。非常に少ない資料から結論を導き出したことを考えると、クヌートソンの研究は注目に値する功績であった[7]。しかし、資料の少なさに加え、楔形文字による音節表記によってインド・ヨーロッパ語の要素がほとんど見分けのつかないほど歪められていたせいで、彼の発表が研究者に受け入れられることはなかった。さらに、セム語が支配的であった古代近東においてインド・ヨーロッパ語が話されていたという考え方が当時はとても受け入れがたかったようで、懐疑的な見方を受けて結局クヌートソンは自身の主張を取り下げてしまった。

1906 年、ドイツオリエント学会の後援を受け、ついにボアズキョイの発掘が始まった。当時イギリス隊も発掘準備に取りかかっていたが、ドイツ隊に発掘許可が下りた背景には政治的な理由があった。1899 年、ドイツ銀行がベルリン・バグダード鉄道に融資していたため、ボアズキョイの発掘認可は、オスマントルコ政府にとっては、イギリスよりも親密な関係にあったドイツ皇帝とその政府に対する友好の証であったのである。後述するように、このたった一つの決定がその後のヒッタイト学を形成することとなった。

発掘は、ドイツ人アッシリア学者フーゴ・ヴィンクラー（Hugo Winckler）の指揮の下、経験豊富なトルコ人考古学者で政府の役人でもあったテオドール・マクリディ（Theodor Makridi）の協力を得ながら行われた。この発掘の目的は粘土板を見つけ出すことでしかなかった。そのため、1907 年にドイツ考古学研究所が、地図の作成と、特に城塞や神殿などの重要な建造物の部分的な発掘のために、ドイツ人考古学者オットー・プフシュタイン（Otto Puchstein）を派遣したことはヒッタイト学にとって幸運なことであった。ちょうど同じ年、若きイギリス人考古学者ジョン・ガースタング（John Garstang）がトルコ旅行中にボアズキョイに立ち寄っている。それまでアナトリアでは考古学研究がほとんど行われていなかったにもかかわらず、彼は当時の景観や遺跡を徹底的に調査し、その成果を『ヒッタイト人の国：近年の小アジアにおける探査と発見についての報告』（*The Land of the Hittites: An Account of Recent Explorations and Discoveries in Asia Minor* (London: Constable, 1910)）にまとめて出版した。彼の著書は、文献史料とモニュメントをヒッタイト帝国の全体像の中にまとめようとした初めての取り組みであった。さらに、ボアズキョイから出土した多くの粘土板に書かれていた言語の解読前に、有名な歴史家エドゥアルト・マイヤー（Eduard Meyer）はアッカド語で書かれた文書だけをもとに『ヒッタイト人の王国と文化』（*Reich und Kultur der Chetiter* (Berlin: Curtius, 1914)）を著している。

ヴィンクラーの発掘のやり方は当時から賛同されるような方法ではなく、今後も彼の名誉が挽回されることはないだろう[8]。ボアズキョイ発掘における彼の関心は粘土板を見つけることであったため、最初の年だけでおよそ10,400枚もの粘土板断片が発見された。これ自体は驚くべき大発見であり、その意味で発掘は大成功ではあったが、のちの学問には大損失でもあった。というのも、ライブラリの構成やさまざまな文書の相関を知る上での重要な情報となる、粘土板の出土場所についての記録が取られていなかったのである[9]。もっと悪いことには、遺跡から粘土板を取り出す際に十分な注意が払われず、多くの粘土板がばらばらに壊れてしまい、断片的すぎて利用価値がないと判断されたものは山積みにして捨てられてしまった。こういったやり方は当時の基準からしても疑わしい方法であった。

にもかかわらず、非常に重要な遺物が発見されたことでヴィンクラーに対する非難は影を潜めた。1年目に発見された粘土板の中には、エジプトのカルナク神殿の壁面に刻まれているエジプトとヒッタイトの条約と同じ内容が、アッカド語で記された粘土板があったからである。また、当時の外交語であったアッカド語で書かれた多くの文書が見つかったことから、ヴィンクラーはカルケミシュではなくボアズキョイこそがヒッタイト文明の都であったという正しい結論を導き出した[10]。ヴィンクラーはこれらのアッカド語文書を読むことができたが、残る大多数の粘土板は未解読のヒッタイト語で書かれていた。彼は1913年4月に亡くなるまでヒッタイト語の解読に情熱を注いだ。しかし、ヴィンクラーは、1914年にボアズキョイの発掘が突然中断されることも、1915年にヒッタイト語の解読について決定的な発表が行われることも、生きて目にすることはなかった[11]。

解　　読

ライトとセイス、ヴィンクラーによる多大な貢献は言うまでもないが、「ヒッタイト学の父」という栄誉ある肩書きは、最終的にヒッタイト語を解読したチェコ人アッシリア学者フリードリヒ・フロズニー（Friedrich Hrozný）に与えられなければならない[12]。ウィーン大学の若き教授であったフロズニーは、ヴィンクラーがボアズキョイで掘り出した豊富な粘土板を利用できた。当時すでに、それらの粘土板はドイツオリエント学会によって研究用に公開されていた。フロズニーはオーストリア・ハンガリー帝国軍の兵役にありながら、幸運にも上官の理解を得て研究を継続し、ヒッタイトの粘土板を研究するためにコンスタンティノープルへ行く機会も与えられた。フロズニーは、兵役中に執筆・発表した1915年の論文「ヒッタイト語問題の解決」の中で、ついにヒッタイト帝国の言語がインド・ヨーロッパ語であると断言し、先のクヌートソンの主張が正しかったことを証明したのである[13]。この年に彼がドイツオリエント学会で行った講演の中心は （*nu* NINDA-*an ēzzatteni wāter-ma ekutteni*）という有名なヒッタイト語の一文であった。アッカド語に使われる楔形文字からNINDAの文字がパンを表す表語文字だということはフロズニーもよく知っていた。彼は、それに続く *ezzatteni* という言葉が「食べる」を意味する動詞の形式であると推測し、他のインド・ヨーロッパ語に同源の語を見つけ出した（たとえばドイツ語の *essen* やラテン語の *edō*）。また、次の言葉 *watar* が英語の *water* やドイツ語の *Wasser* などと似ているのも明白であった。さらにフロズニーは、二つの動詞の最後についている接尾辞 *-teni* が２人称複数形を示していると考え、この文を「そしてあなたたちはパンを食べ、そして水を飲む」と訳出できたのである[14]。C. W. ツェーラム（C. W. Ceram）はこの重大発見を独特な表現で総括した。「何と驚異的なことであろう。3千年もの時を経て、ドイツの北海岸に住むフリースランド人も、アメリカの東海岸のペンシルバニアに住むオランダ人も、ヒッタイト人の渇きを叫ぶ声を理解できるとは！」[15]

フロズニーは、解読の基礎となった予備段階の論文に続いて、1917年には初の体系的な研究となるヒッタイト語文法書を出版し、これは長年に渡って標準となる研究となった[16]。しかし、フロズニーが決定的な解読をしたにもかかわらず、その後10年間は聖書世界にインド・ヨーロッパ語を話す人々が存在した可能性を許容できない古い先入観が消えなかった[17]。それは単にそれまで歴史家が描いてきた歴史像に合わないという理由からであった。また、ヒッタイト人がインド・ヨーロッパ語話者であると同定されたことによって、科学者たちは岩のレリーフから導き出されていた人種にかんする推定の見直しがせまられた。ある人の目には、遺跡に残るレリーフは、ヒッタイトの人々が「黄色い肌の『モンゴロイド』の特徴をもち」、「髪の生え際が後退し、斜視で、上あごの突き出た、醜い」民族だという視覚的な証拠となっていたのである[18]。それでも、次々とインド・ヨーロッパ語であることを否定しがたい証拠が出てくると、そういった批判は止み、以後ヒッタイト語研究は急速に発展していった。

当時ドイツでは、ヒッタイト研究がハンス・エーロルフ（Hans Ehelolf）（ベルリン）とエミール・フォラー（Emil Forrer）（ベルリン）、ヨハネス・フリードリヒ（Johannes Friedrich）（ライプツィヒ）、アルブレヒト・ゲッツェ（Albrecht Goetze）（ハイデルベルクとマールブルク）、フェルディナント・ゾマー（Ferdinand Sommer）（ミュンヘン）という五人の研究者によって進められた。また、アメリカにはエドガー・スタートバント（Edgar Sturtevant）（イェール大学）が、フランスには雑誌 *Revue hittite et asianique* の編者で、悲劇にもドイツの強制収容所で亡くなったルイ・ドゥラポルト（Louis Delaporte）という研究者がいた。1930年までに、多くの歴史文書が今日でも参照されるほど正確にドイツ語に訳されており、それらの研究書はのちのすべての文献学研究の評価に対して厳格な学問的基準をもたらした。

楔形文字で書かれたヒッタイト語文書の研究が飛躍的に進歩した一方、象形文字の謎をひも解く取り組みは、悩ましいほどゆっくりとしたものであった。フロズニーはヒッタイト語文書に現れる各楔形文字の音価を同定することに長けていたため、文献学者たちは馴染みのある語形成や文法的な用法を探し当てられた。また、ヒッタイトの書記たちが単語や段落を分けて表記していたことも文献学者たちの助けになった。そのような表記法は私たちには当然のように思えるが、古代の書記術においては決して一般的ではなかった。多くの研究者は、象形文字で表記された言語がヒッタイト語か、あるいはヒッタイト語と密接に関係する言語だと想定していたものの、初めのうちは象形文字の音価がまったくわからなかった。結果、セイスが楔形文字ヒッタイト語の解読より30年も前に研究を始めたにもかかわらず、象形文字の解読は楔形文字ヒッタイト語の解読後さらに数十年間を要した。その間にヒッタイト学における多くの英知が注がれることとなる。

解読を始める以前の問題として、まず象形文字の書字方向、文字が表語文字なのか音節文字なのか、単音文字なのか、あるいは限定符（たとえば「男」、「女」、「町」、「石」、「神」といった語を類別する文字）が使われたか

図1.2　カトゥワの奉納碑文が記されたカルケミシュ出土の象形文字の石板（前10世紀ないし9世紀）　KARKAMIS A13d. Sir Leonard Woolley, *Carchemish II: The Town Defences* (London: British Museum, 1921) より。

どうかといった点を確認する必要があった。やがて研究者たちは、書字方向が行ごとに交替するという結論に至った。つまり、象形文字文書に現れる文は、牛耕式（ラテン語でブストロフェドン「牛が鋤で耕すように」の意）に読むようになっていたのである［文字が向いている方向が行ごとに反対になり、たとえば 1 行目の鹿を象った文字は右を向いているのに対し、2 行目の同じ文字は左を向くことになる］。これは、文字の向いている方向からその行を読んでいくに違いないという仮定の下にたどり着いた結論であった（図 1.2）。また、単音文字ならもっと少ない文字数で十分であり、純粋に表語文字だけで表記していたならもっと多くの文字が必要であることから、（当時区別されていた）約 100 個の文字は音節文字であると考えられた。さらに、象形文字には音節文字に加え、表語文字と限定符が使われていたこともわかった。

しかし、このような洞察以外にはほとんど進捗がみられないまま数十年が経過することになる。楔形文字と象形文字が刻まれていることから、2 言語併用の可能性が考えられた、いわゆる「タルコンデモス印章」をもってしても、それ以上の洞察は得られなかった（図 1.3）[19]。20 世紀の初め、レオポルト・メッサーシュミット（Leopold Messerschmidt）は多数の印章と碑文に合計 61 点の象形文字文書を加えたコーパスを出版した[20]。さらに、1911 年から 1914 年に大英博物館が主導して D. G. ホガルス（D. G. Hogarth）とサー・レオナード・ウーリー（Sir Leonard Woolley）、T. E. ロレンス（T. E. Lawrence）（アラビアのロレンス）の指揮で行われたカルケミシュの発掘によって、既知の碑文数は格段に増えた。にもかかわらず、1920 年代まで、アッシリアの史料を手がかりにいくつかの地名を特定できたこと以外、象形文字の解読に大きな躍進はなかった。

幸いなことに、新しい世代の研究者たちは進んで象形文字の解読に取り組める状況にあった。1919 年、スイスのアッシリア学者フォラーは、ボアズキョイ出土の楔形文字文書にはヒッタイト語とアッカド語の他に別の言語が記されているということに気づいた。彼が同定した 8 言語のうちの一つは、文書中で *luwili*「ルウィ語」と呼ばれる言語であった[21]。1932 年、イタリア人研究者ピエロ・メリッギ（Piero Meriggi）は、ヒッタイトの象形文字の言語が楔形文字のヒッタイト語よりルウィ語とより密接に関係していると気づき、初めて「象形文字ルウィ語」という用語を用いた[22]。フォラーとシカ

図 1.3　セイスは、このいわゆるタルコンデモス印章を象形文字の解読の鍵になると信じて徹底的に調べたが、残念ながら印章に現れる短い碑文が解読されたのは近年になってからである。セイスは少なくとも「神」と「王」、「町」、「国」を表す文字を同定しようとした。彼はこの印章を Tar-rik-tim-me šar mat Er-me-e と読んだが、現在では以下のように読まれる。TARKASNA-*wa* LUGAL KUR ^{URU}*Me-ra*$^{!}$-*a*$^{!}$「ミラ国王タルカスナワ」(Hawkins and Morpurgo-Davies, "Of Donkeys, Mules and Tarkondemos," 243-60)［TARKASNA-wa は、楔形文字の翻字方法にのっとれば ^{m}*Tar-kaš-ša-na-wa* である。］写真提供：ボルティモア・ウォルターズ美術館（The Walters Art Gallery, Baltimore)。

ゴ大学オリエント研究所のイグナス・J. ゲルブ（Ignace J. Gelb）も解読に精力を注ぎ、1931 年に二人はその成果をライデンで開かれた学会で報告した。フロズニーもヒッタイト語の解読という過去の成功を再演しようとしたが、目を見張るほどの成果は出せなかった。象形文字の解読に専念した研究者には他にもヘルムート・テオドール・ボッサート（Theodor Bossert）がいた。彼はのちに、象形文字の解読において大変貴重な碑文資料を発見した人物である[23]。上に挙げた研究者らの成果が組み合わさった結果、約 55 個の音節文字の音価と、多くの表語文字および限定符の意味に対して、おおよその合意が形成されていった[24]。

1931 年、ドイツ考古学研究所とドイツオリエント学会の後援でヒッタイトの都の発掘が再開されたことで次の転機が訪れた。第一次世界大戦後、世界情勢は大きく変わっていた。このときトルコは共和国となっていた。シカゴ大学東方研究所は、若いドイツ人考古学者ハンス・ヘニング・フォン・デア・オステン（Hans Henning von der Osten）の指揮の下、アナトリア中央にある後期青銅器時代の遺跡アリシャール・ホユックの発掘（1927〜32年）を開始していた。また、ドイツ考古学研究所は、クルト・ビッテル（Kurt Bittel）にボアズキョイの発掘再開を託していた。その使命は、ヴィンクラーによる発掘時には行われなかった、遺跡の文化層の層序を確認することであった。発掘開始後すぐに粘土板が続々と発見されそうだということがわかると、1933 年にはライプツィヒでフリードリヒの学生であったハンス・G. ギューターボック（Hans G. Güterbock）が碑文学者として発掘隊に招かれた[25]。ギューターボックは父親がユダヤ系であったために、ベルリン博物館のエーロルフの下では働けなかったが、ドイツ考古学研究所のイスタンブール支局からはドイツ隊の発掘に参加することは許可された。こうして 1933 年、ギューターボックは亡命生活を始め、その後最終的にはシカゴ大学東方研究所に所属することになった。

1935 年の発掘では、貯蔵室からおよそ 200 個の封泥《ブッラ》（積送品を特定し、厳重に保管するための印章が押された粘土の塊）が見つかった。多くは象形文字と楔形文字の両方が書かれているか、なかには象形文字のみが書かれたものもあった。新たに二人の碑文学者エーロルフとハインリヒ・オッテン（Heinrich Otten）が到着すると、ギューターボックは現場を離れざるをえなくなり、1936 年、アンカラにできた新大学で職を得ることとなった。彼はもはや発掘過程で見つかる粘土板を研究利用できなくなったため、それまでに見つかっていた印章のカタログ化と分析作業を始めた。ギューターボックは 2 言語で細密に書かれた印章群を用いて象形文字で書かれた王の名前を特定した。それらはアナトリア各地に散在する岩のレリーフに現れる名前と一致したのであった。

1946 年、ボッサートとハレット・チャンベル（Halet Çambel）は、アナトリア南東部アダナの山岳地帯にあるカラテペで、ついに待望されていた 2 言語併記碑文を発見した。フェニキア語と象形文字ルウィ語で書かれたその碑文は前 8 世紀末の城塞の門を形成する石のブロックに刻まれていた[26]。現在発見されている 2 言語併記の碑文の中で最も長文であり[27]、これにより、かねてから提案されていた文字の読みと意味の多くが正しいことが確認されただけでなく、さらに多くの文字に新しい音価があることも判明した。しかし、間違った音価が当てられていた文字の多くが選別の網をすり抜けたことも事実で、3世代の研究者による尽力の末でも、解読はまだ不完全なままであった。ただし、2言語併記碑文から得られた新情報は、1960年にフランス人研究者エマニュエル・ラロッシュ（Emmanuel Laroche）による新しい体系的な文字リストに含まれた[28]。これに続いてすぐにメリッギは、語彙集と文法分析をまとめており[29]、今日においても両氏の研究は基礎的資料となっている。

1974年、J. D. ホーキンス（J. D. Hawkins）とアンナ・モーパーゴ・デイヴィス（Anna Morpurgo Davies）、ギュンター・ノイマン（Günter Neumann）がいくつかのよく知られた音節文字の読み方を修正する論文を発表したことで、解読は最終段階を迎えた[30]。彼らの新しい読み方はこの言語の復元に重要な改定を加えることとなった。この発表により、象形文字の言語は前15世紀から前8世紀末まで使われたルウィ語ではあるが、最初にフォラーが同定した楔形文字ルウィ語とはいくつかの点で異なるルウィ語の形態だということが多くの研究者に受け入れられるようになった。これら二つの「方言」——しばしばそのように表現される——が地理的・時代的にどのような関係にあったのかは、いまだに明らかではない[31]。また、ヒッタイト帝国がなぜ二種類の異なる文字体系を必要としたかという問いにも十分には答えられない。ただし、ある新説では、ヒッタイト王国がエジプトやメソポタミアと政治的優位性を競う中でアナトリア独自の文字をもちたいという願望に駆られていたという可能性が指摘されている[32]。

研究史の広がり

ボアズキョイの文書庫からは3万点以上の楔形文字粘土板断片が見つかった。今まさに、これらの文書の写しを刊行する膨大な作業が終わろうとしている。マクリディとヴィンクラーが発掘した1万点以上の粘土板は、ベルリン博物館の近東部局長オットー・ウェーバー（Otto Weber）とイスタンブール博物館のハリル・エドヘム（Halil Edhem）の間で交わされた協定に基づき、保存・研究のためにベルリンへ送られた。これらの粘土板は、ドイツオリエント学会が出版した『ボアズキョイ出土の楔形文字文書』（*Keilschrifttexte aus Boghazköi* [*KBo*]）の最初の6巻に掲載されている。しかし、1921年ベルリン博物館の粘土板キュレーターであったエーロルフが立ち上げた新シリーズ『ボアズキョイ出土の楔形文字史料』（*Keilschrifturkunden aus Boghazköi* [*KUB*]）の発行が始まったことで、*KBo* の出版については中断された[33]。ベルリンとイスタンブールの協定に従えば、粘土板は出版後トルコへ返還されることになっていたのだが、実際1942年までに返還されたのは3,000枚に満たなかった。返還されたものの内、当時まだ *KUB* に刊行されていなかった700枚以上の粘土板については、ムアッゼズ・チー（Muazzez Çığ）（1944、1947、1954）とムスタファ・エレン（Mustafa Eren）（1988）が出版した『イスタンブール考古学博物館所蔵ボアズキョイ粘土板文書』（*Istanbul Arkeoloji Müzelerinde Bulunan Boğazköy Tabletleri*）に掲載された。残りの約7,400枚の粘土板はベルリンに残されたままであったが、1989年になってようやく、刊行か未刊行にかかわらず、すべて東ドイツからアンカラに返還された。未だ刊行されていない粘土板も残っている。*KUB* シリーズについては1990年に第60巻に至って出版が終わっている。

1931〜33年にビッテルが指揮した発掘調査で見つかった粘土板もベルリンに送られ、*KUB* に刊行された。また、旧シリーズである *KBo* は戦後の発掘で見つかった粘土板を出版するため、ボアズキョイの発掘に参加した碑文学者オッテンの監督の下に再開された。*KBo* シリーズは1916年に初めて刊行されて以来、2007年には最新刊（57巻）が出版されている［2019年時点では70巻まで出版されている］。出版された楔形文書の多くは翻訳され、さまざまな形で分析されてきた。ただし、そのほとんどは一般向けに発表されているわけではなく、専門家ではない人にとっては簡単に利用できるものではない。他方、ロンドン大学の東洋アフリカ研究学院のホーキンスによる大著な3巻本事業『象形文字ルウィ語コーパス』（*The Corpus of Hieroglyphic Luwian Inscriptions*）のおかげで、鉄器時代の全象形文字ルウィ語資料が現在利用可能な状態にある。今なお楔形文字ヒッタイト語研究を牽引しているのはドイツだが、今日のヒッタイト学研究は実に国際的である。ドイツやイギリス、アメリカだけでなく、オランダやイタリア、フランス、イスラエル、日本、そしてもちろんトルコの研究者たちも重要な研究に従事している。

しかし、残された課題はまだ多い。この魅力溢れる人々の言語や文化、歴史を明らかにする作業は続いている。特に、この数十年間には新しい重大発見があった。それは初期の新発見ほどの興奮はないとしても、非常に価値のある発見であった。ヒッタイト学はダイナミックに進化し続ける学問分野ではあるが、まだ比較的若い、規模の小さな分野であるため、学術界に確かな足場を固める努力が続いている。

象形文字解読の歴史は、過去の言語・歴史・文化を復元するにあたっては、文献学（文書研究）と考古学の成果を組み合わすことがいかに重要であるかということを鮮やかに証明してくれる。近年、考古学は非常に重要な発見をもたらしている。特に重要なのはヒッタイトの都における新たな発見である。当時の政治情勢により 1939 年に中断されたボアズキョイの発掘は、1952 年になってようやくビッテル（1952～77）によって再開され、引き続きペーター・ネーヴェ（Peter Neve）（1978～93）、そしてユルゲン・ゼーアー（Jürgen Seeher）（1994～）の指揮の下、継続して発掘が行われている［2006 年以降は、アンドレアス・シャフナー（Andreas Schachner）氏の指揮の下で発掘されている］。これまでに、「上の町」にある合計 30 の神殿が発掘されており（図 2.2）、ヒッタイトの都がとりわけ宗教と祭典の中心地であったことが明らかになりつつある。また、神聖な水場のある複合施設が発見され、それに付設された二つの円天井の石室が修復されたことでヒッタイトの歴史と宗教両方に重要な情報がもたらされた。二室の内一室には、その治世の史料がほとんど残っていない最後のヒッタイト王シュッピルリウマ 2 世による軍事遠征を記した象形文字碑文が残されていたからである。さらに 1990 年の発掘では、城塞の反対側に位置する、ニシャンタシュと呼ばれる巨大岩の北にある建物の地下「印章庫」から 3,000 個以上の封泥が出現した。これらの封泥の多くにはヒッタイト王や王の役人の公的な印章が押されていたため、ヒッタイト王家の系譜について重要な情報をもたらすことになった。

近年のハットゥシャの発掘では二つの目標に焦点が当てられている。一つは、「下の町」にあるビユッカヤとして知られる岩の頂に大規模な食糧貯蔵と再分配の拠点が発見されたことで、都市の経済基盤のあり方に研究者らの注目が集まっているということである。もう一つは、「上の町」の西側にあるサルカレという岩の西側にある谷が新たに発掘されたこと（2001 年以来）

である。この発掘次第では、これまで明らかにされてこなかった居住区の情報が得られるかもしれない。さらに、王墓の発見は考古学者に残された大きな挑戦となっている。

ヒッタイトの都ハットゥシャ以外でも、エーゲ海沿岸や地中海沿岸における新規の発掘から後期青銅器時代にかんするデータがもたらされている。今や、歴史上、考古学的に「主のいない土地」であった黒海沿岸地域でも調査が行われている。こうした「辺境」地域の情報は、ヒッタイトとアナトリアの近隣諸国の関係に光を当ててくれる。また、「前近代的」な発掘が行われてきたヒッタイト中心都市の遺跡でも近年は新しい研究が行われている。そのような都市遺跡には、アリシャール・ホユックやアチャナ（古代名アララハ）、カラテペ（古代名アザティワダヤ）などがある。その他カルケミシュ（現ジャラーブルス）やアラジャ・ホユック[34]などの主要遺跡は今後の発掘が切実に待たれる状況にある。近年には、ガヴルカレシ[35]やシルケリ[36]、エフラトゥン・プナルにある岩のモニュメントでも発掘が行われ、驚くべき成果を上げている。

最もめざましい成果は、楔形文書庫を有したいくつかのヒッタイト地方都市の同定と発掘である。ハットゥシャの北東に位置する行政都市マシャト（古代名タピッカ）やハットゥシャ北東のオルタキョイ（古代名シャピヌワ）、ハットゥシャ南東の宗教都市クシャクル（古代名シャリッシャ）がこれまでに同定されている。これら都市の文書庫には、書簡や土地譲渡証書、物品や人員の目録、宗教関連文書、祭儀文書が保管されていた[37]。なかでもかつて王宮があったオルタキョイは最も重要であり、ここには3,000枚以上の粘土板が保管されていた[38]。それらの粘土板文書が出版されれば、ヒッタイトの地方行政についての貴重な情報となるだろう。その他、ヒッタイト時代に居住されたことがわかっている都市遺跡の中で、近年発掘が行われているのは、中央トルコのチャドゥル・ホユックとカマン・カレホユック、ハタイ県にあるキネト（イッソス）、キリキアのメルシンとシルケリ（前述の岩のレリーフに接する）の遺丘などである。シルケリの発掘隊は、この都市がヒッタイト時代のラワザンティヤであったとする説を提唱している。ラワザンティヤとは、ヒッタイト王ハットゥシリ3世がプドゥヘパを妃として娶ったキズワトナの都市であった（第2章を参照のこと）[39]。最後に、コンヤ近郊のハティプにある後期青銅器時代の大規模な要塞遺跡で象形文字碑文が発見されたことで、ヒッタイトの第二の都タルフンタッシャと、間違いなくそこにあったと思われる文書庫の発見にも期待が高まっている（第2章を参照のこと）[40]。

岩の碑に示されるヒッタイトの美術様式の質は、エジプトとメソポタミアの壮麗な芸術作品には敵わないが、少なくとも独創的なところに強みがある。ヒッタイトのレリーフ様式は未熟な彫刻家によるものだとはいえない。なぜなら、ヒッタイト人はリュトン（動物の形をした容器）やその他の祭儀用の器など、間違いなくすぐれた芸術作品も製造しており、レリーフの様式はむしろ好みの問題であると思われるからである。また、ヒッタイト芸術はそれ自体に驚きを秘めている。近年、ヒュセインデデ近郊で発見された壺の装飾は、ミノア文明のクレタ島でよく知られる、雄牛が跳ねる「娯楽」のモチーフがアナトリア起源であったことを示唆している[41]。さらに、近年のボアズキョイの発掘では「上の町」の少なくとも一つの神殿（神殿9）の壁は色鮮やかな絵で飾られていたことも明らかになった。これは、類い稀な才能をもったヒッタイトの芸術家がいたか、あるいはヒッタイトの都に外国人（ミケーネ人？）がいたことを示している[42]。

1929年、ガースタングは「ヒッタイトの中心都市がどこにあり、それらがどのように分類され、あるいは組織化されていたかという問題については、人を満足させるほど大きな進歩は望めない」[43]と述べている。確かに、最近までヒッタイト帝国の入り組んだ地勢を整理できるという期待をもたせてくれる歴史家はほとんどいなかった。政治的にヒッタイト人たちに従属したアナトリアの国々の地理的位置関係を正確に突き止めることは非常に困難である。粘土板文書にはヒッタイト支配下にあった何百もの町や村が記述されているにもかかわらず、それらを正確に特定するのは不可能な課題だと思われていた。それでも、この場合もまた、文献学と考古学の調査が組み合わせられることによって大きな進歩がみられた。たとえば、ヤルブルトでトゥドゥハリヤ4世の碑文が発見されたことで、研究者たちはアナトリア南西部の町々を的確に同定できるようになった。また、カラベルにある地方都市の王による碑文が解読されると、エフェソス（ヒッタイト語のアパサ、現セルチュク）が古代のアルザワの都であったことも同定された。なお、この同定は現在、アマルナ文書庫から出土した2通のアルザワ書簡の内一つの粘土の成分分析によっても立証されている[44]。

考古学の技術とデータ処理方法の進歩が多くの利益をもたらすことは言うまでもない。地球物理学を用いた調査とコンピュータを使った研究、古動物学研究や環境学研究、年代同定方法の向上、交換ネットワークの分析により、アナトリアの過去にかんする情報の質は向上しつつある。

年代について

前 2 千年紀アナトリアの絶対年代を確定することは歴史学者に残された最大の問題である。現存するヒッタイトの行政文書には年月の経過を数える公的な紀年法が使われていない。王の年代記を読めば、王たちが毎年行った軍事遠征をたどることはできても、特定の治世年が記されているわけではないし、治世の長さがわかるわけでもない[45]。ヒッタイトの「王名表」も、王の先祖供養のために捧げる供物を記録するために編纂されたため、年代を復元する判断材料としては不正確であてにならない。これほど複雑な文明を創りあげたヒッタイト人なのだから、ある種の紀年法を用いていたはずだと推測するほかない。ことによると、経済文書の記録には木製の書板が使われていて、そこに年数が表記されていたのかもしれないが、そうだとすればヒッタイトの紀年法は永遠に知る術がない[46]。

ヒッタイトの歴史において絶対年代はほとんどわかっていない。わかったとしても主にメソポタミアとエジプトで起きた出来事との対照年表に依拠している。したがって、たとえば、多くのヒッタイト学者が好む、いわゆる「中年代」にしたがえば、ムルシリ 1 世は前 1595 年にハンムラビの王朝に終止符を打ち、カデシュの戦いはラメセス 2 世の治世 5 年（前 1274 年）に起こり、トゥドゥハリヤ 4 世はトゥクルティ・ニヌルタ 1 世（在位前 1233～1197 年）の治世の最初の数年間にニフリヤでアッシリアと戦ったことはわかる。このような対照年表に加え、ムルシリ 2 世の祈祷では、治世 9 年か 10 年に行われたアッジ遠征中に起こった太陽の予兆についての報告がある。それが日食であったとすれば、ムルシリ 2 世が治世 10 年目を祝ったのは前 1311 年と推定できる。ただし忘れてはならないのは、これらの年代すらも暫定的なものにすぎず、古代近東全体の絶対年代の枠組みが正確になるにつれて変更されうるということである。たとえば、近年は土器の分析に基づいて、ムルシリ 1 世によるバビロニア侵攻の年代を前 1499 年まで引き下げようという試みもある[47]。これが正しければ、ヒッタイトの歴史は約100年も短かったことになるので、ヒッタイト側の資料からは容易に支持できないような、年代の改定がせまられる[48]。

現時点で確実な数少ない絶対年代はヒッタイトの歴史の重要な錨のようになっているものの、王の順序や治世年さえもほとんどはまだ知識に基づく推測に過ぎない。そのため、ヒッタイトの歴史の多くは、出来事が起こったのはどちらが古いか新しいかという相対的な新旧の順序で表される、相対年代を用いざるをえない。楔形文字文書のパレオグラフィー分析、つまり時代を経るにつれて変化する表現法や書体、文法、正書法の分析によって、50年単位で文書の年代を確定できる。このような分析によって、ほとんどのヒッタイトの歴史に対する相対年代が定められている。しかし、ある事件が起こった年代を的確に定める絶対年代がわかってこそ、粘土板とそこに記されている出来事を、正確な年代と歴史の文脈の中に位置づけられるのである。

ボアズキョイ（古代名ハットゥシャ）における最新の調査によって、前2千年紀後半の絶対年代の枠組みは明らかになりつつある。それは今後発見される遺物の絶対年代を知るためにも、ヒッタイトの都にあった建造物の正確な年代比定のためにも重要である[49]。コーネル大学が実施している年輪年代測定プロジェクトが、損傷のない木片からアナトリア中央における年輪の連続性を明らかにするのも時間の問題である。その年輪の連続性が完全なものになれば、これまでの年表は一変し、アナトリアが標準年輪曲線を提供することになるだろう。そして、それをもとにして、メソポタミアやエジプトの歴史年表も修正されることにもなるだろう[50]。

第2章　ヒッタイトの政治史

地中海盆地の北東角に押し込まれたアナトリア半島の地理的環境は多様である。西には肥沃な渓谷があるのに対して、東へ行くにつれて徐々に標高は高くなり、険しく半乾燥地の高原が広がってくる。この高地は南北をタウルス山脈とポントス山脈という二つの山脈にはさまれており、ほとんどの場所で標高600メートル（2000フィート）を越えている。これら二つの山脈を越えると、比較的孤立した、狭い海岸平野があって、それぞれが地中海と黒海を縁取っている。中央高原は、夏は暑く、冬は時に身を刺すように寒い。かつて森林におおわれていたが、何世紀にもわたる人類の活動の結果、草原へと変わってしまった。アナトリアにおける文化の発展は、このような高い山に区切られた平原地帯と河川流域という地形に特徴づけられてきた。つまり、人と物は渓谷の東から西へ流れ、外界との接触は山中を通る狭い小道か沿岸線を航行する船のどちらかに依存していた。アナトリアに定住した民族もまた地理的環境と同じように多様であった。結果として、アナトリアの文化発展は一つの文明の物語ではなく多様な文明の物語となった。ヒッタイト人が登場する前から、すでにアナトリアではいくつもの文化が花開いていた。アナトリアは西のギリシアと東のメソポタミアという有名な古代文明に対して辺境とみなされることもあるが、この地は先史時代の人類の発展における最も重要な中心地の一つであった。

起　　源

アナトリアの肥沃なコンヤ平野にあるチャタル・ホユックは、古代近東世界において最も古く、また最も重要な農耕村落の一つである。およそ16層ある居住層は前7400年から6200年までに年代づけられる。高さ21メートルの丘陵は13ヘクタールにおよび、近東の新石器時代の遺跡として最も大きいものとなっている。肥沃な三日月地帯の外側にありながら、この遺跡は植物栽培と動物の家畜化という人類の営みを理解する上で重要である。ただし、研究者から一般の人にいたるまで、自然と引きつけられるのは、この定住地に作られた部屋を飾った美術である。「その壁画とレリーフは類い稀なものであり、今日でも……これまで見つかっている当時の東地中海世界の象徴性が最も色濃く現れている」。[1] アナトリア南東部で洗練された美術様式があったことを示す他の遺跡が複数発見されたことで、チャタル・ホユックがより大きな地域的発展に属していたことがわかってきている。ただし、ここがどのような遺跡であったのかは、いまだ完全には定義されていない。

新石器時代は徐々に金石併用時代（銅石器時代）へ、そして青銅器時代へと移行していった。青銅器時代とは銅と錫の合金である青銅の使用が増えることに特徴づけられる人類史上の一段階である。アナトリアでは前 3 千年紀のほとんどが初期青銅器時代と呼ばれる時代に位置づけられる。高級品の需要が増加していった結果として、複雑な交易ネットワークの必要性が高まっていったことが、この時代の特徴といえよう。当時のアナトリアの様子は、北西ではトロイア、南西ではベイジェスルタン、南東ではキリキアのタルシスとメルシンといった遺跡に最もよく表われている。

前 3 千年紀の終わりごろ、アナトリア中央部にはかなりの定住がみられ、キュルテペやボアズキョイ、アリシャール・ホユック、アラジャ・ホユックが権力の中心地となっていた。事件のおよそ千年後に記録されたものではあるが、ある文書では、アナトリアの 17 人の支配者たちの連合軍がアッカド王ナラム・シン（前 2380～2325 年）に対して反乱を起こしたと伝えられている。その中には、ハッティの王パンバやカネシュの王ジパニ、クルシャウラ（クシャラ）の王ティシュビンキ、そしておそらくプルシュハンダ（ブルシュハットゥム）の王と考えられるヌール・ダガンがいた[2]。この記述は、同地域がいくつもの組織化された王国に支配されていたことを伝えており、そのような状況は考古学研究とも完全に一致している。考古学データからは、要塞の頂上にある王宮から都市とその周辺領域を治めた王侯を戴く、いくつもの小さな国が集まっていたことがわかっている。

初期青銅器時代を特徴づける冶金術の発達は、1930 年代にアラジャ・ホユックで発掘された 13 個の墓で見つかった遺物に顕著に表れている。アラジャ・ホユックは、のちにヒッタイトの都となる遺跡のあるボアズキョイから北に数キロほどにあり、後期青銅器時代には王家の保養地となっていた。初期青銅器 II 層時代（前 2300～2100 年）についていえば、これまでにアラジャ・ホユックで発見されている遺構は墓のみだが、その墓から見つかった遺物は長年の伝統にもとづいた金属加工術の産物であった。そのような技術があったことは黒海沿岸のホロズテペに同様の遺物が見つかっていることからもわかる。これらの「視覚に訴えかけるよう繊細に作られた金属器は、祭儀で行われる行列や演奏に使われる軍旗やシストラムだと、もっともらしく同定されてきた。その内いくつかは銅の合金から鋳造されている。銀箔やエレクトラムの箔が、鹿の枝角や牛の角、頭や足の周りに巻かれ、あるいは体全体に模様をつけるために使われていた。それらは豊かな彩色効果を生み出していた」。[3] アラジャ・ホユックの墓がつくられたのと同時代の建造物はまったく見つかっていないため、ここに誰が埋葬されたのか、どこから来た人なのかといった問題はいまだ推測に頼らざるをえない。これらの問題はヒッタイト人の起源を知る鍵となるだろう。

アナトリアのインド・ヨーロッパ語話者

ヒッタイト人の起源の問題は、必然的にインド・ヨーロッパ語族の故地をめぐる現在進行中の議論と結びついている。世界で最も古いインド・ヨーロッパ語族の痕跡は、古アッシリア時代の交易植民地から出土した楔形文字文書に見出される（以下参照）。その中では、前2千年紀のアナトリアで使われた三つのインド・ヨーロッパ語、すなわちヒッタイト語とルウィ語、パラー語のいずれかに同定される名前が複数確認されている[4]。これらの言語を話した集団がいつどのようにアナトリア平原に住むようになったのかは、いまだ万人が納得のいく答えはない。

ヒッタイト語とルウィ語、パラー語は、非常に早くに他のインド・ヨーロッパ語から枝分かれしたため、あらゆるインド・ヨーロッパ語の中で最も古い言語特徴を残している[5]。そのため、これら三つの言語はインド・ヨーロッパ祖語を復元するための重要な証拠となっている。ヒッタイト語とルウィ語は、たとえ一方の話者がもう一方の話者を理解できなかったとしても、言語的に類似しているのは明確である。両者の言語的な違いを説明するためには、ヒッタイト語とルウィ語が数百年間にわたって独自の発展を遂げたと想定されなければならない。したがって、両言語の祖先は、前3千年紀のある時点、ことによると早くも前3000年ごろには[6]、アナトリアの各々の領域に入ってきていたに違いない。それは、古アッシリア時代の文書にインド・ヨーロッパ語の名前が初めて現れる時代より少なくとも数百年前のことである。

インド・ヨーロッパ語を話す人々がどこからアナトリアへ移住してきたのかについて、ある学説では、黒海とコーカサス地方の北にあるロシアのステップ地帯で前 3100 年ごろに出現する「クルガン」という新しい埋葬法に着目して説明される。「クルガン」とはロシア語で「墳丘墓」を意味し、塚に覆われた地下シャフト墓を指す。インド・ヨーロッパ語を話す人々が戦闘的で、馬を使って生活する牧人だという「民族性」と結びつけられてきた「クルガン」の埋葬法は、前 3000 年直前の南コーカサスに現れ始める（たとえば、ミルスカ草原のウチ・テペ）。アナトリア東部のノルシュンテペやテペジクといった遺跡で、かつては知られていなかった馬の骨が見つかったことは、ステップの牧人たちが北東から侵入してきたという説を裏づけるように思われる。初期青銅器時代のアラジャ・ホユックの墓は「クルガン」の名残であって、そこに埋葬された人々はインド・ヨーロッパ語を話す人々であったことが示唆される[7]。

また別の学説は、インド・ヨーロッパ語族の故地がアナトリア自体——ことによると、まさにチャタル・ホユックが中心だったのかもしれない——であったと論じている。その説では、インド・ヨーロッパ語話者はアナトリア中央から西方へと広がったという筋書きが想定されており、前 7 千年紀に初期新石器文化の一部として農耕文化がヨーロッパへ伝播したこととも関連するという。しかし、とりわけこの学説は論争を引き起こしている。というのも、この説によれば、ほとんどの言語学者が考えているより数千年前の非常に早い時期にアナトリア祖語がインド・ヨーロッパ祖語から分岐したと想定しなければならないからである。ただし、この説は、近年、生物進化学という思いがけない分野からの支持を受けている。オークランド大学の生物学者たちは、人類の進化過程を復元する際に用いられる手法を応用し、言語学者たちの提案よりも数千年早い、前 6700±1200 年に、言語の分岐が起こったに違いないと結論づけているからである[8]。

さらに他の学説では、前 4 千年紀末あるいは前 3 千年紀初頭にインド・ヨーロッパ語話者が北西からアナトリアに到来したという構図が描かれる。トロイアやデミルジ・ホユックといった遺跡からは、初期青銅器時代における南東ヨーロッパと西アナトリアの間の結びつきを示す考古学的証拠が見つかっている。このことと、前２千年紀にルウィ語話者がアナトリア西部および南部に広く分布していたことを関連づければ、インド・ヨーロッパ語のアナトリア語派が西へと移動していった可能性を裏づけることとなる[9]。

以上の三つの学説はそれぞれ学界内で支持されているものの、どの説も大多数の研究者の支持を取りつけることはできていない。初期青銅器時代のいかなる政体も特定の民族言語集団に明確に当てはめられなので、アナトリアにおけるインド・ヨーロッパ語話者の起源についての諸説を裏づける決定的な物的証拠はない。アナトリア中央にインド・ヨーロッパ語話者の存在が確認できる前２千年紀初めでも、インド・ヨーロッパ語話者と彼らより先に定住していた土着の人々を区別できる遺物はまったく見つかっていない。言いかえると、アナトリアの政体は、言語的には多様でも、同じ物質文化を共有した人々に構成されていたといえる。このように、今後の発掘等によりさらなる情報が得られない限り、アラジャ・ホユックの墓に埋葬されたのがハッティ人かヒッタイト人か、一体誰であったのかという問題は、ほとんど信仰の次元の問題かのような状況が続くだろう。

アッシリアの植民地

アナトリアの歴史はカネシュ（現在のキュルテペ）に始まる。前２千年紀初頭、この大都市においては、アッシリア人たちは商業植民地を築き、そして楔形文字の書記術をもたらしたのであった。アッシュルの王エリシュム（前 1939〜1900 年）は、アッシュルのために「銀と金、銅、錫、大麦、羊毛の（流通の）自由」を確立し、交易の認可を与えたのだという[10]。その後まもなく最初のロバの隊商が（青銅の製造に必要な）錫と高品質の毛織物を、アナトリアの銀塊や金塊と交換するために、６週間におよぶ過酷な旅行を始めたのであった[11]。のちの時代の叙事詩には、はるか昔にアッカド王サルゴンが行ったアナトリア遠征が、プルシュハンダ（ブルシュハットゥム）に住むメソポタミアの商人たちの利益を守るために行われたのだと語られる。これは、アッシリア商業植民都市ができる前からメソポタミアの人々がアナトリアとの金属交易に大変な関心をもっていたことをうかがわせる[12]。しかし、アナトリアの歴史時代の幕開けは、アッシリア商人たちが残した２

万点ほどのアッカド語の古アッシリア方言で書かれた書簡と経済文書からしかわからない。そのため、ヒッタイト王国の建国に先立つ 300 年間のアナトリア中央の実情は、ほんのわずかに垣間見ることしかできない。

実際、カネシュはアナトリアにあったいくつかのアッシリア植民都市の一つにすぎなかった。アッシュルからコンヤ平原の塩湖にいたる東から西へ約 966 キロメートル（600 マイル）に広がっていた植民都市のネットワークは、アナトリア中央部のカールム（*kārum*、複数形 *kārū*）と呼ばれる 11 の主要な交易拠点と、他にワバルトゥム（*wabartum*、複数形 *wabarātum*）と呼ばれる 10 の補助的な拠点から構成されていた（図 2.1）[13]。現在までに発掘されているのは、キュルテペ（古代名カネシュ）とハットゥシュ（のちのヒッタイト王国の都ハットゥシャ）、アリシャール・ホユック（古代名アンクワ）の三つのカールムだけである[14]。これらのカールムはアナトリア土着の主要な王国に付随していた。ほとんどの文書がキュルテペ出土であるため、カールム時代についてはいくぶん一方的な見方になってしまうが、ここがその他 10 のカールムを従える政治的・経済的中心であったことは明らかである[15]。

キュルテペ（古代名カネシュ）遺跡は「上の町」と「下の町」から成る。「上の町」では、巨大な王宮と行政施設があった町の高台から現地民の支配者（アッカド語で *rubā'um*）が、アッカド語で「国」、マートゥム（*mātum*、複数形 *mātātum*）と呼ばれる領地を治めていた。高台の東と北東の方向には、より低い町が段丘状に広がっていた。「下の町」の規模はまだわかっていないが、30 ヘクタール（80 エイカー）におよんだ可能性がある。キュルテペのカールムは、この「下の町」の中心に位置し、およそ 4 ヘクタール（10 エイカー）に広がっていた。1925 年、ヒッタイト語を解読したフロズニーはこの遺跡で 1 年の発掘を行い、千枚の粘土板を掘り出した。1948 年以降は、タフスィン・オズギュッチ（Tahsin Özgüç）とニメット・オズギュッチ（Nimet Özgüç）によって継続的に発掘が続けられ、IV 層から I 層に至る四つの年代層が同定されている。このうちカールム時代のアッシリア植民地は II 層（前 1940〜1850 年）と Ib 層（前 1850〜1775 年）にあたる。ここの住民は、立ち去る際に貴重品以外はほとんど持ち出せなかったとみえ、結果としてカールムにあった家々には中期青銅器時代の生活の様子がそのまま残されている。家財目録や豪華に飾られた土器、家族単位での

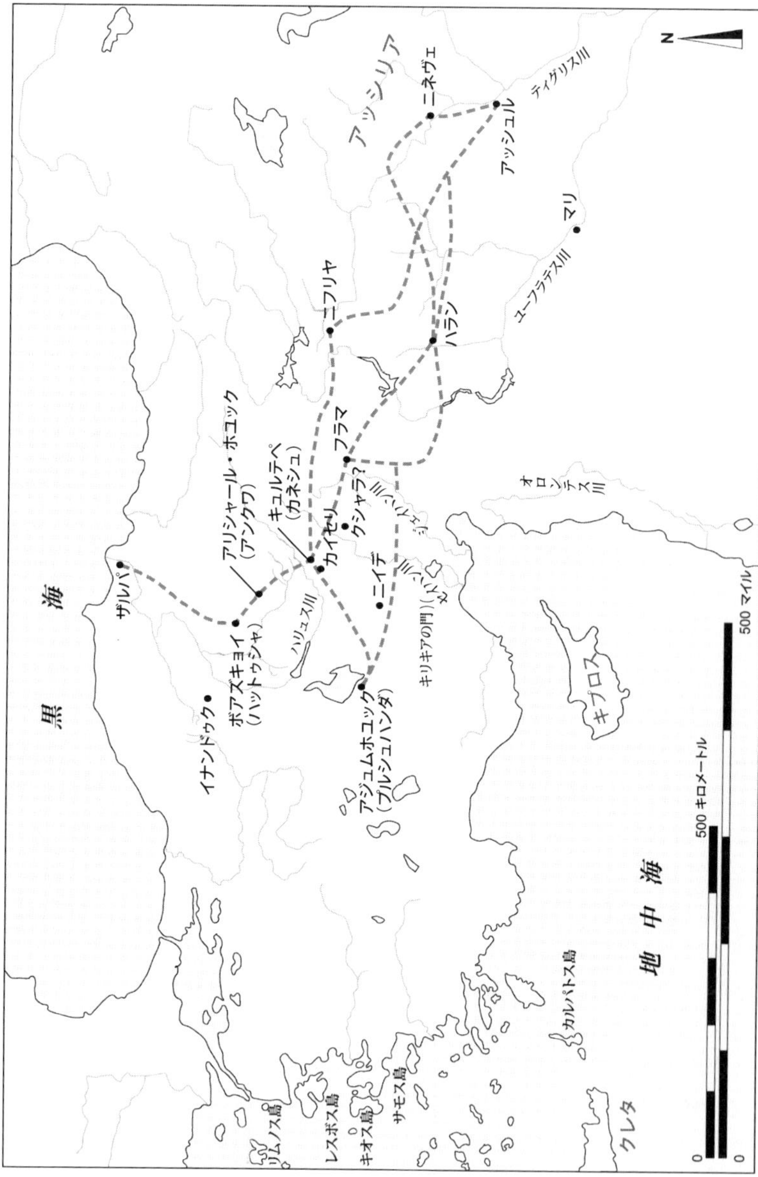

図 2.1　アッシリア植民都市時代のアナトリア。点線は推定される隊商路を指している。著者による作成。(　) 内は古代名。

商取引を記録した文書を収めた、大小さまざまな文書庫が約70見つかっている。アッシリア人たちはあらゆる面でアナトリア現地民の物質文化を共有していたため、このような文書群が残っていなければ、考古資料からは彼らのことが何も分からなかったことだろう。

アナトリア現地の支配者たちとアッシリア商人の契約は、特定の取り決めの概要がわかるような完全な形では残っていないが[16]、現存している文書から、契約内の条項は十分に復元できる。アナトリアの支配者たちには、領内を通過する隊商に対する課税権があり[17]、またアッシリアの商品を購入する優先買受権をもっていて、高級品の取引には自由に制限を課すこともできた。さらに、これらの規則に違反したアッシリア人を処罰する権利もあった。その代り、彼らはアッシリア人たちに外国人としての居住身分と治外法権（すなわち自治権）を与え、彼らの保護と通行の自由を保証したのであった。この場合の自治とは、ビート・カーリム、つまり「カールム当局」を中心とした行政を指している。

カールムII層時代の80年間は、政治的に安定した時代であり、マートゥムと呼ばれるアナトリアの五つの主要国（ザルパとハットゥシュ、カネシュ、ブルシュハットゥム、ワフシュシャナ）は比較的平和な関係を維持していた。そうすることが最大の国益と自覚していたのである。アナトリアで体系的に行われていたアッシリアの商業活動は、この安定期に助長・促進されただけでなく、それによってさまざまなマートゥム間の結びつきもより緊密になった。しかし、このような状況が続いた結果、次第に領土をめぐる競合が増え、かつ独自にアッシリア商人と取引しようとする小規模な国家が独立する動きも強まってきた。カールムII層時代末期には、多くのアナトリアの都市国家で深刻な社会不安と紛争の兆候がみられ、それは前1830年ごろに起きたカネシュのカールム焼打ちで頂点に達した。この攻撃を仕掛けた張本人はザルパの王ウフナであっただろう。彼の征服活動を伝えるのちの時代の文書によれば、同じくカネシュを敵としたハットゥシュのマートゥムも協力していたようである。

アッシリア人たちがその後アナトリアへ戻ってくるまでには一世代の月日が流れることとなる。長引く社会不安のせいか、再びアナトリアに来たアッシリア人は以前よりも小規模であった。当時、カネシュはイナル王の下でかつての名声を取り戻していた。ママ国の王アヌムヒルビが、イナルの息子であるワルサマ王に宛てた手紙には、さまざまな王国の間で、そして王国内部で紛争と分裂が繰り返されていたことが示唆されている[18]。当時は政治的な競合が激しく、同盟関係が目まぐるしく移り変わった時代であり、属国は宗主となる国々の「くびき」の間で揺れ動いていた。このように分裂が進む中、クシャラの王ピトハナが遠征に乗り出し、ワルサマからカネシュを奪い取って自らのものにしたのであった。

ピトハナと彼の息子アニッタによる征服は、ヒッタイト文書において最も古い歴史文書『アニッタ年代記』に記録されている。元々はアニッタ自身によってヒッタイト語あるいはアッカド語で編纂されたこの文書は、のちにヒッタイトの書記によって複写され、今に残っている。カネシュにあったアニッタの住まいは、1954 年に「アニッタ王の王宮」という碑文が刻まれた槍の穂先が「上の町」にある大規模建造物から見つかるというドラマチックな形で確認された。また、カールム Ib 層時代の数々の文書には、「王」であるアニッタや、「王」の称号をもつ彼の父ピトハナに公認された商取引の記録がある。さらに、カールムの中心部にあった建物から見つかった大きな粘土板には、イナルとワルサマ、アニッタなど、六人のアナトリア現地の王たちの名が挙げられている[19]。

ピトハナによるカネシュ征服は交易ネットワークを掌握するという大計画の第一歩に過ぎなかったことだろう。ピトハナの息子アニッタは父親の北方面に対する野心を引きつぎ、古典資料でハリュス川（現在のクズルウルマック「赤い川」、ヒッタイト語ではマラッシャンティヤ）として知られる川の流域の内側全域を征服した。しかし、アニッタは、最初の征服活動が成功した直後、ピユスティ王率いるハットゥシュと、フジヤ王率いるザルパの連合軍の挑戦を受けた[20]。アニッタはザルパ打倒に成功し、フジヤをカネシュへ連行した。また、飢餓に陥るまでハットゥシュを包囲した上で攻撃を開始し、都市を徹底的に破壊した。このときアニッタは、将来ハットゥシュに再び定住する者を、「私の後に王となり、再びハットゥシャに住む者は誰であれ、天の嵐の神が彼を打つ［ように］[21]」と呪った。最後にアニッタは南部のシャラティワラ、次にブルシュハットゥムに勝利し、同国の王たちは自主的にアニッタに服従したのであった[22]。

アニッタ文書に記された一連の出来事の後に起こったことを記録した史料はない。カールム Ib 層は、前 1775 年ごろ未知の敵によって破壊されており、アッシリア商人たちは荷物をまとめてアッシュルへ帰ってしまったようである。このように、アニッタの帝国はおそらく彼の死から一世代の内に崩壊したのだが、その衝撃はのちの時代まで続いた。カネシュを中心に北は黒海までおよぶハリュス川流域全体と、ブルシュハットゥムに至るハリュス川南部を初めて統一したアニッタは、アナトリアの政治に新時代を切り開いた。それまでの古い王国は（ハットゥシュのように）完全に破壊されるか、アニッタに任命された現地の支配者による直接統治の下に置かれた[23]。それまで権勢を振るったほとんどの都市が、その後かつての重要性を再び取り戻すことはなかった。ヒッタイト王たちはアニッタのことを先祖だとは言わないし、アニッタや彼の父ピトハナという名前も確実にはヒッタイト語由来であるとは言えないが、多くの点でアニッタはヒッタイト王国の先駆者であったといえよう。

エスニシティについて

古アッシリア文書からは、当時アナトリアにアッシリア人とハッティ人、フリ人、（ヒッタイト人・ルウィ人・パラー人からなる）インド・ヨーロッパ語話者という四つの異なる民族言語集団がいたことがわかる。ハッティ人たちは、インド・ヨーロッパ語話者が到来する前からアナトリア中央にいた先住民だと考えられる。前２千年紀の初め、ハッティ人たちは、アナトリア中央北部のハットゥシュやザルパといったクズルウルマック川流域に集落を形成していた。一方、ヒッタイト人たちは、それより南のカネシュやクシャラ近くのカッパドキアを拠点としていた[24]。先住民の言語であるハッティ語は、フォラーがヒッタイト文書に現れる言語として最初に同定した８言語の一つであり、主に祭典の記録に残っている。今日使われている「ヒッタイト」という用語は、聖書で用いられているもので、現代の用語の元にもなっているが、これは本来ヒッタイト人たちが自らの国を先住民の名前であるハッティと呼んだことに由来している。ヒッタイト人たちは自分たちの言語についてはハッティ語とは呼ばず、先祖伝来の故郷と見なされた都市カネシュ（別名をネシャ）にちなんでネシャ語と呼んでいた。やがてヒッタイト語の方が優勢となり、ハッティ語話者はいなくなった。その原因は、必ずしもヒッタイト人がハッティ人を数の上で勝り、ハッティ語話者を圧倒したからというわけではなく、むしろハッティ語話者にとってもヒッタイト語を受容する方が有益であったからだろう[25]。いずれにせよ、ハッティ語は単に圧倒されたのではなく、宗教祭儀に用いられ続けたのであった[26]。

パラー語はパラーの地で話された言語である。パラーはヒッタイト中心地の北にあり、ローマの属州パフラゴニアと一致する可能性がある。パラーと呼ばれる地域と言語は、古王国時代の比較的早い段階に姿を消したとみられ、パラー語は初期のわずかな祭儀文書にしか残されていない。それとは対照的に、ルウィ語は後期青銅器時代までアナトリアで広く話され、前２千年紀後半にはルウィ語話者がアナトリアで支配的な人口を占めるようになっていた。ヒッタイト文書からは、話し言葉としてのルウィ語が、その拠点であったアナトリア西部のアルザワ諸国から南部の地中海沿岸地域、つまり西はリュキアから、タルフンタッシャ、東はキズワトナまで広がり続けていたことがわかる[27]。ルウィ語話者の中心地であったアナトリア西部はルウィヤとして知られ、この地域はのちの時代に政治的にはアルザワと呼ばれる国々にまとまっていくこととなる。前14世紀、アルザワ王タルフンダラドゥはアメンヘテプ３世に宛てて、ルウィ語でもアッカド語（当時の国際語）でも、あるいはエジプト語でもなく、ヒッタイト語で書簡を書いた。当時の国際基準からすれば、アルザワは文明の中心地から相対的に僻地にあったため、両宮廷が共通して使用できた唯一の言語がヒッタイト語だったのだと考えられる。アナトリアの象形文字はルウィ語を表記するために発達したが、外交上の公用語となることは決してなかった。トロイア（VIIa層）からはルウィ語名をもつ人物の印章が発見されている。これはトロイア人がルウィ語を使用している最も古い例といえるかもしれない。アナトリア南西部のルッカの国々（現リュキア）でもルウィ語が話されていたことは注目すべき点である。ホメロスの伝説によれば、リュキアはトロイアの最も親密な同盟国であったので、両者が同じルウィ語を使っていたとすれば、同盟は容易に形成されたことだろう。

古アッシリア文書からは、すでに前２千年紀の初め、アナトリア中央にフリ人の商人たちがいたことが明らかだが、近東世界におけるフリ人の居住地の中心はメソポタミア北部であった。彼らの起源は不明ではあるが、東から、ことによると南コーカサスから前３千年紀のある時期に移住してきた可能性がある。フリ人たちは、長年にわたってヒッタイトの宿敵となったミタンニという王国の下に政治的にまとまった時期があった。初期のヒッタイト王たちも、すでにシリア北部に根づいていたフリ人たちを潜在的な脅威として明らかに意識していた。やがてユーフラテス川地域をめぐるミタンニとヒッタイトの領土的野心の衝突は不可避となり、ヒッタイトはフリ人の属州であったキズワトナを征服し、併合した。キズワトナ併合により、フリ人の文化的要素は、特に宗教の領域でヒッタイト王国にもたらされることとなった。ヒッタイト人は軍事的にはフリ人に勝利したものの、フリの祭儀と実践はその後ヒッタイト本国に深く浸透したため、文化的にはフリ人たちが勝利したといえよう。

王国から帝国まで

アニッタが呪いをかけたにもかかわらず、ハットゥシャ、つまりかつてのハットゥシュには、ことによるとたった一世代ほどの間に、再び人が住み始めた[28]。今日の旅行者はボアズキョイの遺跡を訪れると、すぐさまかつてのヒッタイトの都が地形的に非常に隔絶された場所にある点に驚くだろう。冬は身を刺すように寒く、夏は暑く乾燥している。たとえ木々が丘の斜面を覆い、居住集落が点在していた時代に思いをはせたとしても、もっと住みやすい環境の選択肢もあったのに、なぜこの都市が新都に選ばれたのか、なぜのちの王たちは過酷な環境にもかかわらずそこにとどまり続けたのか理解しがたいだろう。防衛しやすく、一年中水が供給されるという、有利な自然条件が重要な要因だったのかもしれないが、おそらく都がハットゥシャに定められた背景にはイデオロギーと戦略上の要因があっただろう。

ハットゥシャ、神々と王のための都市

ハットゥシャは、ブダキョズ渓谷——この渓谷は同名のブダキョズ川に隣接している——の南端に位置する。川は天然の要塞を形成する岩を割って流れており、その要塞にはすでに初期青銅器時代末に定住が始まっていた（図2.2）。防衛に優れた要塞からは、後期青銅器時代の都市全体を一望できる。今日ビユッカレと呼ばれる、この城塞はハットゥシャの都市プランに組み込まれた多くの巨大岩の一つにすぎない。まさにここに王宮が置かれ、王とそ

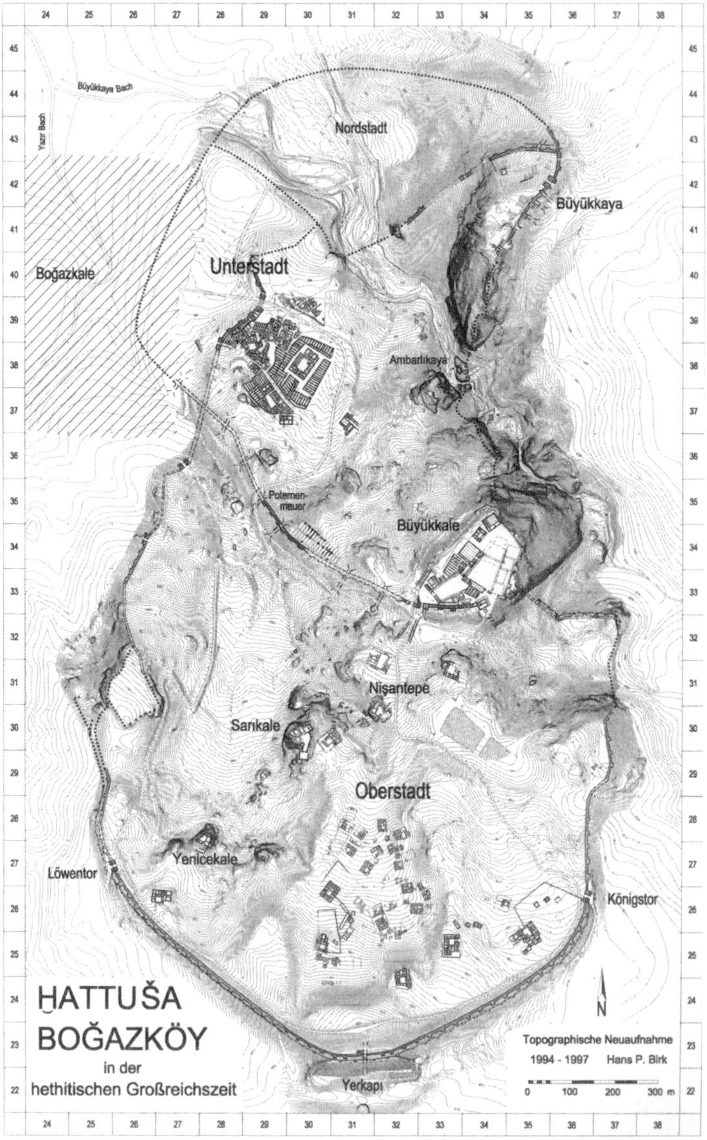

図2.2　ハットゥシャの平面図。提供：ドイツ考古学研究所（Deutsches Archäologisches Institut）Bogazköy-Archive。

の家族、彼らの従者たちが住んでいた。そして、大規模な文書館や公舎などの行政施設が王宮に隣接していた。

ハットゥシャの北の「下の町」が都市の最も古い区域であり、「大神殿」とその周辺区域となっている。「大神殿」では、神官たちがヒッタイトのパンテオンを統べる夫婦神である嵐の神と太陽女神に仕えていた。「大神殿」の周囲には、神殿の富を納める倉庫（図3.3）と工房、厨房、神殿の職員と召使の居住区があり、ここはハットゥシャにおける宗教の中心であると同時に商業の中心でもあった[29]。

ハットゥシャの南にある「上の町」は、都市が南に向かってへ緩やかに高さが上昇していることからそのように名づけられた。「上の町」は主に神殿区として機能していた。この区画ではこれまで30もの神殿が発掘されており、いずれも同じ建築プランであったことがわかっている（図4.1）。神殿の中には（たとえばnos. 2、3、4）、すでに古王国時代に都市景観の一部になっていたものもある。また、のちの王たちが、神々を喜ばせるため、およびまたは都市（や自ら）の名声を高めるために、建造させた神殿もある[30]。これらの遺構は今日ではすべて基礎の最下部のみが残っており、建物自体は外敵によって破壊されたものと考えられる。

大規模な城壁はこの都市が真に帝国の都であったことを物語っている。都市の南にある城壁には、三つの大きな門がある。この三つの門はそれぞれ精巧な彫刻で飾られており、異なる目的で使用されたと考えられる。イェルカプとして知られる、都市の中で最も高いところにあり、また最も南に位置する人工的に造られた高台からは、かつて二頭のスフィンクスが下に広がる神殿区を見守っていた。外から内側に入るには、二本の幅の狭い急階段を通る方法しかないため、この門がハットゥシャの通常の入口であったとは考えにくい。町の外とつながる狭い通路には祠堂のような趣があることから、主として宗教祭儀の舞台として使われたのではないかと考えられている。城壁の南西の「ライオン門」（図2.3）は、石でできた大きな二頭のライオン像があることからそう呼ばれる。ライオン像はハットゥシャを訪れる人々に強い印象を与えるために設置され、おそらくこの門は高官やその他の重要な訪問者のための公的な入口に用いられたのだろう。一方、いわゆる「王の門」にある高浮き彫りで彫られた神の像は、南東の方向に去っていく訪問者に別れを告げたことだろう。

図 2.3 「上の町」の城壁の南西にある「ライオン門」のライオン像。この門はハットゥシャの正面入口として使用されただろう。著者による撮影。

ヒッタイトの人々にとって石は神聖であった。そのため都市内に数多くある巨大岩には特別な意味があった。クズラルカヤやイェニジェカレ、サルカレ、ニシャンタシュなどの巨大な岩の周辺には建造物が建てられ、おそらく宗教施設の中心となっていただろう。これらはヒッタイト文書で、死去した王たちに対する祭儀と結びついて言及される「岩の頂」(ヘクル) であった可能性がある (第 4 章を参照のこと)。ヒッタイトの信仰において石と同じように重要視された水もまた、都市プランの一部となっていた。二つの大きな水溜めは、隣接する城塞のための貯水池として用いられた。このうち一方の水溜めの角には二つの石室が建て込まれている。その一室には、太陽神と王の浮き彫りのレリーフ、そして供物を捧げるための浅いくぼみがあり、祭儀の場であったことがうかがえる。

ブダキョズ川によって形成された深い渓谷によって城壁から切り離された、ビユッカヤと呼ばれる険しい尾根は、前13世紀に定住が始まった頃から都市の一部となった。ヒッタイトの人々は、ここを掘って、総計4,000～6,000トンもの穀物を貯蔵可能な容積を有する、長方形の地下室からなる大規模な穀物貯蔵庫を建造したのであった。

サルカレから見下ろされる「上の町」西部で行われている新規の発掘からは、この区域で前16世紀からすでに定住が始まっていたことがわかってきた。この時代に年代づけられる四角い構造物は、軍の兵舎と考えられ、ハットゥシャを防衛した兵士たちがどこに住んでいたのかという謎が解明された。その後、この区域は前13世紀まで工房と都市居住地として用いられたようである。

古王国時代

アッシリア人たちが去った後の時代のことはせいぜい概略しかわかっていないが、同時代史料が残っている最古の王ハットゥシリ1世については、少なくとも二世代前まで系譜をさかのぼることができる。アニッタと同様、クシャラ出身であったハットゥシリ1世は、おそらく広義の支配家系に属しており、ことによるとアニッタの遠い親戚であったかもしれない。ハットゥシリ1世の祖先のことはほとんどわかっていないが（図2.4）、祖父はフジヤだった可能性がある。断片的ではあるが、フジヤの名前はラバルナという王の前任者としてハットゥシャ出土の十字形の印章に現れる[31]。また、ハットゥシリ1世の父であり、前任の王はラバルナであった。ローマ皇帝たちがカエサルの称号を用いたように、（ハットゥシリ1世自身を含む）のちのヒッタイト王たちはラバルナの名を王の称号に用いた。ただし、たとえハットゥシリ1世に先立つ王たちがアナトリア中央で地歩を固めることに成功していたとしても、ハットゥシリ1世こそが歴史記録に確認できる最初の王であることに違いない。また、彼こそが王国の都をハットゥシャに定めた人物であったと考えられる。ハットゥシリ1世は、中央集権的な政府の下にアナトリア高原を統一し、ユーフラテス川を越えて勢力拡大に努めた。そして最も重要な点は、彼が基礎を築いた行政・文化の基盤が王国末期までこ

およその即位時期	即位名（誕生名）	前の王との関係
	古王国時代	
1690	フジヤ 1 世	
1670	ラバルナ	息子
1650	ハットゥシリ 1 世	息子
1620	ムルシリ 1 世	孫
1590	ハンティリ 1 世	義理の兄弟
1560	ジダンタ 1 世	義理の息子
1550	アンムナ	息子
1530	フジヤ 2 世	義理の甥
1525	テリピヌ	アンムナの義理の息子
1500	アルワムナ	テリピヌの義理の息子
	タフルワイリ	なし
	ハンティリ 2 世	アルワムナの息子
	ジダンタ 2 世	息子？
	フジヤ 3 世	息子？
	ムワタリ 1 世	なし
	帝国時代	
1400	トゥドゥハリヤ 2 世	フジヤ 3 世の孫？
	アルヌワンダ 1 世	義理の息子
	ハットゥシリ 2 世？	息子？
	トゥドゥハリヤ 3 世	アルヌワンダ 1 世の息子？
1350	シュッピルリウマ 1 世	息子
1322	アルヌワンダ 2 世	息子
1321	ムルシリ 2 世	兄弟
1295	ムワタリ 2 世	息子
1272	ムルシリ 3 世	息子
1267	ハットゥシリ 3 世	叔父
1237	トゥドゥハリヤ 4 世	息子
1209	アルヌワンダ 3 世	息子
1207	シュッピルリウマ 2 世	兄弟

図 2.4 ヒッタイトの王名表。ここに挙げた年代は Bryce, *Kingdom of the Hittites*, xv にしたがっている。著者による作成。

の国を特徴づけたことにある。

アナトリアから近東へ至る交易路を統べる必要性が高まる中、ハットゥシリ1世は早くからシリアの重要性を認識していた[32]。アナトリア北部の支配を確立すると、ハットゥシリ1世は地中海に抜ける交通路を求め、南東方面に関心を向け始めた。彼はハルパ（アレッポ）の港湾都市アララハを破壊したが、その後アナトリアで生じた問題のために、シリアの王国ヤムハドに対する最初の遠征は途中で打ち切られた。諸王国の連合体であるアルザワ諸国と国境沿いで小競り合いが起こったため、アナトリア半島西部の勢力均衡が崩れてしまう恐れがあったのである。このときハットゥシリ1世は、その脅威を少なくとも当面の間は取り除くことに成功したようである。しかし、ハットゥシリ1世が西部国境に対応していた間、背後からはフリ人たちがアナトリア東部への攻撃を仕掛けた。この攻撃は、ハットゥシリ1世が初のシリア遠征からアナトリアへ帰還する途上でフリ人たちの支配地域を攻撃したことに対する報復であったのかもしれない[33]。いずれにせよ、ハットゥシリ1世は自らの勢力基盤を再び立て直さなければならなくなった。この過程で、統一事業に抗い続けてきた都市シャナフイッタの完全な征服を成し遂げた[34]。ハットゥシリ1世は、治世末にかけても再びタウルス山脈を越えてハルパへの遠征に乗り出したが、結局占領することまではできなかった。

シリアでのハットゥシリ1世の軍事活動は、ハットゥシャから出土したわずかな記録が伝えているよりもはるかに大規模なものだったに違いない。ヒッタイト古王国時代の現存する唯一の書簡に、ハットゥシリ1世がメソポタミア北部の小王であったティクナニ国のトゥニプ・テシュブ（トゥニヤ）に送ったアッカド語の書簡がある。そこでは、ユーフラテス川上流にあるハフムへの遠征が差し迫る中、ハットゥシリ1世はトゥニヤに自らの側にとどまるよう強く迫っている[35]。

> 余の遠征は始まった。汝はハッフの人に対して雄々しくあれ。彼の穀物の取り分を犬のように食らえ。汝が取り上げた雄牛は汝のものとなるだろう。汝が取り上げた羊とヤギも汝のものとなるだろう。彼に対して雄々しくあれ。余はこちらの側から、汝はそちらの側から……。そして彼が話す悪意ある言葉に耳を傾けてはならない。雄牛の角（！）を守り、獅子の側を守れ。いつも悪事を行う狐に味方してはならない。余が

> かつてザルパを扱ったのと同様に、余は彼をそのように扱うだろう。いかなる（他の）側の言葉も聞いてはならない。余の言葉を守れ。(8–15行、31–41行)

ハットゥシリ1世は、トゥニヤのことを「我が臣下」と呼んでおり、従属者とみなして書簡を送っている。また、その保護を申し出ていることからは、ハットゥシリ1世が王国の国境を越えた地域に一定の権力を行使し、影響力を及ぼしていたことがうかがえる[36]。

従来あまり注目を集めてこなかったが、ハットゥシリ1世は、軍事活動よりも国内において、より一層偉大な功績を残した。ハットゥシリ1世の功績は、その治世に神話や歴史記述、儀礼文書を含む豊かな文学を生み出したことにある。これらの文学は、単なる行政上の必要性を越えて、書記術を熱心に用いようとした王の態度を示している。ヒッタイト文学はハットゥシリ1世の治世に最高峰を迎えたと言って良いだろう（第3章を参照のこと）。彼は、メソポタミアの王たちの功績に刺激を受け、帝国の建設を推進する自身と、同じくユーフラテス川を越えて征服活動を行ったアッカドの王サルゴンとを重ね合わせた。ハットゥシリ1世が後世のために過去の記憶を残し、現在の出来事の記録に関心を向けたことは、彼が複雑で知的な支配者であったことを表している。また、ハットゥシリ1世はヒッタイト法典を編纂し、「パンク」（集会）を設立した。これは国家官僚で構成される特別な司法機関であった。その役割は、合意事項や王の布告の証人となって施行に携わると共に、特に高い地位にある犯罪者の裁判を行うことであった。

ハットゥシリ1世の治世における最大の問題は王位を後継する適任者の選定であった。息子たちと娘（その夫は王位継承資格者でありえた）は、次から次に彼を裏切り、その結果、排除されるか追放されていた。ハットゥシリ1世は死を前にしてもなお甥を排し、代わりに幼い孫ムルシリ1世を後継者として養子に取り、この任命を受け入れるよう「パンク」に厳命している。『ハットゥシリ1世の王令』の論調に表れているように、疲れ果て幻滅しきったハットゥシリ1世は、王位継承者が承認された直後に故郷クシャラで死去した。

「パンク」はハットゥシリ1世の最期の要求を尊重したとみえ、幼いムルシリ1世が王座に就いた。ムルシリ1世は、国内の政策はさておいても、祖父ハットゥシリ 1 世の軍事的野望は引き継いだ。ムルシリ 1 世はついにヤムハド王国とその都ハルパを破壊したのだが、その野望はハットゥシリ 1 世の未完事業を完成させるだけには止まらなかった。ハルパ攻略に引き続いてバビロンを略奪し（およそ前 1595 年）、200 年前にハンムラビが建てた古バビロニアの王朝を滅ぼしたのであった。何がムルシリをバビロン略奪に掻き立てたのかは定かではないが、豊かな戦利品が動機の一つにあったのは確かだろうし、ことによると前任者ハットゥシリ 1 世の功績を越えたいという思いがあったのかもしれない。ムルシリ 1 世によるバビロン攻略はヒッタイトの最も輝かしい瞬間として確かに歴史に刻まれることとなる。また、ムルシリ 1 世はこの直後にバビロンで王朝を建てたカッシート人たちとは同盟を結び、両国間に住むフリ人たちの脅威を封じ込めようとした可能性もある[37]。

とはいえ、ムルシリ 1 世はヒッタイトの限られた軍事力を使い果たすよりも、国内で自身の地位を安定させることにもっと関心を向けておいた方がよかったかもしれない。ムルシリ 1 世は、ハットゥシャ帰還後、王座を狙う義理の兄弟ハンティリに暗殺されたのである。バビロンを侵略するほどの尊大さを考えると、ハンティリが、ムルシリ 1 世暗殺が最大の国益になると考えていたとしても無理はない。ムルシリ 1 世の傲慢さは、その長い治世に作成された文書の随所に暗示されている。しかし、たとえそうであったとしても、ハンティリ 1 世の治世は王族と王国全体にとって波乱の時代の幕開けとなってしまった。ハンティリ 1 世の妻と息子たちは、当時戦争状態にあったフリ人らに捕えられ殺された。さらに晩年には、かつての同盟者であったジダンタによって残る後継者たちも皆殺しにされ、ジダンタ 1 世が王座に就いた。さらに、今度はジダンタ 1 世が実の息子アンムナに暗殺されたため、その治世も短命であった。軍事遠征の記録を残しているアンムナは自然死であったが、彼の息子たちは不幸な運命をたどることになる。アンムナの息子たちは、アンムナの姻族であった野心的なフジヤに殺され、フジヤ 2 世が王位に就くことになったのである。王テリピヌが発布した道徳にかんする宣言によれば、ハンティリ 1 世とアンムナの治世は、彼らの犯した罪ゆえに三重の災いに見舞われたという。つまり、穀物の不作・家畜の減少をもたらした干ばつ、外敵の侵攻、家族間の暗殺である。初期の王たちは、いずれもカシュカとフリ人、アルザワ諸国の侵入に直面し、何とか王国の分裂を食い止めておくのが精一杯であった。ハットゥシリ1世が建てた王国は、建国からわずか1世紀の内に脆くも崩壊の危機に立たされていたようである。

テリピヌは、フジヤ2世に対する無血のクーデタによって王座に就いたものの、それまでにはかなりの殺人と大騒乱を引き起こしていたため、ヒッタイト宮廷内の抗争に終止符を打つべく改革を断行した。テリピヌという即位名は珍しく、農耕神テリピヌが隠れ、再び現れるという神話（第4章を参照のこと）のように、秩序回復の象徴となることを意図して選んだ名前なのかもしれない[38]。ただし、テリピヌが定めた規定はさほど革新的なものではなかった。つまり、王位継承順位は、第一位の息子（王の正妃の息子）が継ぐべきとし、もし第一位の息子がいないならば第二位の息子（王の側室の息子）が継承しうるとされ、さらに第二位の息子もいない場合は、義理の息子が選ばれうる、というものであった。注目すべきは、継承権が自動的に長子に及ぶのではなく、なおも王に後継者指名の自由が認められていた点である。皮肉にも、王位継承のあり方を定めるよう尽力したにもかかわらず、テリピヌ自身は世継ぎ（彼の一人息子は殺されていた）を残すことができず、内紛はその後1世紀にわたって続いた。テリピヌに続く数代の王たちは、王制にほとんど何の影響も残さなかったか、継続的な影響を及ぼすことはなかった。

後世に残るテリピヌの功績は、新しくできた王国キズワトナの王イシュプタフシュと初めて条約を締結したことであった[39]。テリピヌは、ヒッタイトの失地を取り戻すために、南東方面のキズワトナとの国境地帯の諸都市へ遠征を行った。この条約は、両王国の国境を正式に定めることで、さらなる国境紛争なく南部国境の安全を保障するものであった。

続く後継者たちもキズワトナに対するテリピヌの外交政策を踏襲したようである。しかし、他方面に対しては外交という選択肢はなかった。ハンティリ2世（前15世紀初め）はハットゥシャの「下の町」周囲の城壁を拡張したと考えられている。ことによると、この措置はカシュカの侵略から都を防衛するためだったのかもしれない。カシュカとは、黒海の南岸に広がるポントス地方に住んだ粗暴な山岳部族の一団であり、彼らについてはハンティリ2世治世の史料に初めて言及される。この部族集団は、王国の最も神聖な都市の一つであるネリクを征服し、以降王国末期まで、都と北部のあらゆる要所の「今そこにある危機」であり続けた。

帝国への幕開け

ヒッタイトの命運は、トゥドゥハリヤ（2世）という名の人物が即位するにいたってようやく好転した[40]。トゥドゥハリヤ2世が（父カントゥジリを始めとする）支持者の尽力によって王座に就いたことで、王位を簒奪したムワタリ1世の暗殺とそれに伴う血を血で洗う王位継承争いには終止符が打たれた[41]。年代記の中で祖父がかつて王であったと語られているように、トゥドゥハリヤ2世はヒッタイト王家の出身者であった。祖父はおそらくムワタリ1世の前任者であるフジヤ3世であっただろう[42]。そうであれば、トゥドゥハリヤ2世の即位はハットゥシリ1世の王朝がヒッタイトの王座に復帰したことを意味している。また、その即位は王国の新時代の幕開けとなった。ヒッタイト帝国の創設は間違いなくトゥドゥハリヤ2世の功績であったといえよう[43]。

年代記によれば、トゥドゥハリヤ2世が王となって初めて行った軍事遠征は、はるかアナトリアの西部にまでおよんだ。彼は、2世紀前にハットゥシリ1世が遠征を行って以降で初めて積極的に西方へ関心を向けた王であった。西方の国々は連合体を形成する傾向があり、究極的にはヒッタイト王国にとって非常に危険な存在であった。アナトリア西部に対するヒッタイトの関心事はそのような脅威を抑え込むことに限られていたと思われる。トゥドゥハリヤ2世は敵軍の1万の歩兵と600台の戦車をハットゥシャに連行したと主張するが、これはアナトリア西部で起こりうる、さらなる脅威を根絶するために行われた政策であった。しかし、トゥドゥハリヤ2世は、特にアルザワ諸国に向けた最初の西部遠征に成功したことで、かえって以前よりも諸王国を緊密に連携させてしまうという、意図せぬ結果を招いてしまった。ヒッタイトという共通の敵と戦うため、アシュワ同盟として知られる22か国から成る同盟が結成された。これは、のちにローマ帝国の属州アシアの名称の由来となったアシュワという地名が文書に表れる初めての例でもある。トゥドゥハリヤ2世はこの同盟に対しても決定的な勝利をおさめた。遠征の戦利品の中にはアナトリア西部で製造された青銅製の剣があった。トゥドゥハリヤ2世はそこにアッカド語の奉納文を刻み、アシュワに対する勝利を記念して嵐の神に奉納している。ただし、ヒッタイトによるアナトリア西部の征服は明らかに当面の間の成功にすぎず、長期間続くような成果ではなかった。

かつてハットゥシリ１世がそうであったように、トゥドゥハリヤ２世がアルザワとの戦いに従事したことにより、王国は北方および東方から攻撃されやすい状況になった。このときも、王の不在を利用してカシュカがただちにヒッタイトの北部国境に攻め入った。北部国境にあるタピッカ（現マシャト）の公文書庫から出土した書簡には、トゥドゥハリヤ２世とその義理の息子アルヌワンダ１世の治世にカシュカから被った甚大な被害が報告されている[44]。しかもトゥドゥハリヤ２世はカシュカをヒッタイトの領内から追い出したものの、その結果さらに東方の脅威に直面することになってしまった。

テリピヌからトゥドゥハリヤ２世の治世の間、ミタンニ王国がアララハやアレッポを含むシリア北部全体に勢力を広げていた。そのミタンニはヒッタイトの従属国であったユーフラテス川上流のイシュワ国の内紛を扇動し、トゥドゥハリヤ２世に対する反乱を起こすよう仕向けた。トゥドゥハリヤ２世はこの局面でも勝利したが、それも一時的なものに過ぎなかった。その後もイシュワはミタンニと同調し続け、ヒッタイトに再び反旗を翻しかねない状況であった。また、シリアでのミタンニとの対決に備え、トゥドゥハリヤ２世は、すでにミタンニとの同盟を解消していたキズワトナの王シュナシュラとも新条約を締結した。このようにミタンニとの緩衝地を確保したトゥドゥハリヤ２世はシリアへと進軍し、ハルパを破壊した上、その他のミタンニ領へも大きく侵入した。これらの出来事の直後には、キズワトナも併合されてヒッタイトの直接の支配下に置かれたのであった。

国内政策では、トゥドゥハリヤ２世はそれまでの王らと同じ落とし穴に陥らないようにつとめた。彼は存命中に義理の息子アルヌワンダ１世を共同統治者とすることで、来たる代替わりの際、確実に後継者として権力が移譲されるようにしていたのである。トゥドゥハリヤ２世の軍事的成功はめざましいものだったかもしれないが、それはいわば崩れやすい砂上の楼閣であった。アルヌワンダ１世の治世下、ミタンニの新王アルタタマがエジプトのトトメス４世と協定を結んだため、ヒッタイトのシリアに対する野望は食いとどめられていた。他方、北部ではカシュカが再び国境を脅かすようになっていた。彼らは北部国境にある多くのヒッタイト宗教都市を略奪し、神官から庭師に至るまで、あらゆる人員を連れ去ってしまった。その結果、北部の都市での祭儀が完全に中断されてしまった。アルヌワンダ1世は、国境の安全を確保するために条約を締結してカシュカの部族をまとめ上げようとするなど、さまざまな策を講じたものの、それも限定的な成果しか得られなかった。

西方では、トゥドゥハリヤ2世がアシュワ同盟を打倒した後も、不安定な情勢が続いていた。これは、とりわけマドゥワッタという人物の企てによるものであった[45]。マドゥワッタは、「アヒヤワの人」（すなわちミケーネのギリシア人）であるアッタルシヤという不倶戴天の敵を抱えていた。アッタルシヤが是が非でも彼を殺そうとしていたため、マドゥワッタはハットゥシャに逃れ、トゥドゥハリヤ2世の宮廷に保護を求めた。大規模な従者団を従えていたマドゥワッタが追放された母国において重要人物であったのは明らかであったため、トゥドゥハリヤ2世は彼を山岳の国ジッパスラという小国の王に据えた[46]。しかし、マドゥワッタは、トゥドゥハリヤ2世と次のアルヌワンダ1世の治世に、何度も二枚舌を用いて、アラシヤ（キプロス）と、アルザワなどのアナトリア南西部の大部分を何としても我が物にしようとした。マドゥワッタに対するアルヌワンダ1世の非難には、彼のもっともな憤りが表れているが、マドゥワッタを罰することはなかったと思われる。ことによるとアルヌワンダ1世は、マドゥワッタの政権を動揺させることの方が、間接的にヒッタイトの国益に反すると考えたのかもしれない[47]。当時のヒッタイトの西方政策は、軍事介入して他の前線を危険にさらすことを避けようとするものであった[48]。マドゥワッタがヒッタイト本国の直接的な脅威にならない限り、ヒッタイト王は西方で彼が野心を満たす程度のことは黙認していたのだろう。

アルヌワンダ1世の後は、彼の息子トゥドゥハリヤ3世が王位を継いだ[49]。のちの時代の文書には、トゥドゥハリヤ3世治世のヒッタイトの悲惨な情勢が回想されている。

> かつてハッティの国々は敵に破壊された。敵カシュカが来てハッティの領土を破壊し、ネナッシャの町をその国境とした。敵アルザワもまた「下の国」からやってきてヒッタイトの領土を破壊し、トゥワヌアの

町とウダの町をその国境とした。敵アラウワナは遠方からやって［き］て、ガッシヤ国全土を滅ぼした。敵アッジは遠方からやってきて、上の［国］々全てを滅ぼし、シャムハをその国境とした。［敵］イシュワが来てテガラマ［国］を破壊した。敵アルマタナも遠方から［やってきて］、ハッティの領土を破壊し、キズワトナの町を［その国境にした］。ハットゥシャの町も焼き払われた。[50]

「四方八方からの侵入」として知られるこの逸話には、王国があらゆる方向から攻撃を受けたことが伝えられている。発掘調査からも、当時ハットゥシャが地方都市タピッカ（現マシャト）と共に焼かれたことが明らかになっている。明らかにヒッタイトは再び最悪の時代を迎えていた。およそこの時代にエジプトのファラオであったアメンヘテプ3世がアルザワの王タルフンダラドゥに宛てた書簡には、「すべてが終わり、ハットゥシャの国は麻痺していると聞いた」と書かれている[51]。また、アメンヘテプ3世はアルザワにカシュカの奴隷を要求しているが、カシュカの人々がヒッタイト王国の中心部に侵入していたとすれば、そのようなこともありえるだろう。当時アルザワは「下の国」を支配しており、ヒッタイト中心部やカシュカの領域へも直接行き来できていた。アメンヘテプ3世はアルザワとの政略結婚にも興味を示しており、アルザワがアナトリアの新勢力となる可能性を見出していたことが示唆される。しかしながら、これほどまでの混乱があったにもかかわらず、ヒッタイト王とその王室は苦難の時代を乗り越えたのであった。ヒッタイトの政府は一時的に都を離れ、どこか別の場所、ことによるとシャムハに都を置いた。ここを拠点に、トゥドゥハリヤ3世とその息子シュッピルリウマ1世は王国の再建に着手したのであった[52]。

王国から帝国へ

この時に始まったことではないが、ヒッタイト王はアナトリアの再征服を強いられることとなった（図2.5）。トゥドゥハリヤ3世は、息子の助けも借りながら、都市シャムハから北東部への戦いに乗り出し、カシュカとアッジ・ハヤシャの領土を攻撃した。トゥドゥハリヤ3世はこれらの国々の脅威を封じ込めると、息子シュッピルリウマ1世をアルザワとの戦いのために

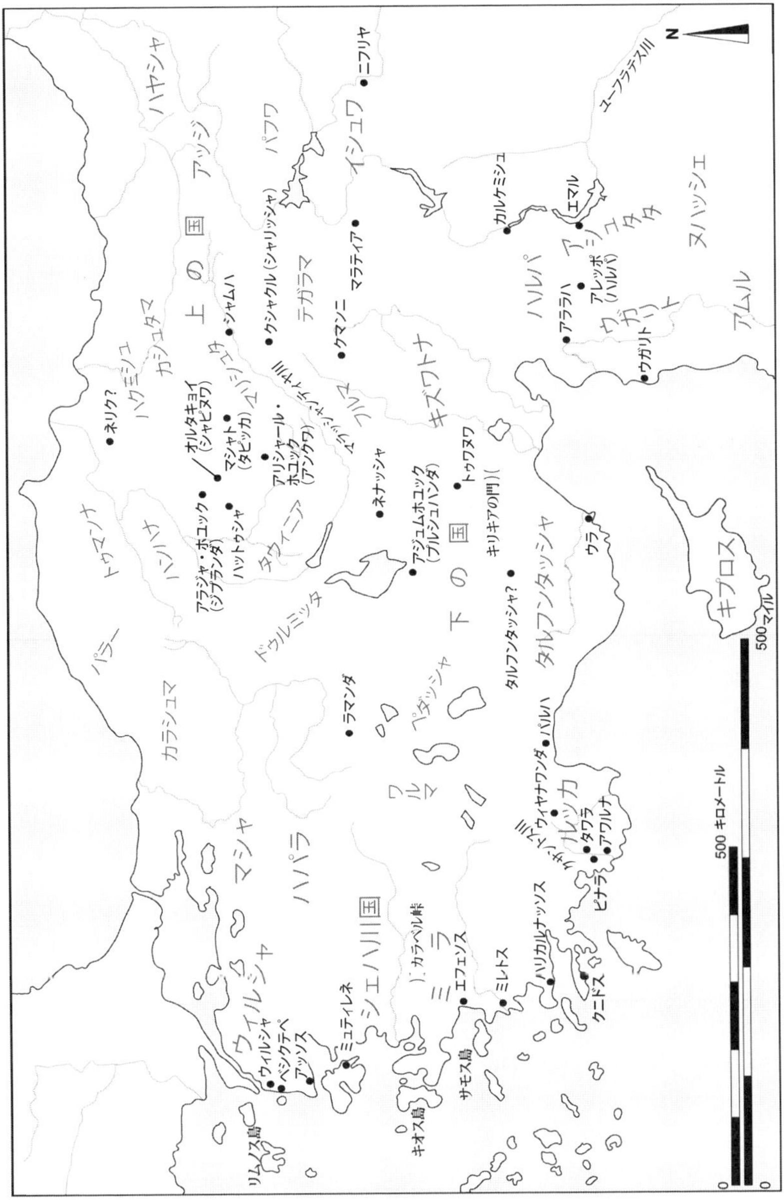

図 2.5　後期青銅器時代のヒッタイト国とその属国。著者による作成。（　）内は古代名。

西方へ派遣した。しかし、アルザワ軍はヒッタイト軍の攻勢に対して互角の戦いをし、西方の支配回復にはその後20年を要した。当時トゥドゥハリヤ3世は度々病に倒れていたため、軍事面ではシュッピルリウマ1世がしばしば父親の代理を果たし、かつて敵に荒らされた町々を再建し、再入植を行っていた。しかしながら、トゥドゥハリヤ3世は健康問題を抱えながらもシャムハで死去するまで戦闘を指揮し続けたのであった。

シュッピルリウマ1世は父親に最も信頼された助言者であり将軍であった。にもかかわらず、トゥドゥハリヤ3世の後継者に選ばれなかった。トゥドゥハリヤ3世は別の息子、おそらく長男を後継者に指命したのである。この人物は史料上「小トゥドゥハリヤ」と呼ばれる。ことによるとトゥドゥハリヤ3世は、自らの治世の間と同じように、シュッピルリウマ1世を王の補佐役とするのが最善の人員配置だと考えたのかもしれない。しかし、すべての王家の者がトゥドゥハリヤ3世の決定に納得していたわけではなく、シュッピルリウマ1世自身も不満に思っていたに違いない。トゥドゥハリヤ3世の治世末には王国は悲惨な状況に陥っていたために、危機的状況からヒッタイトを救い出せるのは、すでに優れた軍事的指導者であることが証明されているシュッピルリウマ1世しかいないと信じられていたのかもしれない。おそらくそのような動機から、軍将校らの一派が、明らかにシュッピルリウマ1世の了解を得た上で、後継者に指名されていた小トゥドゥハリヤを暗殺し、シュッピルリウマ1世をヒッタイトの王座に登らせたのであった。

シュッピルリウマ1世は、王権を掌握してまもなく、失地キズワトナを取り戻すと同時に、当時ミタンニと同盟を組んでいたイシュワに征服された町テガラマの奪還を目指し、アナトリア南部および東部へと関心を向けた。シュッピルリウマ1世は、この侵攻の結果として避けられないミタンニとの衝突に備え、ミタンニ王トゥシュラッタの政権をひそかに蝕み始め、トゥシュラッタの王座を狙うアルタタマという人物との関係を深めた。また、シュッピルリウマ1世はおそらく同じ目的で、それまでミタンニと友好関係にあったエジプトとの関係構築も模索した[53]。

シュッピルリウマ1世は、ユーフラテス川東岸に向かって最初のシリア遠征を開始した。イシュワを征服すると、ミタンニと対峙すべく南へ進軍し、その都ワシュカンニに到着した。しかし、そのときすでにトゥシュラッタは逃亡していることがわかった。ミタンニ王と直接対決することなく、シュッピルリウマ1世は軍を西のシリア方面へ向け、一度の遠征でシリア北部のすべての国々を征服し、その王たちと彼らの家族をハットゥシャへ捕囚した。残る都市は、カルケミシュのみとなっていた。

シュッピルリウマ1世の戦争はこのとき、完遂までにその後数年を要する新たな局面を迎えていた。ミタンニ征服の最終局面であるカルケミシュの攻略である。シュッピルリウマ1世は、アレッポ王に任じていた息子テリピヌにこの作戦を委ねた。しかし、フリ人の激しい反撃を受けたため、シュッピルリウマ1世は再び自らシリアで指揮を取らざるをえなくなった。将軍ルパッキにアムカの都市カデシュを取り戻すべく迫りくるエジプトを撃退させながら、自らはカルケミシュの包囲作戦に打って出た。シュッピルリウマ1世がカルケミシュの町の外に野営を張っていたまさにそのとき、一人のエジプトの使者がヒッタイトの野営地にやってきた。使者はヒッタイト王子との結婚を求めるエジプト女王の書簡を携えていた。その年は前1327年。この逸話を伝える文書からは、エジプト女王の要求が、今日の私たちと同じように当時を生きた人々にとっても驚くべき出来事であったことがわかる。夫のツタンカーメンを亡くした女王アンケセナーメン[54]は次のように書き送ってきた。

> 私の夫は亡くなり、私には息子がいません。あなたには多くの息子がいると聞いています。もし、あなたが私にあなたの息子の一人をくださるならば、彼は私の夫になるでしょう。私は我が臣下の一人を選び、彼を我が夫とすることは望んでいません。私は恐れています。[55]

シュッピルリウマ1世が「我が人生においてこのようなことは起こったことがない！」と言ったというが、その反応は想像に難くないし、非常に人間味がある。当然ながらシュッピルリウマ1世は疑念を抱き、書簡の内容の真偽を確かめるためにエジプトに使節を派遣して、当面はカルケミシュの包囲作戦に全力を注いだ。ヒッタイトの使節が両宮廷間を往復するのには数か月を要した。この間、シュッピルリウマ1世はカルケミシュを攻略し、息子ピヤッシリ（シャリ・クシュフ）をカルケミシュ王に任命した上で、自身はハットゥシャに帰還した。そこで彼はエジプト女王の怒りのこもった返答を受け取ることになる。

> あなたはなぜ、あのように「彼らは私を欺いている」などと言ったのでしょうか。もし、私に息子がいたならば、私は外国に私自身と我が国の恥ずべき苦境を説明するはずがありません。あなたは私を信じず、大胆にも私にかくのごとく言ったのです。[56]

エジプト女王の特使ハニからも結婚の申し入れが真剣なものであることが確認されたため、シュッピルリウマ1世は息子ザンナンザをエジプトへ向かわせる手はずを整えた。束の間の間ではあるが、ヒッタイトが世界の覇者となる可能性があったのである。しかしながら、そんなことが実現するはずもなく、次にヒッタイト宮廷に戻ってきた使者はエジプトへの道中でザンナンザが殺されたという知らせを伝えることとなる。

新しくファラオとなったアイ[57]は潔白を主張したが、息子の命を奪われて怒りに燃えたシュッピルリウマ1世はただちに報復行動をとり、ヒッタイト軍をエジプト領へと向かわせた。皮肉にも、この遠征で連行されたエジプトの捕虜が疫病をもたらし、ヒッタイトの中心地はその後20年間にわたって大きな被害を被った。おそらくカルケミシュ征服から6年後、シュッピルリウマ1世はまさにこの疫病によって死した。そして彼の息子で後継者のアルヌワンダ2世も王位について1年ほどで同じ病に倒れたのであった。

シュッピルリウマ1世の優れた功績は征服活動だけではない。彼の最も重要な遺産は、属王と副王たちと条約を結んで同盟を結成し、確実にヒッタイト王の支配下に置いたことであった。前任の王たちがどれほど成功を収めたといっても、シュッピルリウマ1世こそが、この同盟体制を築き、息子シャリ・クシュフとテリピヌをウガリトとヌハッシェ、カデシュ、アムルなど、シリアの国々を統治する役職に任命することによって、ヒッタイト史上初めて、単なる征服を越えた持続可能な帝国を築き上げたのである。

これまで見てきたように、王の代替わりは政情不安をもたらした。シュッピルリウマ1世に続いてアルヌワンダ2世も病に倒れたという知らせを受け、ヒッタイトの属国は反抗的になった。前1321年、兄アルヌワンダ2世の突然の死を受け、シュッピルリウマ1世の末子ムルシリ2世が若くして王座に就いた。ムルシリ2世によればヒッタイトの敵対勢力は彼を次のように貶したのだという。

> ハッティ国の王、英雄であった彼の父親は敵国を征服した。そして彼は神となった［「死した」の意］。父親の王座に登った息子は偉大な戦士であったが、彼も病に倒れ、神となった。しかし、先ごろ父親の王座に登ったのは子供だ。彼にはハッティ国とその国境を守れないだろう。[58]

ムルシリ2世の兄シャリ・クシュフとテリピヌはそれぞれカルケミシュとアレッポの副王の座に就いており、当面はアッシリアとエジプトの脅威を十分に防げていたため、新王にとって切迫した問題はカシュカの問題であった。ムルシリ2世は当初、北方にはびこるカシュカの恐怖統治を終わらせることに尽力した。しかし、まもなくして西方の動向が再び主要な問題になった。ムルシリ2世は、アルザワ王ウハジティがアヒヤワ王および都市ミラワンダ（ミレトス）と組んで始めた新たな攻撃態勢に直面したのである。神々の加護を固く信じたムルシリ2世は、兄シャリ・クシュフと共にアルザワ軍を破り、その住民たちをヒッタイトの中心地と、ことによるとそれ以外の場所へも連行した。ウハジティは沿岸の島へ逃れ、亡命中に死去した。アルザワを排除したことで、同盟を構成していた国々、ハパラとミラ、シェハ川国はただちにヒッタイトの宗主権を認めた。シェハ川国の場合、（ムルシリ2世の記述によると）王が命乞いのために年老いた母親をムルシリ2世の野営地まで遣わしたので、この不忠の属王の命を助けてやったのだったという。ムルシリ2世は、ミラ・クワリヤをマシュフイルワに、シェハ川国とアッパウィヤ両地域は復権したマナパ・タルフンダに、ハパラをタルガシュナリに与えた[59]。こうしてアナトリア西部はようやくヒッタイト統治下に置かれたのである。

その後2年間、ムルシリ2世は再び北部国境に関心を向けた。カシュカはピフニヤの下にまとまっていた。ムルシリ2世はピフニヤ軍を討伐し、彼をハットゥシャへ連れ帰ったものの、治世9年、かつてのシュッピルリウマ1世が怠っていたヘパトの祭を祝うべくキズワトナのクマンニへ赴いたときには、北部情勢は平穏とはほど遠い状況にあった。

ムルシリ2世がクマンニに滞在していたとき、兄シャリ・クシュフが病気ながらもカルケミシュから会いに来た。過去2年間、ムルシリ2世の兄弟たちは、エジプト軍の援助を受けたヌハッシェの反乱およびカデシュの反乱の鎮圧に従事していた。しかし、シャリ・クシュフがクマンニ訪問時に突然死去し、加えてその年の初めにはテリピヌも死していたことから[60]、この反乱はいっそう激化した。ミタンニ王国崩壊後の空白を埋めようと機会をうかがっていたアッシリアも、このときカルケミシュ王国に侵攻し、占領した。また、この機に乗じてアッジ・ハヤシャも「上の国」に侵入した。しかしムルシリ2世は、将軍らの助力もあり、すべての前線で脅威に耐え切ることができた。アッシリアをカルケミシュから撃退すると、ムルシリ2世はシャリ・クシュフとテリピヌの息子たちをそれぞれカルケミシュとアレッポの副王に据えたのであった[61]。

ムルシリ2世は、クマンニ滞在中、家族、特に妻ガッシュラウィヤの健康を祈っていた。彼女はしばらく前から継母の敵意の標的となっていた。その継母とはタワナンナと呼ばれたバビロニアの王女で、シュッピルリウマ1世の最後の妻であった。ムルシリ2世は、タワナンナに深刻な権力乱用があることを疑っていた。タワナンナは、ムルシリ2世が治世10年（前1312年）にアッジ・ハヤシャへ遠征していた不在時に起こった日食を、あろうことか王の死を予言するものだと解釈したことさえあった。ことによると、彼女は自身の息子にムルシリ2世の王位を継がせようと企んでいたのかもしれない[62]。ムルシリ2世はタワナンナのあらゆる嫌がらせに耐えていたが、神に妻ガッシュラウィヤの救命を懇願したにもかかわらず、彼女が亡くなってしまうということが起こった。ムルシリ2世は、妻の死の原因がタワナンナの呪術祈祷であるとわかっていた。「彼女（＝タワナンナ）は神々の前に昼も夜も立ち、神々の前で我が妻を呪っています……そして『彼女が死ぬように！』と言って彼女はその死を願っているのです。」[63]神託により、この件での王妃の有罪が立証され、ムルシリ2世には神々からタワナンナの命を奪う権限が与えられた。しかし、彼はそれを自制し、彼女を殺すことはなく、退位させて都から追放するという罰を選んだのであった。

ムルシリ2世が父親から引き継いだ問題は王妃タワナンナのことだけではなかった。シュッピルリウマ1世がシリア征服により本国に持ち帰ってしまった疫病は、ムルシリ2世の治世後半に入ってもおさまることなく、王国全土で猛威を振るい続けた。このような災いは紛れもなく怒れる神によってもたらされたものであり、ムルシリ2世にはその怒りの原因を突き止める義務があった。神託によって考えられる三つの原因が確認されたが、それらはどれもシュッピルリウマ1世の行動が元凶となるものであった。その内の一つはシュッピルリウマ1世が行ったエジプト領アムカへの報復攻撃であり、この攻撃はかつてヒッタイトとエジプトの間で締結された条約の違反に当たることが判明した[64]。ムルシリ2世は、疫病の責任は自らにはないと主張しながらも、ただちに父親の過失を償った。

ムルシリ2世は、その長く困難な治世のあるとき、祭を祝うためにティル・クンヌと呼ばれる町へ向かう途中、急な激しい雷雨に見舞われた。嵐のあまりの激しさにショックを受けたのか、ムルシリ2世は一時的に言葉を失ったことがある。彼はこの出来事について忘れていたが、数年後にそのことを夢で見るようになった。ある夜、その時の苦痛がよみがえり、彼は再び話せなくなってしまった。実際には、ムルシリ2世は小さな発作を起こして言語麻痺になったのかもしれないが、この病気は神の力によるものと考えられた。神託によって、キズワトナの「マヌジヤの嵐の神」が怒っているのだと判明し、王はキズワトナの宗教的中心地クマンニにある嵐の神の神殿に、焼かれるための身代わりの雄牛を捧げ物として送らなければならないことがわかった。ムルシリ2世本人と、同時にクマンニで王に代わって行われた高度な儀礼（第4章を参照のこと）が、王の回復につながる治療になったのかどうかはわからないが、それ以降ムルシリ2世が病気のせいで王の職責を果たせなかったという記録はない。

治世の後半、ムルシリ2世は再び西方および北方への軍事遠征を行った。西方では、ミラとその北側にあるマシャの支配者が扇動する新たな反乱が起こっていたが、これも最終的には両王国が再びヒッタイト王に忠誠を誓う形で終結した[65]。晩年には、北方のカシュカに対する遠征を断続的に行っている。ムルシリ2世は、それまでの王たちと同じくカシュカの脅威を完全には排除できなかったが、聖地ネリクをカシュカから奪還し、200年もの間行われなかった同地の神殿における宗教信仰を再開できたことは、一時的ではあっても非常に象徴的な勝利であった。

エジプトとヒッタイト

戦　争

ムルシリ2世の治世下、国際社会におけるエジプトの影響力は一時的に弱まっていた。ただし、エジプトがヌハッシェの反乱を後援したことからもわかるように、シリアの領土、とりわけカデシュとアムルの奪還をあきらめていたわけではない。結果としてヒッタイトとエジプトの関係は緊張状態が続いていたのだが、両国の冷戦は領土拡大に熱心なエジプト第19王朝の出現によって終止符が打たれようとしていた。新王朝の第二代ファラオで、ラメセス2世の父セティ1世（治世前1294〜1279年）は精力的で、失地であったカデシュとアムルを取り戻すことに成功したため、これがヒッタイトに対する事実上の宣戦布告となった。ムルシリ2世の息子ムワタリ2世とセティ1世は衝突し、勝利したセティ1世は多くのヒッタイトの捕虜を連れてエジプトへ帰還した。二大国の敵対はその数年後に起こった歴史的な戦いで頂点に達した。この戦争こそがムワタリ2世の治世を特徴づけることとなる。

しかしながら、当初ムワタリ2世は西方の反逆者の対応に追われていた。その反逆者とはピヤマラドゥなる人物で、ヒッタイトに忠実な属国であったウィルシャを支配下に置いたとみられる[66]。ムワタリ2世は属国ミラとシェハ川国の助けを借りながらピヤマラドゥを追放し、アラクシャンドゥをウィルシャの王位に復権させた。しかし、ピヤマラドゥはというと、おそらくそれまでも西方で常に反ヒッタイト的行動を支援してきたアヒヤワ人たちに匿われたようである。また、ムワタリ2世はこの対立の中で積極的に支援を行わなかったシェハ川国王マナパ・タルフンダを排し、その息子マシュトゥリを王位に就けた。しかし、後述するように、ピヤマラドゥの遍歴はこれで終わりではなかった。

ムワタリ2世は、西方への遠征から帰還すると、次にタルフンタッシャ（アナトリア中南部のタルフンタッシャと呼ばれる地域の都）への遷都を決定した[67]。ムワタリ2世が過去350年もの間ヒッタイト王国の政治と宗教の中心であり続けたハットゥシャを放棄したのには、やむにやまれぬ理由があったに違いない。たとえば、カシュカが侵入してくるという脅威を避けるためだったかもしれないし、シリアでの来るラメセス2世との対決場所の近くに都を遷そうとしたのかもしれない。ムワタリ2世はヒッタイトの神々の像と先祖の霊《マネス》（崇拝される霊魂）を新都へ移したとされることから[68]、恒久的な遷都を意図していたことが暗示される[69]。のちに王となるハットゥシリ3世は、兄ムワタリ2世が行った遷都は、その個人神であった「稲妻の嵐の神」の命であったと伝えている。ことによると、ムワタリ2世は純粋に宗教的な動機から都を移したのかもしれない[70]。アナトリア北部の聖地を重視するあまり、南部での祭儀が疎かになるのはこの時に始まった問題ではなかったが、ムワタリ2世はかつての王たちが南部の祭儀に無関心だった状況をすぐにでも正さなければならないと感じていたかもしれない。というのも、彼は来るエジプトとの戦争においてその嵐の神の助けを必要としていたからである。

ただし、ムワタリ2世は簡単に北部領域を見捨てることはできなかった。これまで何度もカシュカの排除に成功していたものの、それまでのヒッタイト王たちは持続的に封じ込められていたわけではなかった。そこでムワタリ2世は新戦略に打って出た。親衛隊長兼「上の国」の総督であった弟のハットゥシリ3世をハクピシュの王に任命し、マラッシャンティヤ（ハリュス）川流域の地域を含む王国北半分の統治を委ねたのである。特に、都ハットゥシャについてはムワタリ2世が信頼を置く役人ミッタンナムワの手に委ねられた。王ムワタリ2世がタルフンタッシャにいる間、北部情勢はハットゥシリ3世の最善の努力もむなしく悪化した。しかし、ハットゥシリ3世の語るところによれば、ムワタリ2世から彼に残された軍勢は極めて少数であったにもかかわらず、守護女神シャウシュガの加護によって北部の支配を回復できたのだという。

事実、ムワタリ軍の大勢は、従前から予見されていたエジプトとの最終対決のためにシリアに集結していた。新しいファラオ・ラメセス2世（治世前1279～1212年）は、父親と同じくシリア・パレスチナ地域におけるエジプトの覇権確立を目指しており、大戦争はもはや避けられない状況にあった。戦いの舞台は当時ヒッタイト統治下にあったカデシュになろうとしていた。もう一つ両国の係争地となっていた、王ベンテシナが支配するアムル国は、さしあたってはエジプトに忠実な属国であった。エジプト側の史料によれば、ヒッタイト軍は3,500台の戦車と正規軍、帝国全土から召集された部隊、傭兵を含め、総計47,500名の軍勢であった。ハットゥシリ3世もこの遠征に参加しており、ハクピシュ王として正規の歩兵隊と戦車隊に加え、自身の治める北部全土から召集した部隊を率いた。一方、エジプト軍は（ヘリオポリスの）ラー師団と（メンフィスの）プタハ師団、（テーベの）アモン師団、（タニスの）セト師団の四個師団から編成され、前1275年春、デルタ東部のピ・ラメセスからカデシュまで1か月の道のりを一列縦隊で出陣したのであった。

ラメセス2世は、シャブトゥナ近くのオロンテス川の浅瀬で、ヒッタイト軍から寝返ったという二人のシャス人の遊牧者と遭遇し、ヒッタイト軍がまだアレッポの遠く北側にいると伝えられた。ラメセス2世は、彼らがムワタリ2世に派遣されたスパイだと気づかず、話の真偽を確かめることも、偵察隊を送ったりすることもなく、ひたすらカデシュへと進軍していった。アモン師団が翌日に決行する包囲作戦に備えてカデシュの北西に野営を張ろうとしていたとき、エジプト人は自軍の現在地を確かめるために送られてきた二人のヒッタイト偵察兵を捕らえ、ヒッタイト軍の本当の居場所を吐かせた。すると、なんとムワタリ軍はオロンテス川の対岸の町に潜んでいたのであった。

ラメセス2世が他の師団に急がせるよう至急伝令を送ると、ヒッタイト軍は攻撃をしかけ、取り囲まれたアモン師団は狼狽し散り散りになってしまった。しかし、ラメセス2世は一歩も退かず反撃に出た。エジプト側は勝利を主張しているが、ラメセス2世の軍はアムルからの援軍が間に合ったおかげで何とか救われたにすぎないだろう[71]。一方、テーベのラムセウムの壁に刻まれた戦闘シーンでは死亡したヒッタイト軍将校の名が列挙されているように、ヒッタイト側にも大きな損失があったのは間違いない。あるレリーフでは、オロンテス川を泳いで退却したアレッポの王子が、逆さまにされて、飲み込んだ水を吐き出す様が描かれているほどである。

ラメセス2世は勝利を宣言したにもかかわらず、当初の目的を果たせておらず、一方ムワタリ2世は南へ退却するエジプト軍をエジプト領のアバまで追撃している。その後、ハットゥシリ3世はヒッタイトによる支配を監督するため、一年間この地にとどまることとなった。ヒッタイトにとって、この戦争の最大の成果はアムルをヒッタイト宗主権下に回復させたことであった。ただし、結局のところ、ヒッタイトとエジプトの勢力圏の境界は数世代前に確定していた位置に落ち着いたのであった。

カデシュの戦いの翌年、アバから帰還したハットゥシリ3世はイシュタルに参詣するためにキズワトナの町ラワザンティヤに立ち寄った。そこで彼は有力なイシュタル神官の娘のプドゥヘパという女性と出会い結婚した。

> 女神の命を受け、私は神官ペンティプシャリの娘プドゥヘパを我が妻として娶った。私たちは（結婚して）結びつき、［そして］女神は［私た］ちに夫（と）妻の愛を与えた。私たちは息子（と）娘をもった。女神、我が女主人は、夢に現れて私に（こう言った）。「（汝の）家［と共に］我が臣下となれ」と。私は私の家と共に女神の［臣］下となった。私たちのつくった家で女神は私たちと共にあり、私たちの家は栄えた。[72]

「上の国」へ帰還する途中、ハットゥシリ3世はハクピシュで反逆にあった。ムワタリ2世はハットゥシリ3世を「上の国」の総督に任命した際、前総督で王族でもあったアルマ・タルフンダを解任していた。しかし、アルマ・タルフンダはこれを甘んじて受け入れることなく、後ろ盾に支えられながら二度もハットゥシリ3世を訴えている。一度目は、ハットゥシリ3世が有罪か無罪かを決するための「神の車輪」と呼ばれる神明裁判（一種の法的手続き）の試練に耐えたことで、身の潔白を証明していた。ムワタリ2世がシリアから帰還した際に行われた二度目の裁判では、王がハットゥシリ3世に味方したため、運悪くアルマ・タルフンダは「黒」呪術を行ったとの罪状で有罪判決を受け、キプロスへ追放されたのであった。

ムワタリ2世はカデシュの戦いの数年後に死去した。ムワタリ2世の治世末、理由は不明だが、王妃ダヌヘパ[73]が彼の寵愛を失い、裁判にかけられた上で息子と共に都から追放されている。そしてこのスキャンダルのためか、あるいはその息子がまだ子供であったためか、ムワタリ2世は第二位の息子であるウルヒ・テシュブを後継者に指名していた[74]。

ウルヒ・テシュブは即位名をムルシリ3世といい、その名前は多くの印影に表れる。しかし、ムルシリ3世の治世のことは、印章以外では、彼と敵対した叔父ハットゥシリ3世の目を通してしかわからない。ハットゥシリ3世は、ムルシリ3世即位の数年後、激しい内戦の末に王位を簒奪することとなる。ただし、当初ハットゥシリ3世はウルヒ・テシュブの王位継承を支持する立場を表明し、さらには彼を王位に登らせたのは自らの功績であるとさえ自認していた。

［そ］こで、我が兄弟には正当な息子がなかったの［で］、私は側室の息子ウルヒ・テシュブを取り上げた。［私は］、彼に［ハ］ッティ国の支配権を置き、（彼の）手に全［ハットゥシャ］を置いた。[75]

公式な印章におけるムルシリ3世時代の王妃もダヌヘパであることから、彼が最初に行った政策の一つは、彼女をタワナンナの位に復権させることであったに違いない。これは、ムルシリ3世が父ムワタリ2世の決定を覆した数多くの政策の一つにすぎない。特に注目すべきはムワタリ2世の死後に都をハットゥシャに戻したことである。父親のタルフンタッシャ遷都に元々反対していたのか、あるいは宮廷内でハットゥシャへの再遷都を求める圧力があったのか、ムルシリ3世は神々の像をハットゥシャへ戻したのであった[76]。その後もタルフンタッシャは重要な都市ではあり続けたが、都から地方都市に格下げされたのは確かである。この決定にはハットゥシリ3世の後ろ盾があったようだが、ハットゥシャへの再遷都はおおむね好評であったに違いない。

政治面では、ムルシリ3世は、ムワタリ2世が排除したかつてのシェハ川国王マナパ・タルフンダに亡命先からの帰還を許すとともに、叔母にあたるマッシャナウジを、当時のシェハ川国王マシュトゥリと結婚させている[77]。また、シリアではベンテシナをアムル王に復権させた。かつてムワタリ2世は、エジプト側への離反を理由にベンテシナを退位させ、ハクピシュに送って弟ハットゥシリ3世の保護下で生かしていた。したがって、ベンテシナの復権はハットゥシリ3世の助力があったと考えるのが妥当であろう。ハットゥシリ3世のムルシリ3世に対する強い影響力は、彼が支持しなかった、ある政策決定に表れている。かつてムワタリ2世は、ミッタンナムワをハットゥシャの総督に任命した際、前職であった書記官長の位に彼の息子を任命していた。しかし、ムルシリ3世はどういうわけか、この息子を書記長官の職から退けていた。これに対して、ハットゥシリ3世はミッタンナムワ家のためにムルシリ3世の決定に干渉し、その結果、ミッタンナムワの別の息子が書記官長になるということがあった。

ハットゥシリ3世がハンティリ2世の時代以来、廃墟と化していた聖地ネリクを再建したのもムルシリ3世の治世のことであった。ハットゥシリ3

世は「ネリクの嵐の神」の敬虔な僕であり神官であった。のちに王妃プドゥヘパは躊躇うことなくハットゥシリ3世が晩年に行った「ネリクの嵐の神」への奉仕記録を神々に伝えている。また、ハットゥシリ3世は聖地ネリクを讃えて息子の一人にネリッカイリ（「ネリクの人」）という名前さえつけている。

ムルシリ3世の治世、アッシリアとの外交関係は緊張していた。アッシリア王アダド・ニラリ1世は、かつてのミタンニ王国の残滓ハニガルバトをアッシリアの属国とすることに成功していた。ムルシリ3世は、ハニガルバト王ワサシャッタのアッシリアに対する新たな反乱を支援できなかった。これによりアッシリア帝国による併合を許したため、ヒッタイトとアッシリアが勢力下に置く国々の間に緩衝地がなくなってしまった。このような状況下、ムルシリ3世はアダド・ニラリ1世への書簡の中で不快感を露わにしている。彼は、アッシリア王を友好関係にある王を意味する「兄弟」とは認めようとしなかった[78]。のちにハットゥシリ3世は、いかにムルシリ3世治世の宮廷でアッシリアの使節が不適切に扱われたかを、アッシリア王シャルマネセル1世に思い起こさせている[79]。結局、ムルシリ3世はアッシリアの問題を解決するような外交手段を見いだせなかった。このことは彼の短い治世の中でも大きな失敗と位置づけられよう。

ハットゥシリ3世は『ハットゥシリ3世の弁明』と呼ばれる文書を作成している。この文書は、王位簒奪を正当化し、王位継承家系の保証を目的に作成されており、その中でムルシリ3世は敬意を払われることなく、誕生名のままウルヒ・テシュプと呼ばれている。ハットゥシリ3世は、ウルヒ・テシュプが計画的に自身の権力基盤を解体し、その地位から排除しようとしたことが内戦につながる対立を生んだのだと非難している。また、この文書では、女神シャウシュガがハットゥシリ3世の妻プドゥヘパに夢を届け、彼に王権が下ることを約束したのだと主張されている。もし、シャウシュガの約束（とそれが暗示するハットゥシリ3世の野心）がムルシリ3世の耳に入っていたとすれば、その権力を制限しようとしたのも無理はない。シャウシュガはムルシリ3世に追放されていた将軍たちの夢にも現れ、ハットゥシリ3世を味方すれば勝利すると約束したのだといわれている。実際、指導者層の者たちも来る内戦ではハットゥシリ3世に勝算があるとみて寝返ったのかもしれない。

ハットゥシリ3世は権力を縮小されていたが、主要都市ネリクとハクピシュ――それぞれ宗教的拠点と政治的拠点であった――は保持していた。というのも、神託の結果、ムルシリ3世は両都市をハットゥシリ3世から取り上げることを禁じられていたからである。ハットゥシリ3世は、ムルシリ3世が「神々と人々の命により私の破滅を求めた」と記している[80]。これは、ムルシリ3世がハットゥシリ3世の力を弱める方法について（神託を通じて）神々に、そして人々にも助言を求めていたという意味である。ハットゥシリ3世は反乱を起こすまでの7年間、このような屈辱と挑発を甘受したのだと主張する。しかし、ウルヒ・テシュブからネリクとハクピシュを取り上げられると、ハットゥシリ3世はついに宣戦布告をした。

> あなたは私に対抗した。あなたは大王（であり）、私はあなたが私に残した一城塞都市の王（である）。さあ来い！　シャムハのイシュタルとネリクの嵐の神は私たちに判決を下すことだろう。[81]

ムルシリ3世はマラッシャンティヤ川を出発し、「上の国」でハットゥシリ3世と戦闘を交えた。かつてムワタリ2世はアルマ・タルフンダを追放した際、その息子シッパジティについては国内にとどまることを許していた。このとき、シッパジティは「上の国」で軍勢を調達し、ムルシリ3世と同盟を組んだ。しかし、シッパジティの援護はあったものの、ハットゥシリ3世に忠誠を誓った者が多い北部地域においては、ムルシリ3世側に有利な資源は最小限であっただろう。ハットゥシリ3世の支配領域で戦いを挑んだことがムルシリ3世の致命的な戦略ミスであった。ハットゥシリ3世はカシュカの部族民たちとの関係を活かし、ムルシリ3世との戦いに向けて自軍に引き入れていた。本拠地の山岳地帯での戦いに慣れたカシュカに、ムルシリ3世の軍が敵うわけがなかった。ムルシリ3世はシャムハへ退却し、ハットゥシリ3世はそこで包囲作戦に出た。都市内からは裏切り者たちがシュルッパ近郊のハットゥシリ3世の野営地へこっそりやって来て、王の首を持ってくると申し出たものの、ハットゥシリ3世はこれを拒否している。いずれにせよ、ムルシリ3世は生きたまま「豚小屋の豚のように」捕えられた。ハットゥシリ3世はシャムハを陥落させ、ムルシリ3世に枷を嵌めて町から引きずり出したのであった。神々は明らかにハットゥシリに有利な審判を下した。ハットゥシリ3世は「もし、彼がまったく私に対抗しなかったならば、彼ら（神々）は大王を小王に服従させただろうか。彼は私に対抗したがゆえに、神々が（彼らの）判決によって彼を私に服従させたのである」[82]という。

平　　和

ハットゥシリ3世は世界中が彼の即位を歓迎したと書き伝えている。

> 私より年長（であり）、そして私に友好的であった王たちは私に友好的であり続け、彼らは私に使節を送り始めた。彼らは私に贈り物を送り始め、彼らが私に送り続［ける］贈り物は、彼らが決して（私の）父と祖父には送らなかったものである。私を敬うべき王は私を敬い、私の敵であった（国々）については、私はそれらを征服した。ハッティの国々のために私は次々に領土を併合した。我が父（と）祖父の時代に敵であった（者たち）は私と友好を結んだ。[83]

実際には、敵も味方も反応は様々だったようである。ハットゥシリ3世が即位直後にハットゥシャの住民に出した布告から明らかなように、ハットゥシャ内でも、対処しなければならない障壁があったのである[84]。

退位させられたウルヒ・テシュブは、その後の数年間ハットゥシリ3世にとっては目の上のこぶであった。当初ハットゥシリ3世はウルヒ・テシュブをヌハッシェに追放し、この要塞都市の統治を任じた。しかし、直後にウルヒ・テシュブはバビロニアへ逃亡しようとしているところを捕えられたため[85]、ハットゥシリ3世はより安全な場所、おそらくヒッタイトの影響力の強い海岸沿いの王国に彼を移した[86]。しかし、そこもまた十分に安全ではなかったようで、ウルヒ・テシュブはすぐにエジプトへ逃亡し、父親の宿敵であったラメセス2世の保護下に入ったのであった。

ハットゥシリ3世は地方の君主としては優れた軍事指導者であったが、王としては有能な外交官であった。慣例と異なる方法で王位に就いたハットゥシリ3世にとって、属国とも諸外国とも良好な関係を築くことが必要不可欠であった。アムルとバビロニア、エジプトと条約を結ぶと共に、その関係はハットゥシリ3世の子供たちとアムル、イシュワ、バビロニア、エジプトの王たちとの政略結婚によって強化された[87]。ハットゥシリ3世は、間違いなく国際社会から見たときに自らの支配が正当視されることをねらって、これらの同盟関係の構築を追求していた。

ハットゥシリ3世はアッシリアとの関係についても慎重に歩を進めた。当初アダド・ニラリ1世はハットゥシリ3世の王位の正当性を認めず、即位式に贈り物もせずに「あなたは大王の代理（にすぎない）」とまで述べている[88]。ハニガルバト王シャットゥアラ2世がアダド・ニラリ1世の後継者であるシャルマネセル1世に対する反乱を起こした際も、反乱を援助せず、アッシリア王を大王と認め、ハニガルバトの宗主権を公認した。シャルマネセル1世は、この反乱鎮圧を機に、ハニガルバト王国を完全に消し去ることとなる。ハットゥシリ3世の寛容政策は、少なくとも一時的には二大国間の緊張緩和に役立ったかもしれない。

ハットゥシリ3世がこのような行動をとった際の最大の関心事と動機は、国内で支持基盤を確立しながら、王権の国際的な承認を得て、ヒッタイトの王位継承権を確実に自らの家系に引き継がせることにあった。ハットゥシリ3世がラメセス2世に接近し、条約による同盟関係を結ぶことを提案したのも、同様の理由からであった。さらに、この条約はウルヒ・テシュプがエジプトの協力を得て、再び王位を主張することがないようにするためでもあった。ウルヒ・テシュプが条約の交渉時にまだエジプトに滞在していたのかどうかはわかっていない。ある時点、おそらく条約締結後に、ハットゥシリ3世はウルヒ・テシュプの引き渡しを要求しているが、ラメセス2世はそれを拒否している。これは、ラメセス2世にとってはヒッタイト王との駆け引きの中でウルヒ・テシュプの存在が切り札になると考えていたからかもしれない。

ラメセス2世にとっても、ハットゥシリ3世との条約に合意することは損にならず、むしろ条約締結を、自らの名声を高めるプロパガンダの機会として歓迎しただろう。両国の条約は前1259年、ラメセス2世の治世21年に締結された。事実上、同一の内容を記した二つの条約文書がハットゥシャとピ・ラメセスそれぞれで作成され、取り交わされた。ハットゥシャで編纂された条約正本はエジプトでエジプト語に翻訳されてカルナク神殿の壁に刻まれた一方、エジプトから送られた銀の書板にアッカド語で刻まれた条約正本はハットゥシャで粘土板に書き写され、これが現存している。この条約は、ヒッタイトの条約形式にしたがっており（第3章を参照のこと）、不可侵を定める条項や、内外の敵に対する相互援助についての条項、逃亡者の身柄引渡についての条項が盛り込まれた。また、ラメセス2世はハットゥシリ3世が選ぶ後継者の王位継承を保証するという規定が含まれているが、逆にエジプトの王位継承をハットゥシリ3世が保証するという規定はない。このことは、ハットゥシリ3世にとって後継者問題が優先事項であったことを物語っている。

実際に両国王は条約に定められた規定を尊重した。ミラ王クパンタ・クルンタがラメセス2世にウルヒ・テシュプの状況にかんする書簡を送ったとき、ラメセス2世は条約を引用しながら、この問題に対処すべきはハットゥシリ3世であると返答している[89]。エジプトの高名な医師の派遣も書簡を通じて求められた。ハットゥシリ3世はある書簡で、姉マッシャナウジとその夫のシェハ川国王マシュトゥリの間に子供がいなかったため、子供ができるようにできる医者を送ってほしいとラメセス2世に求めている。ラメセス2世は不本意ながらこの要求に同意した。ラメセス2世はマッシャナウジがもうすぐ60歳になろうかという女性と知っており、内心では医師の力で何とかなる問題でないとわかっていたはずである[90]。

条約にはハットゥシリ3世と王妃プドゥヘパが調印し、これによって「エジプト・ヒッタイトの平和」として知られる協調の時代が始まり、両宮廷の関係は緊密になった。多くの使節や外交官、商人が二大国間にある小王国を通る陸路と海路を行き交い、文化人はピ・ラメセスとハットゥシャの間を旅した。条約締結から13年後、ヒッタイトの王と王妃は、慌ただしく準備をして、すでにかなり高齢であったラメセス2世と結婚させるために娘の一人をエジプトへ向かわせた。この時代に宮廷間で交わされた書簡の多くはプドゥヘパからラメセス2世への書簡である。その中でプドゥヘパは結婚の準備の遅れを、嫁資に必要な資産の不足のせいにしている。

> ［私は確かに私の娘を引きとめています］。あなたはこのことを認めないわけにはいけません。あなたはこのことを認めるでしょう。今のところ、［私は］あなたに彼女を［与えられません］。我が兄弟であるあなたが「ハッティの家」のことを知っているように、［それが］枯渇［している（？）ことを］私が［知］らないことがありましょうか。ウルヒ・

> テシュプは残っていたものを「偉大なる神」に与えました。ウルヒ・テシュプはそこにいるのだから、これが正しいかそうでないかを彼に聞いてください。[91]

ラメセス2世は、ウルヒ・テシュプがまだ自身の保護下にあることを一度ならず否定していた。条約締結後にウルヒ・テシュプがエジプトの宮廷を去っていたにせよ、留まっていたにせよ、ハットゥシリ3世とプドゥヘパは彼がまだエジプトにいると信じていたのは間違いない。

数年後、おそらくハットゥシリ3世の死後に、ハットゥシリ3世とプドゥヘパの別の娘がラメセス2世と結婚している。このときもプドゥヘパは同じように結婚の準備に尽力した。彼女は息子トゥドゥハリヤ4世の治世になっても引き続き王妃としての役割を担っていた。タワナンナという称号をもつヒッタイト王妃は、従来、国内の、特に都ハットゥシャ内の問題にかんして大きな権力を行使していたが、とりわけプドゥヘパは夫ハットゥシリ3世と対等な立場で国際問題に関与していた点で抜きん出た存在であった。フラクティンの岩のレリーフには、並んで二神に献酒をするプドゥヘパとハットゥシリ3世の像が描かれている（図2.6）。国内と国際社会の両方において、王妃としてのプドゥヘパに向けられた敬意とその権力は、後期青銅器時代の近東世界において類を見ない。

ラメセス2世はハットゥシリ3世をエジプトに招待していた。エジプト

図2.6 「下の国」に近いフラクティンにある岩の表面に刻まれたレリーフには、ハットゥシリ3世とプドゥヘパがテシュプとヘパトに献酒をする場面が描かれている。プドゥヘパが古代近東世界の王妃の中でも類を見ない立場にあった証拠に、彼女はここで夫と対等な立場で描かれている。写真は著者による撮影。

では２か所に娘を伴ったハットゥシリ３世の姿が描かれている。一つはアブ・シンベル神殿に描かれた結婚の場面に、もう一つはデルタのタニスにあるラメセスの巨像に彫られている。しかし、ハットゥシリ３世が実際にエジプトまで旅したとは考えにくい。ハットゥシリ３世はラメセス２世が描かせたカデシュの戦いの描写に抗議したこともあったし、もしそのような招待に乗っていたとしたらエジプト側のプロパガンダに利用されるだけであっただろう。

ハットゥシリ３世は外交者としての名声が高いが、その治世にまったく軍事活動を行わなかったわけではない。当時、王位継承者となることが確定していたトゥドゥハリヤ４世は、父親と同様、カシュカとの国境で軍事技術に磨きをかけていた。その一方でハットゥシリ３世は日に日に悪化している西方の問題に直面していた。年代記によると、ハットゥシリ３世はアナトリア南部の広域に広がったとみられる反乱を鎮圧するため、アナトリア南西に位置するルッカの国々への遠征を行ったという[92]。反乱者らはアヒヤワ王の兄弟タワガラワの下に身を寄せていた。ハットゥシリ３世は、アヒヤワ王に宛てて、いわゆる『タワガラワ書簡』と呼ばれる長文の書簡を書いている。その主な内容は、ムワタリ２世の治世以来、ヒッタイト西方の同盟国を悩ませてきた扇動者ピヤマラドゥについてであった。

ピヤマラドゥは、反乱軍の逃亡を促しただけでなく、ヒッタイトに忠実なルッカの人々を国内から追放していた。ルッカの人々は、初めは都市ミラワンダ（ミレトス）を活動拠点としたアヒヤワ王の兄弟タワガラワに対して、またその後は宗主であるヒッタイト王に不満を申し立てていた。ハットゥシリ３世は軍隊を引き連れ、ルッカの国々へ向けて出発した。シャラパの町に到着したとき、ハットゥシリ３世は、ピヤマラドゥから自らを臣下の身分にしてほしいとの要求を受け取った。そこで皇太子（ことによるとネリッカイリ）を遣わしてピヤマラドゥを属国の王に据えるために自らの下に連れてこようとしたが、ピヤマラドゥはこれを拒み、その場で王国を与えるよう要求したのであった[93]。結果、両軍はイヤランダで衝突することとなった[94]。ハットゥシリ３世はピヤマラドゥの義理の息子アトパが治めるミラワンダまで追撃した。さらにはミラワンダに入り、アトパに対してピヤマラドゥの引き渡しを要求したが、またしてもピヤマラドゥは船でアヒヤワ王の保護下に逃げてしまった。安全な島に逃亡したピヤマラドゥは、その後もアナトリア本土のヒッタイト領への襲撃を続けたため、ハットゥシリ3世はアヒヤワ王にピヤマラドゥを引き渡すか、西方での扇動的な活動を止めさせるように訴えていた。アヒヤワ王がハットゥシリ3世の懇願に耳を傾けたことを示す証拠はなく、むしろ積極的にこの地域でヒッタイトの利益に反するよう動いたため、西方の状況は悪化の一途をたどったようである。

ハットゥシリ3世は一生を通じて病気がちであった。子供のころには深刻な病気にかかり、書記官長ミッタンナムワの世話になっていた。このミッタンナムワはのちのタルフンタッシャ遷都の際にハットゥシャを治めた人物である。シャムハのシャウシュガ女神は、ハットゥシリ3世の父ムルシリ2世の夢に兄のムワタリ2世を登場させて、その口から、もし彼がハットゥシリ3世を女神の神官にすれば、その病気が治るだろうと告げさせたのだとされる。有能な役人ミッタンナムワによる世話とシャムハのシャウシュガ女神の助けによって、ハットゥシリ3世は病から回復した。しかし、晩年にはプドゥヘパが度々ハットゥシリ3世の足の炎症と目の病気からの回復を神に祈っている。最終的にハットゥシリ3世はかなりの高齢で死去した。彼は拡大した王家と、誰にヒッタイトの王座に登る権利があるのかという、その後長引く問題を残して世を去ったのであった。

帝国の終焉

トゥドゥハリヤ4世はハットゥシリ3世が最初に後継者に選んだ息子ではなかった。当初は彼の兄弟ネリッカイリかヘシュニが後継者に指名されていたが、ハットゥシリ3世がそれをトゥドゥハリヤ4世に交替させた理由はよくわかっていない[95]。ことによると、プドゥヘパは前妻の息子ではなく自らの息子を王位につけるために影響力を行使したのかもしれない[96]。どのような理由があったにせよ、トゥドゥハリヤ4世は確かに最も王座に近い人物となった。彼は、とあるライバルからの挑戦を受けないよう王位継承を約束された息子であった。

そのライバルとは、ウルヒ・テシュブの弟クルンタであった[97]。クルンタはまだ子供のころ、父ムワタリ2世によってハットゥシリ3世に預けられ、ハクピシュで育てられた[98]。近い年代のトゥドゥハリヤ4世とクルンタは共に成長し、二人の間には特別な絆があった[99]。のちに二人の間に締結された条約ではトゥドゥハリヤ４世が次のような出来事を語っている。

> しかし、我が父が皇太子の座にあった我が兄弟を退位させ、私を王位に据えたとき、そして我が父が私とクルンタの尊敬と愛情を見たとき、我が父は私たち二人を連れてきて、誓いを立てさせた。「一方は他方を守るように」と。このように、我が父は私たちに誓いを立てさせた。また、それとは別に私たちは誓いを立てあった仲であった。そしてクルンタは私を守り、決して私に立てた誓いを破ることはなかった。私、「我が太陽」は、彼に次のように言った。「もし、神々が私を認め、私が王になるならば、あなたには良いことしかないだろう」と。[100]

内戦期、クルンタはハットゥシリ３世の側について、兄ウルヒ・テシュブを助けることはなかった。実の兄弟から王位を奪ったハットゥシリ３世に育てられたクルンタの忠誠心は複雑なものであっただろう。ハットゥシリ３世は、王位に就くとすぐにクルンタをタルフンタッシャ王に据え、条約によってその任命を承認し、多大な特権を与えた[101]。そしてトゥドゥハリヤ４世は王位に就くと、父親が作成したクルンタとの条約を更新している。青銅に彫られた条約の正本は、1986年にハットゥシャの南の城壁（イェルカプ）近くの舗装された場所で発見された。トゥドゥハリヤ４世による新条約はクルンタにさらなる特権を与えるものであった。これによってクルンタは自由に後継者を選べ、通常の税と賦役が軽減された。タルフンタッシャ王にカルケミシュの副王と政治的に同等な地位も認めるなど、これらはクルンタの忠誠をつなぎとめておくための配慮であった。

父親と同じように、王の長子ではなかったトゥドゥハリヤ４世は王の親衛隊長を務めていた。彼は、この職務において、これまで何度もみてきたカシュカに対する軍事作戦を成功させ、軍事上のキャリアを積んでいた。西方でも成功を収めている。エジプトの医師が最善を尽くしたにもかかわらず、シェハ川国王マシュトゥリは世継ぎを残すことなく死去したのだが、トゥドゥハリヤ４世はその後に起こった反乱を鎮圧している。また、トゥドゥハリヤ４世は、かつて退位を余儀なくされた、ヒッタイトに忠実な臣下ワルムをウィルシャの王に復位させている。ワルムを保護していたミラ王タルカスナワ（図2.7）はヒッタイト王室と協力してワルムの復権を助けた。こ

図 2.7　カラベルのレリーフは近年になってようやく解読された。このレリーフは、エフェソス（アパサ）からサルディスに向かう古道にある丘の上に彫られている。今日、図像はミラ王タルカスナワを表したものとして知られている。著者による撮影。

のような出来事の末に、アルザワの解体以来、西方におけるヒッタイト国益の鍵となっていたミラがウィルシャに対する部分的な宗主権を得た。これはヒッタイトの属国の中では先例のない特権的な地位であった[102]。同時に、ミラおよびウィルシャが忠実であったことによって、ヒッタイトに対するさらなるアヒヤワの反抗をいくらか予防することができた。

しかしながら、トゥドゥハリヤ 4 世はその他の前線ではさほど成功することはなかった。ムルシリ 3 世が外交で不作法をはたらいて以来、アッシリアとの緊張関係はほとんど改善していなかった。トゥドゥハリヤ 4 世はアッシリアとの緊張改善を熱望していたし、当初アッシリア王トゥクルティ・ニヌルタ 1 世（治世前 1233～1197 年）も平和的な和解に積極的であったと思われる。トゥクルティ・ニヌルタ 1 世はトゥドゥハリヤ 4 世に「我が父はあなたの敵であった……しかし、私は我が兄弟の友である」と書き送っている[103]。しかしアッシリアは、ヒッタイト領を攻撃した場合には報復を行うという警告を無視して、和平交渉の最中にもかかわらず、突如ヒッタイト勢力下にあった北西方向のフリ人たちの国々を攻撃したのであった。こうしてトゥクルティ・ニヌルタ1世はハニガルバト北部のスバルの国々を支配下に置き、それによってアナトリアへ続くほぼすべての街道をおさえたため、ヒッタイト領イシュワが危険なまでに脅かされることとなった。これによりあらたにナイリ（ヒッタイト語でニフリヤ）の国々が北部国境となったのであるが、いまやトゥクルティ・ニヌルタ1世はその先の確保までも望んでいた。ニフリヤは、かつて古アッシリア時代に交易植民都市が置かれ、アナトリアへ向かう重要な交通路であったエルガニ街道の終着点に位置することから、戦略上、非常に重要な都市であった。

その間トゥドゥハリヤ4世は、アヒヤワの船がアムルの港を経由してアッシリアと交易しないよう、アムル王シャウシュガムワに対してアッシリアへの禁輸を指示している。また、アッシリアの攻撃があった場合、ウガリトとアムル両国に軍を招集する旨を通達している。トゥクルティ・ニヌルタ1世からウガリト王イビラヌに宛てられた書簡には、ニフリヤにおけるヒッタイト対アッシリアの大戦争とそれに先立つ出来事が伝えられる[104]。アッシリアは、ヒッタイト軍が占拠していたニフリヤに対して進軍してきた。トゥルクティ・ニヌルタ1世はトゥドゥハリヤ4世に撤退を要求したが、トゥドゥハリヤ4世はこれを拒否し、和平の打診も断った。トゥドゥハリヤ4世は攻撃を命じ、アッシリア軍はニフリヤ郊外でヒッタイト軍に相対した。しかし、トゥドゥハリヤ軍は、事実上、臣下たちの逃走によって戦いに敗れたのであった。この敗北はヒッタイト帝国にとって甚大な損失をもたらしたことだろう。戦後、トゥドゥハリヤ4世は、援軍を期待していたにもかかわらず、アッシリア王との対決の際に裏切りをはたらいた臆病な同盟国に書簡を送っている。

> 余が困難な（状況）に陥ったとき、汝は余から遠ざかったままだった。汝は余のそばにいなかった！　余はニフリヤから一人で逃げただろうか。敵がこのように余からフリ人の国を取り上げる事態が起こったとき、余は一人でアラタルマに残されなかっただろうか。[105]

この非協力的な同盟国は、かつてミタンニ王国との係争地となったアナトリア東部のイシュワであったかもしれない。しかし、ニフリヤでの敗北で屈辱を味わったトゥドゥハリヤ4世は自身が厳しい立場に置かれていることに気づいており、結局この不忠な属国を罰することはなかったようである。トゥクルティ・ニヌルタ1世は、ヒッタイトの属国ウガリトの王イビラヌにヒッタイトに対する大勝利を報告している。おそらくイビラヌにヒッタイトへの忠誠心を捨てさせようとしていたのだろう。実際、ニフリヤでのヒッタイト敗北後、ウガリトは次第に臆面もなく行動をとるようになり、エジプトとの外交交渉さえ行っている[106]。

トゥドゥハリヤ4世は、治世の初めに母親へ、ラランダ[107]の反乱に対する懸念とそれが「下の国」全域に広がるのではないかという危惧を伝えている。ハットゥシリ3世が最善を尽くしたものの、この地域の平定には失敗していたし、ヒッタイトの最後の王たちも南部および南西部で増大する紛争を封じ込められなかった。1970年にコンヤ北西のヤルブルトで発見された象形文字ルウィ語碑文は当時の状況を伝えている。帝国時代に建てられたこの碑文は現存するものの中で最も長く、トゥドゥハリヤ4世がルッカの国々に対して行った遠征を記念して建てられた。ウィヤナワンダを除いて、この文書に挙げられるタラワ、ピナリ、アワルナ、パタラ山などの諸地域は、リュキアのクサントス川に沿って位置した[108]。碑文ではトゥドゥハリヤ4世の勝利が主張されているが、当時アナトリア南西部は、もはや取り返しがつかないほどの無政府状態に陥っていた。

このことは、まったく新しい前線でトゥドゥハリヤ4世の軍事力が試されたことからもわかる。トゥドゥハリヤ4世によるキプロス（アラシヤ）島征服作戦は、前15世紀にアルヌワンダ1世が領有権を主張して以降初めて、ヒッタイトがこの方面に野心をもったことを示す証拠である[109]。その全貌は二つの点で異例であった。陸上戦しか戦ってこなかったヒッタイト軍が初めて海戦に臨んだことと、それに向けてトゥドゥハリヤ4世は間違いなく属国ウガリトとアムルの海軍力に頼っていたということである。キプロス島周辺は台頭する西方のアヒヤワと東方のアッシリアに挟まれるとともに、敵対的な島々が容易くヒッタイトの供給路を妨害できる状況にあったため、トゥドゥハリヤ4世は交易路の確保を目的として遠征に乗り出したのだろう[110]。この遠征でトゥドゥハリヤ4世は少なくとも一時的にキプロス島に親ヒッタイト政権を樹立することに成功した。

国内では、トゥドゥハリヤ４世は父親が行ったクーデタの影響に悩まされていた。ハットゥシリ３世はトゥドゥハリヤ４世が王と認められるようあらゆる策を講じたものの、トゥドゥハリヤ４世以上ではないにせよ、彼と同程度に王位に就く資格がある王族の不満は抑えられていなかった。トゥドゥハリヤ４世がそのことを気にかけていたのは無理もないことであった。トゥドゥハリヤ４世は、ハットゥシリ３世の別の息子ヘシュニが主導した暗殺計画の失敗を受けて[111]、役人たちに次のような力強い声明を発表した。

> 我が父の息子たちは数多く、私、「我が太陽」には多くの兄弟たちがいる。ハッティ国には王家の家系で満たされている。ハッティには、シュッピルリウマの子孫、ムルシリの子孫、ムワタリの子孫、そしてハッティシリの子孫が多くいる。汝らは他の誰の支配権を認めてはならない。トゥドゥハリヤの孫、ひ孫、子孫のみを守らなければならない。万が一にも、「『我が太陽』に多くの兄弟があることで、『我が太陽』に悪がもたらされるならば、そして責任ある汝らが別の者へ近づいて「我々が我々のために選ぶ方は我々の主人の息子である必要はない」などと言うならば、この状況は許されない。汝らは「我が太陽」と「我が太陽」の子孫のみを支配者として［守ら］なければならない……汝らは他の誰にも近づいてはならない。[112]

トゥドゥハリヤ４世が四面楚歌であったことは、彼が王族たちに与えた数々の恩恵に表れているように思われる。それは、国内外で強まる圧力に対処するためには、臣下と宮廷の忠誠がより重要になるという自覚の表れである。近年の考古学的発見には、そのような圧力がいかに重大であったかを示すものがある。

ボアズキョイの「上の町」にある神殿３からは、「大王、ラバルナ、我が太陽」という称号があるクルンタの印影が残る封泥が発見されている。同じ状況下では、トゥドゥハリヤ４世の息子で二番目の後継者シュッピルリウマ２世の封泥も見つかっている。また、クルンタはタルフンタッシャ領にあったハティプで近年発見されたレリーフでも「大王」と名乗っている。属国の王がこの称号を用いた前例はなく、歴史学者らはなぜクルンタの印章がヒッタイトの都で見つかったのかについてさまざまな説明を試みてきた。クルンタは政治的なプロパガンダの一環で大王号を用いたのだろうか[113]。あるいはトゥドゥハリヤ４世が自らの立場を安定させるために、クルンタにこの称号を与えたのだろうか[114]。とりわけトゥドゥハリヤ４世は、「青銅板条約」ですでにクルンタがカルケミシュの副王と対等な地位の王であると認めていた[115]。クルンタはタルフンタッシャを都とした父親ムワタリ２世の王座を継ぐ権利を主張するために、大王を公言したとする説もある[116]。状況はどうあれ、ハットゥシャを拠点とするヒッタイトの権力は次第に弱まっており、それゆえにクルンタは第二の「大」王を主張できたのであった。トゥドゥハリヤ４世はクルンタとアナトリアの支配地を共有することを受け入れざるを得なかった。かつての竹馬の友はいまやライバルとなったが、両者はウラという港湾都市からタルフンタッシャを通る穀物輸送など、利害が一致する点では協力し合っていたようである[117]。この交易における同盟は、少なくともクルンタの印章がヒッタイトの都で見つかった理由を説明しているだろう[118]。

クルンタが政治的な野心を追求し始める前か後か、トゥドゥハリヤ４世は病気のクルンタを救うためにラメセス２世に必死の要求を書き送っている。それに対するラメセス２世の返答が残っている。ラメセス２世は要求された医師と薬師をすでに派遣したと報告し、トゥドゥハリヤ４世を気遣って安心させようとしている[119]。クルンタが病気から回復したかどうかはわからないが、もしそうであったとしても、クルンタはその後再び史料上に現れないため、彼のその後の顛末は謎に包まれたままである。

トゥドゥハリヤ４世は、治世に数々の困難を抱えていたにもかかわらず、あるいはむしろ困難があったからこそ、国内の祭儀にかなりの注意を払っていた。王が戦争に勝利できるかどうかは、宗教的義務を果たし、それによって神々から加護を受け続けられるかにかかっていたからである。アリンナの太陽女神への祈りの中で、トゥドゥハリヤ４世は敵の打倒を助けてもらえるならば、女神への祭儀を復活させると誓っている。儀式の復活とは、春と秋の祭を祝う際の長年の誤りを正し、破損した神々の像を取り換えることを意味した[120]。このようにトゥドゥハリヤ４世が王国全土で祭儀を再編成する事業に取り組んだことには、太陽女神の加護を取り戻すだけではなく、全土での彼の存在を感じさせ、王の権威を取り戻すという目的もあった[121]。

トゥドゥハリヤ4世は暗殺計画や大きな軍事的敗北といった非常に深刻な挫折から立ち直った。その事実は、彼の回復力を証明している。彼は息子アルヌワンダ3世に王国を残した。しかし、その治世はあまりに短く世継ぎを残すことができなかったし、さらにいえば、文書史料や碑文の記録もまったく残っていない。アルヌワンダ3世の早すぎる死を受け、その兄弟シュッピルリウマ2世が王位を継ぐことになるのだが、王位が滞りなく継承されるはずはなかった。

ハットゥシャ最後の日

シュッピルリウマ2世は父親と同じように王族たちの忠誠を得ることに専念した。この点において、ムルシリ3世とハットゥシリ3世が争った内戦はその後の王国の政治的な安定に深刻な影を落としていた。大きく広がった王族たちは、事実上、非常に強力な王のライバルとなれば、王座にも手が届くと感じていたに違いない。結局のところ、王国はハットゥシリ1世やテリピヌの教訓を学んでおらず、結果として王の権威は失墜した。それが、トゥドゥハリヤ4世がニフリヤの戦いで被ったことに代表される損失とあいまって、属国の宗主に対する信頼は薄らぎ、次第にヒッタイト王による属国支配が弱まっていった。こうした問題があったことは、シュッピルリウマ2世の治世に作成された文書のほとんどが国内の治安上の問題にかんする指令や訓戒であることからわかる[122]。

シュッピルリウマ2世が受け継いだ王国はすでに取り返しのつかないほど衰えていたが、すべてにおいて希望がないわけではなかった。トゥクルティ・ニヌルタ1世はヒッタイトとの外交と経済交流を再開していた。テル・チュエラとテル・シェイフ・ハマド出土の中アッシリア時代の粘土板は、ユーフラテス川の東側、アッシリア勢力下にある地域でヒッタイトの外交官と商人が活動していたことを証明している[123]。これは、ニフリヤでの運命を決する戦いが行われた後、アッシリアとの関係に改善の兆しがあったことを示している。

しかし、大きな災難を目前に控えた王の治世に、そのような正常化の兆しは珍しいことであった。トゥドゥハリヤ4世によるアラシヤ征服後、この島はヒッタイトの統治下から外れていた。シュッピルリウマ2世は三度の海戦を伴う海上遠征を行わなければならなかった[124]。これらの戦いは完全な勝利とはなりえなかった。敵軍は、シュッピルリウマ2世を追ってアナトリアに侵入し、最後は陸上戦となり、そこでようやくヒッタイトは勝利している。また、ますます不安定になっていた穀物供給路の防衛も重大な問題となっていた。ヒッタイトがハットゥシリ3世の治世からすでに外国からの穀物輸送に依存していたことは明らかである。当時の書簡には、ラメセス2世が飢饉のヒッタイトを救済すべくエジプトから送った穀物に言及がある[125]。ファラオ・メルエンプタハの治世5年にも別の輸送船が「ハッティ国を生かす」ために送られた[126]。ウガリト王ニクマド3世（あるいはアンムラピ？）はヒッタイト王（おそらくシュッピルリウマ2世）からの書簡を受け取っており、ムキシュ（アララハ）からヒッタイト南部の沿岸都市ウラへ2,000コル（およそ450トン）の穀物輸送に必要な船と乗組員の準備を要請されている。この穀物輸送は、文字通り、生きるか死ぬかの死活問題であった[127]。都の北西に位置するビユッカヤに建設された精巧な穀物庫は、このように外国の穀物への依存度が高まっていたことの表れかもしれない[128]。

シュッピルリウマ2世が、ハットゥシャにおいて亡き父親に捧げた「永遠の頂」と呼ばれるニシャンタシュの葬祭殿には、アラシヤ遠征についての記録がある。シュッピルリウマ2世が神々と祖先の霊に助けを懇願していることからもわかるように、宗教的建造物の建設に精力を注いだのは絶望感が深まっていたことの表れと考えられる。そうした建造物の一つが約4メートルの奥行をもつ円天井の石室である。石室は太陽神と王のレリーフで飾られている（図2.8）。この構造物自体は冥界の入口であり、ここで王は嘆願し冥界の神々の慈悲を乞うことができたのである。また、石室には解読の難しい象形文字碑文が残されているが、おそらくシュッピルリウマ2世がアナトリア南西での属国の反乱に対する遠征に勝利したことが記されていると考えられる[129]。この理解が正しければ、それはルッカの国々とその周辺地域を網羅する遠征であった。その内のいくつかは、ヤルブルト碑文で言及される、かつてトゥドゥハリヤ4世が遠征を行った地域である。碑文には、この遠征に引き続いてシュッピルリウマ2世がタルフンタッシャを征服したとも記録されている[130]。

なぜ、ルッカの諸国は再び騒乱を巻き起こしたのだろうか。もっと奇怪なのは、なぜシュッピルリウマ2世はタルフンタッシャを攻撃しなければならなかったのか。知りうる限り、タルフンタッシャは周辺地域が手におえない

図2.8　聖なる泉の複合施設一角に建てられた「ズドゥブルク」と呼ばれる建造物は冥界への入り口であった。石室奥の太陽神のレリーフには供物が供えられていた。その左にはシュッピルリウマ2世のレリーフが、右にはシュッピルリウマ2世による最後の遠征が記録された碑文がある。著者による撮影。

状況に陥ってもハットゥシャとは友好関係にあった。ウガリトから送られたアッカド語書簡では、名前の分からないタルフンタッシャ王がウガリト最後の王アンムラピに対し、おそらく船に使うか建設作業に使用する小さなロープを要求していたことが記されている。この書簡はタルフンタッシャが確かに帝国の最末期まで王国の地位を維持していたことを示唆している[131]。当時のタルフンタッシャ王はおそらくハルタプであっただろう。ハルタプは、ムルシリ3世（ウルヒ・テシュブ）の息子で、叔父のクルンタからタルフンタッシャ王位を継承した人物であった。カラダーとクズルダー、ブルンカヤで近年発見された碑文では、ハルタプが「大王」を名乗っている[132]。ありえる説は、ハルタプは碑文に挙げられる諸国を獲得し、領土を拡大して南部におけるヒッタイトの影響力を排除しようとしていたというもので[133]、ことによるとヒッタイト本土に侵攻することを最終目標としていたかもしれない[134]。このように、シュッピルリウマ2世の遠征は第一義的には失地回復を目的とし、さらにはライバルのタルフンタッシャ王国の征服を狙って行われた。これらの出来事は帝国崩壊の直前に起こったことだろう。シュッピルリウマ2世には、遠征の勝利を記すズドゥブルク碑文を完成させるためにハットゥシャへ帰還する時間はなく、再び都を離れなければならなかった。しかし、彼は二度と都へ帰ってくることはなかった[135]。

一体どういうわけで帝国は崩壊したのだろうか。タルフンタッシャが帝国から離反したように、国内の紛争が重大な要因となったのは間違いない。同時に、気候条件の悪化によってアナトリアの乾地農業地域では飢饉が何年も続き、甚大な被害を受けており、住民、とくに西方の住民たちは以前にも増して不安定な状態におかれた。その影響は広範囲にわたった。たとえば、シリアにある属国エマルは、ヒッタイトに支払う貢納の激増に耐えなければならなかった。食糧難と結びついた結果、物価は高騰し、エマルの人々は子供を売らざるを得ないような状況に陥っていた[136]。しかし、ヒッタイトに従属する地域の飢えた住民には逃亡という選択肢はなかった。宗主権条約によって逃亡者の引き渡しが規定されていたからである[137]。拘束と報復を恐れる住民たちは、このような困難な状況にあっても耐え忍ぶしかなかった。属国としての縛りが解け、その体制が崩壊したことで初めて、アナトリアの住民たちは逃亡の危険を冒すようになった。地方行政はすでに重い負担を強いられていたため、もはや住民を保護する措置をとれずにいた。おそらく長い年月をかけて堰は決壊し、飢えた小作農は村を捨て、陸路海路を問わず大挙を成してより良い条件を求めて移動していったことだろう。このような流れは、タルフンタッシャの干渉を受けて加速し、ズドゥブルク碑文に記録されるようにシュッピルリウマ2世が南部地域での権威を主張するようになった頃には、すでに深刻な問題となっていたのかもしれない。

メルエンプタハとラメセス3世の治世に記されたエジプト側の記録には、

海洋の敵との戦いが語られている。折に触れて徒党を組んでやって来ていた粗暴な集団は、シェルデンとエクウェシュ、ルッカ、テレシュ、ペレセト、ティエケル、シェケレシュ、デンイェン、ウェシェシュなどと称される者たちであった。現代の研究者は、このような略奪者を「海の民」と呼んでいる。古代史上、彼らの素性は最も解明が難しい謎の一つであるが、今日では、その内いくつかの集団はアナトリアの西部および南部の沿岸地域と関係があることが確実視されるようになっている。ルッカがリュキア人と同定されることに加え、エクウェシュはアヒヤワ人と[138]、テレシュ(ティルセノイ)はリュディア、ティエケルはおそらくトロイア（ホメロスはトロイアに住んだ人々を王テウクロスにちなんでテウクロイと呼んだ)、デンイェン（アダナを参照）はキリキアと結びつけられている。同様に、シェルデンとペレセト（ペリシテ人)、シェケレシュ（シキラ）もエーゲ海あるいはアナトリアが起源だといわれている。彼らの中には、危機の時代を経た離散の中、パレスチナ沿岸（それぞれフィリスティアのアッコとドル）に定住した者たちがいた[139]。この混乱の発生地はアナトリア西部であったと考えるのが合理的である。なぜなら、ヒッタイトとアヒヤワの勢力争いで、当時の政治体制が最初に崩れ始めたのがアナトリア西部であったからである[140]。穀物不作と供給路の遮断により食糧が不足したことで、同地域の政治的動揺はより一層加速していった。

さらに、カリアやリュキア、キリキアといったアナトリア南部の沿岸地域は、早くも前15世紀から海賊行為で悪名高く、たびたびキプロスとエジプトがその標的となっていた。ラメセス2世もシェルデンの沿岸地域に対する海賊行為に不満を述べている。アナトリアが飢饉に襲われたせいで、散発的に起こっていたこの種の略奪行為が、おそらく大規模な人口移動へとその様相を変えていったのだろう。このような動きは、政府に見放された過激な集団が凶暴な略奪行為を行うというものではなく、家族全体が新しい定住地を求めて略奪を繰り返しながら移動する生活に変わってしまったことの結果であった[141]。大部分は無秩序で、しかも異質な人々の集団であった。彼らは近東の青銅器時代に終止符をもたらす状況をつくった当事者であると同時に、時代の犠牲者でもあったのである[142]。

シュッピルリウマ2世は、帝国が深刻な脅威にさらされていることを知っていた。ウガリトの役人に書き送った書簡の中で、シュッピルリウマ2世は諜報活動の一環として「船上で暮らす」、シキラ（シェケレシュ）に誘拐された経験のある者から話を聞こうとしている[143]。シュッピルリウマ2世がキプロス沖で名の知れない敵と海戦を交えたことは、おそらくこのように移住を余儀なくされた人々の動向と関係しているだろう。不幸にも、この海戦でウガリト王からの船団と軍隊の援軍に頼ったために、シュッピルリウマ2世は最重要の属国の一つを無防備にしてしまった。アンムラピはアラシヤ王への書簡の中で、自国の船団がルッカの国々に駐屯し、かつ自軍はヒッタイトに駐屯している間に、敵の七隻の船団がウガリトに来て被害を受けたことについて声を大にして不満を述べている[144]。資源の尽きていたウガリトに侵入者を追い払える希望はなく、ヒッタイトのカルケミシュ副王はアンムラピにできるだけ都の防備を固め、敵を待ち構えるよう助言している。

このような危機が最終局面を迎えるまでどのくらいの期間があったのかはわからない。この時期に壊滅的な被害を受けたと考えられる、西はエーゲ海沿岸から東はノルシュンテペまでにある遺跡の内、キプロスや東地中海沿岸地域の破壊に限っていえば、いわゆる「海の民」にその原因がありそうである。ウガリトやタルフンタッシャなどの沿岸地域の諸都市は、前1200年直前に崩壊しただろう[145]。それより内陸の地域は10年後あるいは20年後に他の要因で破壊された[146]。エマルは、メリ・シパクの治世2年にあたる前1185年、おそらくアラム人などの地方部族に屈した[147]。こうした一連の破壊活動はラメセス3世の治世8年（前1175年）までに終わった。メディネト・ハブの碑文には「いっせいに国々は戦いに破れ、蹴散らされた。ハッティからコデ（キリキア）、カルケミシュ、アルザワ、アラシヤ（キプロス）に至る国々は彼らの武力の前に持ちこたえられず、一斉に切り崩された」と記録されている[148]。

ではハットゥシャはどうであったのだろうか。ハットゥシャは都市が焼き払われる前にすでに放棄されており、住人たちは避難して久しかった。かつての都には身の回りの品や家具はまったく残されず、簡単な祭具ぐらいしか残っていなかった。これは、敵が都市の城門にたどり着く前に、人々が首尾よく荷物をまとめて移動していたことを意味している。住民と王宮および神殿の役人たちは、王国の最も重要な公式記録などの貴重品を保管していた建物を綺麗に片づけて行った。そのため、シュッピルリウマ2世治世の文書は非常に少ない。ヒッタイト王室は再び安住の地を求めて都を去ったようである。その後、最終的にハットゥシャに火を放ったのは、ヒッタイトの弱体化を待ち構えていた宿敵カシュカであったと考えられる。しかし、たとえそうであったとしても、彼らが行き着いた時には略奪できるものなどほとんどなかった。それでも、残された城壁と多くの神殿、神聖なスフィンクス門のある防衛施設は焼きつくされた。ここにヒッタイト王国は崩壊したのである[149]。

新ヒッタイト諸王国

アナトリアにおける飢饉と疫病、政治的大変動に疲弊し、ヒッタイトの人々の一部はおそらくアナトリア高原を去って、比較的平和でまだいくらか豊かなシリア北部へと避難したとみられ、そこでは以後もヒッタイトの文化が確認される[150]。ラメセス 3 世は、カルケミシュが青銅器時代末の大惨事の犠牲になったと伝えているが、実際には都市は建造物と王宮と共に損なわれることなく存続していた[151]。ヒッタイト王室の人々が都を逃れてカルケミシュを避難場所とした可能性は単なる流行の説にとどまらない。なおも帝国の東半分を統治下においたカルケミシュはさしあたって同地域における最大の国となっていたからである[152]。このような状況でカルケミシュ王クジ・テシュブが、ヒッタイト王国の正統な後継者を自認することは当然のことであったとみられ、彼は早速「大王」の称号を用いるようになっている。おそらくカルケミシュ領はまもなく縮小していったが、鉄器時代の初期、その政治的影響力は少なくとも遠くユーフラテス川沿いのエマルとマラティアにまでおよんでいた。前 8 世紀末までカルケミシュはいわゆる新ヒッタイト諸国の中で最も重要で影響力をもつ国であり続けた。

ヒッタイト王国の崩壊直後の前 11 世紀と前 10 世紀は、考古学的にも文献学的にも資料の乏しい時代である。この地域の歴史を明かす文書記録が再び安定的に出てくる時代までに、アナトリア東部とシリアの民族構成にはかなりの変化があった（図 2.9）。ヒッタイト王国の崩壊によってアナトリアとシリアに政治空白ができたことで、辺境地域の人々の移動は活発になった。アナトリアではフリュギア人（ムシュキ）が西方から中央高原に定住するようになっていた。後期青銅器時代にカシュカと呼ばれた部族と同定されうるカシュクは、アナトリア内部マラッシャンティヤ川の南の湾曲部まで入

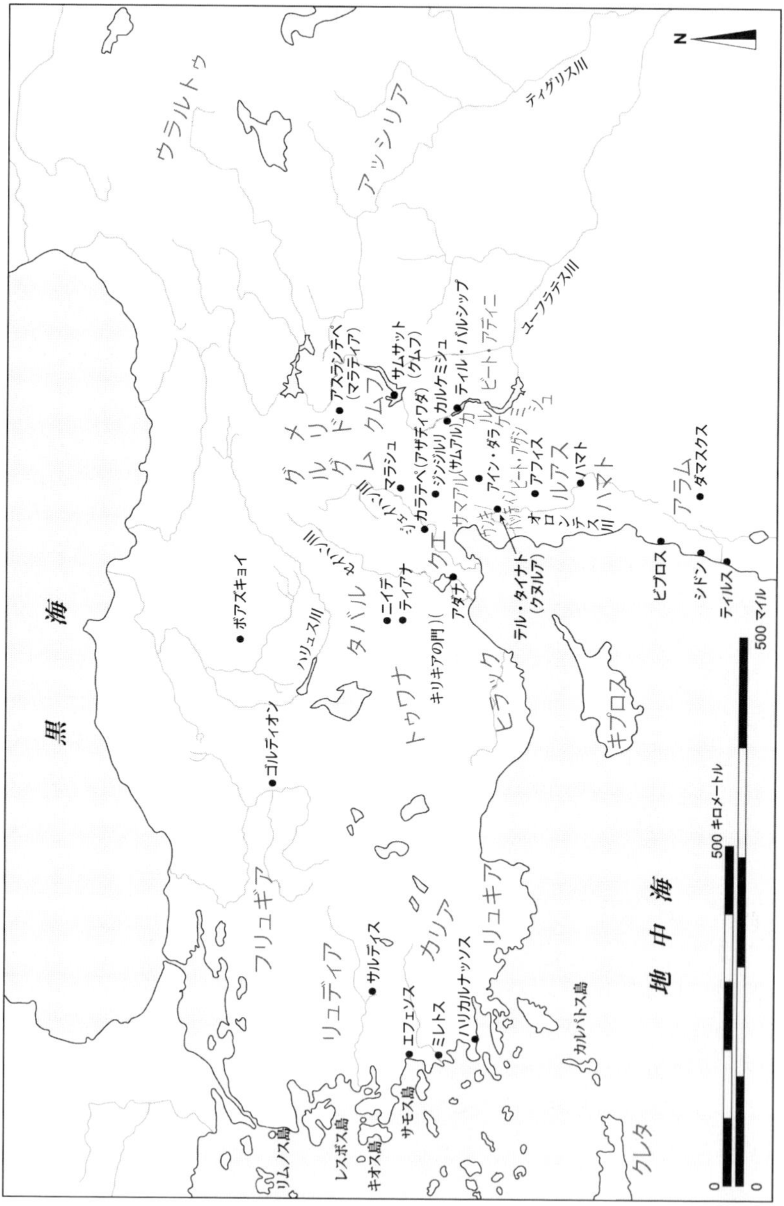

図 2.9　新ヒッタイト諸王国。著者による作成。(　) 内は古代名。

り込んでいた。のちにアッシリア人たちはそこから遠く東のユーフラテス川上流域でもカシュクと遭遇している。一方、アナトリア南部の沿岸地域では初期鉄器時代まで定住が続いていた。まだ考古学的に立証されていないが、地理上、比較的孤立したキリキアやリュキアには、内陸部から移民の流入があったものの、大惨事が起こる前から住んでいた住民たちも残っていたことだろう[153]。シリアには、ルウィ語話者だけでなく、後期青銅器時代にシリアに住みついた人々の子孫であるアラム人とフェニキア人がいた。

異質な集団が入り乱れる中、強い中央権力を欠いていたため、かつてヒッタイト王国の地方にあった諸国は急速に分裂していった。この時期に台頭してきた小王国群、すなわち都市国家群は、集合的に新ヒッタイトとして知られている。新ヒッタイトの諸国には、アナトリアにはアッシリア人たちが集合的にタバルと呼んだ小王国群が含まれた[154]。タバルの国々は、ハリュス川上流とセイハン川の間の地域に位置し、かつてのタルフンタッシャ王国にはヒラック（ラフ・キリキア）とクエ（キリキア平原）などがあった[155]。新ヒッタイトの国々は他にも、東方では北から南へ順にメリドとクムフ、グルグム、カルケミシュがあった。オロンテス川のすぐ北にはウンキ／パッティン（後期青銅器時代のムキシュ）とサムアルがあり、それらの東、ユーフラテス川へ至るオロンテス川の東にはビート・アグシが存在した。また、南に向かってオロンテス川沿いにはルアスとハマトがあった。ダマスクスはアラム人の国の中心地であり、ユーフラテス川の東、カルケミシュの対岸には、都をティル・バルシプに置くビート・アディニがあった。こうした国々の多くは戦略上主要な交易路に沿って位置し、富と文化の中心地としての名声を得ていた。

これらの国々はときに競合し、軍事衝突を起こすことはあっても、決して政治的に統一されることはなかった。それでも、新アッシリア時代の碑文では、新ヒッタイト諸国は個別的にも集合的にも「ハッティ」と呼ばれることから、（以下で見るように）ある種の文化的同一性を共有していたことが明らかになりつつある。ただし、彼らの間に協力関係が成立したのはアッシリアの攻撃に対するときだけであった。

アッシリアの勢力

現地には数多くの石の碑文があるが、それらは記念碑的なもので、ほとんど歴史的な記述がないため、この時代の歴史を復元するにはそれほど役に立たない[156]。しかしながら、そこにはアッシリアの史料上に現れる支配者たちの名が刻まれていることから、同地域の相対年代の手がかりにはなる。ただし、多くはアッシリア側の史料に頼らざるをえず、そこでは征服活動の記録に焦点が当てられるため、新ヒッタイトの都市国家の実情は一方の視点から一面的にしか見ることができない。

ただし、アッシリアの史料さえも前11世紀と前10世紀のものは限られている。ティグラト・ピレセル1世（前1115〜1077年）は、イニ・テシュブ（おそらくカルケミシュ最後の副王クジ・テシュブの子孫）という名の「ハッティの王」と、「偉大なるハッティ国」の王メリドのアルマリに貢納を課したと記している。前10世紀には、カルケミシュで、大王家とスヒ家の間で王家をめぐる争いが起きていたようである。スヒという人物もおそらくクジ・テシュブの子孫であり、彼の称号は「地方君主」であった。最終的には、争いの末、スヒ家がそれまでの支配家からカルケミシュの支配を奪取した。ヒッタイト王国崩壊の直後からカルケミシュは、北はメリドに至る領土を統治し続けていた。メリドもまた、前12世紀以降、クジ・テシュブの子孫を名乗る「地方君主」の家系が治めていた。メリドは、ある時期、ことによるとティグラト・ピレセル1世が貢納を記録した時点までに、カルケミシュから離反していた。こうしたメリドの「地方君主」たちが、マラティアのアルスランテペで出土した前12世紀〜前10世紀にさかのぼる鉄器時代最古のレリーフを残したのかもしれない。

アッシリア王アッシュル・ナツィルパル2世（在位前883〜859年）は、ティグラト・ピレセル1世以来初めてユーフラテス川を越えた王であった。ユーフラテス川付近の国々は新しいアッシリアによる拡大の波の最初の標的となった。アッシュル・ナツィルパル2世は、（サンガラ統治下の）カルケミシュと、（ルバルナ統治下の）ウンキ、そしてルアスに侵攻し、各国はいとも簡単に屈服した。続くアッシリア王シャルマネセル3世（在位前858〜824年）も、前858年から前831年にかけて一連の軍事遠征を実施し、シリア北部へ帰還する際にはビート・アディニを征服してユーフラテス川におけるアッシリアの前線基地とした。前830年代、シャルマネセル3世はさらに北部へ一連の軍事遠征を行い、グルグムとクムフ両地域の至るところで抵抗にあっている。同時期の碑文では、サムアルのキラムワが、クエの王カテからの圧迫を排除するよう、アッシリア王の介入を引き入れたことが伝えられている[157]。後述するように、同盟関係が次々に変化することはごく当たり前になっていたことだろう。

シリア北部の戦線を安定させたシャルマネセル3世は、次に南部のハマトとダマスクスに目を向けた。彼は治世の末にクエへ戻り、タバルへも侵攻して現地の王たちを屈服させている。しかし、シャルマネセル3世の後、アッシリアは縮小の時代に入ったため、新ヒッタイト諸国は再びある程度の独立を保つことができたのであった。

この間、同地域ではヴァン湖沿岸の王国ウラルトゥが大国として台頭し、特にメリドとクムフはその影響下に入っていた。しかし、ティグラト・ピレセル3世（在位前744〜727年）は、大遠征によって、アルパドとメリド、クムフ、グルグムなどに構成されたウラルトゥ連合軍に対して決定的な勝利をおさめた。こうして前738年のアッシリアへの貢納国のリストには、（アワリク統治下の）クエと（ワスサルマ統治下の）タバル、（ワルパラワ統治下の）トゥワナ（図2.10）、サムアル、メリド、クムフ、グルグム、（ピシリ統治下の）カルケミシュ、ハマト、ダマスクスが含まれることとなった。（ダディル統治下の）カシュカさえもそのリストに含まれた。

アッシリアの大侵略事業はティグラト・ピレセル3世によって始動された。シリアでウンキとハマトが反乱を起こすと、ティグラト・ピレセル3世は両国を襲撃して諸都市を略奪、住民たちを強制移住させた上、貢納国のリストに加えている。この破壊政策と捕囚政策が新ヒッタイト諸国に終止符を打つことになる。

サルゴン2世（在位前721〜705年）の即位時には、ハマトの王ヤウビディが指揮する大きな反乱が起こった。ハマトの北のアルパド、南ではダマスクスと新たにアッシリアに服従していたサマリア――イスラエル王国の都――がこの反乱を支援した。しかし、サルゴン2世は連合軍を打ち破り、アッシリアの都のレリーフに残る図像に描かれているように、ヤウビディは皮をはがれて殺されたのであった。この間、アナトリアの舞台には新たな登場人物が現れていた。のちにギリシアの伝説でフリュギアのミダスとして登場するムシュキの王ミタが、ゴルディオンを都に定めていた。彼は隣国タバルの王キアッキをアッシリアから離反するよう説得している[158]。サルゴン2世は報復を加え、キアッキに変えてより忠実な支配者をタバル王に据えた

図2.10　イヴリズにあるこのレリーフには、トゥワナ王ワルパラワとその個人神である「ブドウ畑の嵐の神」が描かれている。訳者による撮影。

が、これに対しミダスは、今度はカルケミシュのピシリと共に干渉を続けた。その結果、前 717 年、アッシリアはカルケミシュの住民と王族を捕囚して町を略奪し、カルケミシュはアッシリアの一地方都市に下ることとなった。その後、タバル（前 718 年と前 715 年）とメリド（前 712 年）、グルグム（前 711 年）、クムフ（前 708 年）も同様の運命をたどった。

このときミダスは突如アッシリアに対する政策を転換し、サルゴン 2 世が、かつてのクエの王アワリクを征伐するのに協力した。当時アワリクは亡命中で、アッシリアに対抗するためウラルトゥとの同盟を模索していた。しかしながら、ウラルトゥは同地域に訪れた新たな脅威、すなわち北方からの略奪者キンメリア人の脅威にさらされており、前 714 年ごろにはキンメリア人に屈服している。ミダスが政策を大転換したのはまさにこの新しい脅威があったためであろう。前 705 年、ミダスの誘いでサルゴン 2 世はタバルに軍事介入し、キンメリア人たちに対峙したが、彼はそこで戦死している。その 10 年後、ミダスにもサルゴンと同じ運命が待ち受けていた。

サルゴン 2 世の突然の死により、アッシリアはタバルとメリド、クエという大部分の北部地域の支配を断念せざるをえなかった。センナケリブ（在位前 704～681 年）は、前 696 年にヒラック（ラフ・キリキア）を中心とする反乱の鎮圧のためにキリキアへ遠征を行った。カラテペの城郭都市を拠点としていた支配者アザティワダは、このときアッシリアの側についた可能性がある。エサルハドン（在位前 680～669 年）は、前 679 年に再びタバルに侵攻してキンメリア人と対決し、このときは成功を収めた。一方で、タバルとメリドは独立を保っており、一つの国家にまとまっていた可能性もある。まもなくして、おそらくクエにあった都市クンドゥおよびシッスの支配者サンドゥアリが、シドンのアブディ・ミルクッティと組んで反乱を起こした。しかし、これは失敗に終わり、前 676 年、エサルハドンは彼を捕えて斬首に処した。これによってクエは再びアッシリア統治下に入り、その後おそらくアッシュルバニパル（在位前 668～627 年）の治世までそのような状況が続いた。すでに指摘されているように、もしサンドゥアリがアザティワダと同一人物ならば、カラテペ碑文は、知られる中で最後の象形文字ルウィ語碑文であり、前 16 世紀に始まった書記伝統の終わりを示している。

連続性の問題

ヒッタイト帝国の崩壊後まもなくしてシリアの諸都市はよみがえった。すでに前 12 世紀後半のシリアではその後前 9 世紀まで続く再都市化の時代を迎えていた[159]。前 10 世紀から前 8 世紀の新ヒッタイトの諸都市の多くは、新しく建設されたか、あるいはかつての都市を再建したものであった[160]。新ヒッタイトの支配者たちは、頻繁に象形文字碑文の中でこうした建設活動を誇っている。かつてのアナトリアとシリアの支配者らと同じように、新ヒッタイトの諸王も下の町を見渡せる高台に建つ要塞から国を統治していた。ただし、かつて王宮を中心としていた経済は、家族世帯の小規模なものになっていた[161]。この時代の王碑文は王朝創始者の血統も強調するようになっていた[162]。

新たな都市化は、新生の地域主義の一部であり、それは新しい王権観の採用においても明白である[163]。アナトリア南東部とシリア北部の支配者たちが帝国時代の王名を用いた点からは、彼らがヒッタイト王の後継者であると見なされたがっていたことがわかる。特筆すべきは、グルグムの王カタジリとクムフの王ウスピルルメとムタル[164]、マラティアの王アルヌワンティス、ウンキの王ルバルナとサパルルメである。ヒッタイト帝国の王と同じように、彼らもまた国と民の安全と繁栄に責任を負っていた。前 8 世紀末においてもアザティワダは次のように豪語している。

> 私の時代に、私はアダナワの国境を一方では西へ、他方では東へ広げた。男が道を歩くのも恐れた、かつて恐れられた地であっても、私の時代には、女でさえ錘をもって歩ける。私の時代には、豊かさと贅沢、良き生活があり、アダナワとアダナワ平原には平和な暮らしがある。私はこの城塞都市を建て、それをアザティワタヤと名づけた……それはアダナの平原とモプソスの家々を守るために。[165]

この新しいイデオロギーとそれに伴う再都市化には、美術の再興という、もう一つの重要な要素もあった。かつてヒッタイトの美術様式と建築様式は王のイデオロギーと密接にかかわっていた。そのため、ヒッタイト的な美術・建築の様式は新ヒッタイト諸王国のトレードマークとなり、それを目に見える形のプロパガンダとして都市計画に取り入れようとしたのであった。門を守るライオンの像とスフィンクスの像は大量に作成され、ときにレリーフにもなった。また、神殿と王宮、城門の入り口には、彫刻を施されたオーソスタットが使用された。これらは、体系的に形づくられた共通の都市イデオロギーの一部であり、おそらくカルケミシュで確立された様式にしたがっていた。カルケミシュでは、前10世紀にカルケミシュ王スヒ２世とカトゥワ(図1.2を参照のこと）が都市の代表的な建築物「行列門」と「彫像のある石壁」を建設している[166]。

象形文字の採用も、新しい文化的イデオロギーの創造と同じぐらい重要なことであった。新ヒッタイトの支配者たちが、なぜ碑文を記すのに楔形文字とヒッタイト語を使用せず、象形文字ルウィ語を選んだのか、その理由はわかっていない。カルケミシュの支配者ヤリリの自慢には、新ヒッタイト諸都市の混成文化において、ルウィ語が特にフェニキア語やアラム語などとせめぎ合っていたことがよく表れている。

> […]「町の文字」(象形文字ルウィ語）とスラの文字（ウラルトゥ語？)、アッシリアの文字とタイマニの文字（アラム語？）……。そして私は12の言語を知っていた。我が主人は、言語にかんして、旅の途上にある各国の子を私の下に集め、私にあらゆる技能をわかるようにしてくださった。[167]

象形文字ルウィ語が採用された理由は、特に視覚的なプロパガンダに適していたからかもしれない。記念碑的建造物の装飾の一部に使用されることで、新しい都市のイデオロギーと結びつけられたのであった。ただし、ルウィ象形文字の採用は単に王権を飾るためだけではなかった[168]。誰も理解できなければ、象形文字もルウィ語も使われなかったことだろう[169]。象形文字は碑文だけでなく、書簡や契約、法文書にも用いられたが、それらは蝋をひいた木製書板[170]や、皮など長持ちせず傷みやすい素材に書かれていた。幸い、偶然にも細長く薄い鉛片に象形文字が刻まれた行政文書が発見されており、この文字が日常的に使われていたことが証明されている[171]。したがって、新ヒッタイトの支配者たちにとって単に一番馴染みのある言語と文字が選ばれたに過ぎない可能性もある。いまだ完全に経緯が解明されたわけではないものの、青銅器時代の終わりまでにルウィ語はアナトリアの話し言葉となっていた[172]。また、少数ではあるが、ルウィ語話者はすでに後期青銅器時代からシリア北部の都市に暮らしており、このことは間違いなく象形文字が新しく公的な文字に採用された要因となっただろう[173]。

王族であるかどうかにかかわらず、死者を祀る追悼碑の建造さえも、ダイナミックな革新の過程と新しいアイデンティティの追求という文脈で理解できる[174]。葬式で死者を敬う慣習はアナトリアでもシリアでも前1千年紀以前からよく知られていたが、追悼碑が広く使われるようになったのは、前9～前8世紀の新ヒッタイト諸都市に始まる新しい慣習であった[175]。追悼碑は、王朝の系譜に加えて崇拝の対象として亡くなった者の姿が描かれ、アイデンティティを確認・維持するための媒体であった。同時に、新しい都市や国家を起こし、それを宣言する上で重要な役割を果たした[176]。この慣習は個人の死後の世界を重んじる社会であったことを示しており、家族を社会秩序の象徴とみる新しい考え方に適っている[177]。

人類の活動において埋葬の考え方は非常に保守的になる傾向にある。従来はかつてのアナトリアと宗教的に連続するという説が強く主張されてきたものの、それをはっきり裏づける証拠はない。それまで火葬の伝統が確認されていないシリア・パレスチナ地方で、一見すると突如として火葬（火葬された遺体の灰を詰めた骨壺の埋葬）の共同墓地が表れるのはヒッタイトの国々から新たに人々がやって来た証拠であると見なされてきた。しかしながら、とりわけアララハの遺物が示しているように、火葬の伝統は、後期青銅器時代にすでにシリア北部へもたらされていた[178]。（カルケミシュでは後期青銅器時代の共同墓地は見つかっておらず、火葬が一般的になっていた鉄器時代のユヌスの共同墓地と連続性があるかどうかはわからない）。そのため、鉄器時代にアナトリアの避難民によって火葬がもたらされたという見解は否定されつつある。特に、この遺体の処理方法が宗教と関係なく導入されたとみれば、埋葬方法は経済的・社会的・文化的要因に大きく影響されたとも考えられる[179]。社会的に流動性の高い環境にあった鉄器時代のシリアでは、ことによると、個人も共同体も、ある種の社会的な圧力から、土葬ではなく火葬を選んだのかもしれない。それは民族の伝統に基づく選択ではなく、火葬が行われていた事実だけで、シリアに多くのルウィ人や他のアナトリアの人々がいたと推測すべきではない。

カルケミシュやこの地域の他の新ヒッタイトの諸都市は、埋葬以外の宗教にかんしては、おそらく決して真の意味ではヒッタイトの国家宗教と一致せず、むしろ現地の信仰に傾倒していた。そのため、初めから宗教における後期青銅器時代との連続性は問題にならない。鉄器時代のカルケミシュでは、ヒッタイト帝国のパンテオンにおける「嵐の神」と「太陽女神」よりも、「嵐の神」と都市女神クババ、守護神カルフハの三大神が崇拝されていた。一方、ハマトの碑文からは、「嵐の神」が、バアラト（あるいはパハラティス）を配偶神にもつ、シリアのバアルと同一視されている。青銅器時代のアナトリアとシリアで重んじられた「嵐の神」は、鉄器時代の同地域全体で重要であり続けたが、その性格は豊穣と豊かさをより強調するように修正されたようである（図 2.10）[180]。アザティワダによるカラテペ碑文は、嵐の神タルフンザに加えて、穀物とワインの神々にも言及しており、そこでは意識的に国家の繁栄が喧伝されている。

> そして神聖なタルフンザとこの城塞都市の神々が、彼、アザティワザに長い日々と多くの年、豊穣をお与えくださいますように。彼にすべての王に対する完全なる勝利をお与えください。そして、この城塞都市が「穀物の神」と「ワインの神」のものとなるように。[181]

各都市の宗教は、現地の慣習が移りゆく政治的文化的影響に共鳴しながら地域的に発展したことを反映している。そのような発展の中で、間違いなくカルケミシュによる支配の結果、タバルと（カラテペの）クエのいずれにも女神クババの信仰が、クエにはエアの信仰がもたらされた[182]。同様に、カルケミシュのレリーフに描かれる太陽と月に対する信仰も、タバルとクエのパンテオンに現れるようになった。

カルケミシュとマラティアは、ルウィ人／ヒッタイト人の君主がいたことで激動の時代にあっても、ある程度安定しており、新しい文化的イデオロギーを生み出す拠点となっていた。アナトリアにシリアの土器がかなりの量で輸入されていることからも明らかなように、シリアとアナトリアの文化的・政治的な関係は続いていた[183]。新ヒッタイト諸国の火葬やルウィ語の象形文字、美術・建築様式といった特徴は、この地域におけるアナトリア的なものの存在を示していると分析されていた。しかし、これらの特徴は、ヒッタイトの王統がシリア北部にかなりの文化的影響を及ぼし続けたことを証明したとしても、ヒッタイト帝国の崩壊後にアナトリアの人々やルウィの人々が大量にシリアへ移住したという説を裏づけるものではない[184]。

第3章　社会

アナトリアは耕作に適した土地と牧草地に不自由しない。農民は灌漑に頼らずとも畑を耕すことができ、羊飼いは牧草地で家畜の群れを養えた。どの社会階層の大人も子供もアナトリアの大地の生産性に完全に依存していた。そのためヒッタイトの世界観は、豊穣を求める農業的関心と、予想不可能な世界の調和と秩序の維持に深く根ざしていた。自然のバランスの崩壊がすなわち破滅につながったことは、帝国の主要部が飢饉に見舞われた帝国最後の数十年間に痛々しいほど顕著に表れる。新しい都市の建設の際に行われた儀礼において、安寧や豊かさを求める願いがあるのはこのためである[1]。その願いの中には、正しさ（アーラシュ）と、神意、すなわち神の導き（ハンダンダタル）という、二つの抽象概念が現れる。ハンダンダタルとは、秩序があり、公正で、調和のとれた世界を神が約束することといえるだろう。これが正しく世界を機能させることであったのに対し、「正しい、受け入れられる、許される」という意味のアーラとは、人間の行動を制限する概念であった。アーラという語と、その反対のナッタ・アーラ「不正な、受け入れられない、許されない」という語は、ヒッタイトの社会において何が適切で文明的な行いであったのか、つまり社会の中での規範的行動を示している[2]。ハンダンダタルと同じように、アーラも神々から授けられた。それは、人間の法とは区別される神が定めた法であり、宗教的には「不敬」の対極にある「神聖」な法であった。後述するように、そのような規範は、王室庁で作成された法律や条約、外交文書と歴史文書、祭儀の手順書の中で形成されていた。

統　　治

王　　権

前13世紀以前の王権のイデオロギーについては、歴史上最初のヒッタイト王であるハットゥシリ1世の治世に明確に述べられている。この野心に満ちた支配者がシリアでのヒッタイトの権益拡大をねらい、初めてユーフラテス川を越えたときから、ヒッタイト王には積極的な軍事遠征への従事が期待され、これが王権の基本原則となった。ハットゥシリ１世が勝利をおさめたことで、軍事的勝利は統治者たる王の適性となったのである。ヒッタイト王は、加齢や病気、あるいは他の義務のために戦争に直接参加できない場合に限ってのみ、世継ぎ（「トゥフカンティ」）や信頼に足る将軍たちに軍事を任すことが許された。ハットゥシリ１世は、自らを獰猛で命を脅かす敵として表現することにも労をいとわなかった。彼は「数日の内に、私はジェイハン川を渡り、ライオンがその足をもってするようにハッシュワを滅ぼした（？）」[3]と言い、超人的な力で獲物を捕えるライオンのように敵に襲い掛かったのだと述べている。また、「神はライオンの座にはライオン［のみを据えるのだ］」[4]とあるように、後継者にはハットゥシリ１世の偉大な足跡をたどることが期待されたのであった。

このような功績から、ハットゥシリ１世は、後世の人々にとって、王とはこうあるべきだという鑑となった。彼の治世の文書が示すように、それは過大評価ではないかもしれない。ハットゥシリ１世は王令の中で若きムルシリ１世に次のように忠告している。「王は、『(正し）かろうと（正しく）なかろうと、私はそれを正当化できるのだ』と（言って)、ひそかに望むことを［行っている］などと思われては［ならない］」。[5]一方、「我が息子よ、常にお前の心にあることを行え」[6]とも言い、王は他者の助言に頼らず、直観にしたがって行動し、自ら判断を下さなければならないとしている。そして王は、戦争においては恐ろしく無慈悲でなければならないが、同時にその統治下では正義と慈悲をもたらす者でなければならなかった。ハットゥシリ１世治世の年代記は、征服活動と同じように、その慈悲を誇ることにも余念がない。

> 私、大王、タバルナ[7]は、(敵の）奴隷の少女の手をひき臼から取り、その（男）奴隷の手を鎌から取り、彼らを税と賦役の義務から解いた。私は彼らの帯（足かせ？）を解き、彼らを我が女主人アリンナの太陽女神にゆだねた。[8]

このようなイデオロギーは、若きムルシリ１世の後見人であったと思われる高官ピムピラが書いた文書にも受け継がれている。エジプトの知恵書を思わせるその文書には、王としての理想の振る舞いが伝えられている。

> 腹を空かせた者にパンを与えよ。［疲れた者に（？）］油を与えよ。裸の者に服を［与えよ］。もし、彼が暑さに苦しむなら、［彼を涼しい場所に置くように］。もし、彼が寒さに苦しむなら、彼を［暖かい場所に置くように］。[9]

王権は神によって定められた。しかし、王は神から統治を委任されていたが、国土の所有者は神々であり、王は神々の家令として仕えていたのである。

> タバルナ、王は、神々を敬愛せよ！　国土は嵐の神のみのものである。天と地、民は嵐の神のみのものである。彼は、ラバルナ、王を彼の統治者とし、彼に全ハッティ国を与えた。ラバルナはその手で全国土を統治し続けよ。嵐の神は、ラバルナたる者、［王］と（ハッティの）国境に近づく者を滅すように。[10]

王は、国家神——嵐の神、あるいはのちにアリンナの太陽女神——の庇護下にあり、国家神に仕える神官の長であった。太陽女神は、戦場で王の前を走ると言われ、王に勝利をもたらす神と信じられた。王国最初期の文書では、玉座の女神ハルマシュイットが王権の守護神であり、王権はこの女神に象徴されていた。王宮の建設に際して行われた儀礼では、ハルマシュイットが王に権力の記章《インシグニア》を授けている[11]。のちの帝国時代の王たちはそれぞれの個人神の保護を受けていた。ヤズルカヤでシャルマ神がトゥドゥハリヤ4世を抱擁しているように、印章や記念碑には、ときに王の個人神が王を守るように抱擁する姿が描かれる。ムワタリ2世の個人神「稲妻の嵐の神」への祈祷には、彼がこの神を、自らを護る神と固く信じていたことが表れている。同様に、ハットゥシリ3世もシャムハのシャウシュガを自らの個人神と認め、この女神が自分の手を取り、国の王権を与えたのだと信じていた。ムルシリ2世は個人神テリピヌの祝福を求め、次のように祈っている。

王と王妃、王子たち、ハッティ国に、命と健康、生命力と長寿、霊魂の輝きを、永遠に与えてください。穀物とブドウの木、果樹（？）、牛と羊、ヤギ、豚、ラバ、ロバ、野の生き物、そして人間に永遠の成長を与えてください。[12]

ムルシリ2世の嘆願が示すように、王とその家族の祝福は国土の祝福と同義であった。ヒッタイトという国家を体現した王は、国土に災難をもたらした神々のいかなる不満に対しても、直接説明する責任があった。国家行政は主として人間の世界と神々の世界の調和を保たせるために機能しており、王室庁で作成された祈祷はたいてい、神々に対して、いわば法的に弁護をしたり、正当化したりするための文書であった。アルヌワンダ1世と王妃アシュムニッカルも次のようにヒッタイト国をカシュカの略奪から守ってほしいと太陽女神に訴えている。

ハッティのみが、あなた方、神々にとって清らかな国であり、ハッティ国においてのみ、私たちはあなた方に清く、すばらしく、上質の供物を常に捧げ続けられます。ハッティ国においてのみ、私たちは確かにあなた方神々への畏敬の念を抱いております。
あなた方神々だけは、あなた方の神の御心において、未だかつて誰も私たちと同じようにはあなた方の神殿をお世話した者がないこと、未だかつて誰も私たちよりあなた方の［儀式（？）］を敬った［者］はなく、誰も私たちよりあなた方、神々への品々——銀と金のリュトンと衣服——をお世話した者がないことをご存知でしょう。[13]

太陽女神は、この王と王妃にカシュカの襲撃という神罰を下す正当な理由がないと確かにわかったことだろう。神々は、恩寵を与える代わりに、王や王の臣下たちから食物を得て、伺候されていた。神々の世界が人間の労働に依存していたことは、神殿が戦利品を分与され、一定の割合で農作物を受領していたことにも表れている。

王は、ヒッタイト国の象徴として、かつ国の神官の長として、最も重要な国家祭儀に臨席しなければならなかった。ただし、王は主に受け身で、目の前で行われる儀礼で行われる娯楽を鑑賞していた。ムルシリ2世のように、重要な祭儀中は大規模な軍事遠征を延期するような非常に敬虔な王もいたが、シュッピルリウマ1世のように、戦争に明け暮れ、ときに宗教的な義務をないがしろにした王もいた。このように怠慢でいると、王やその後継者には例外なく悪い結果がもたらされ、何らかの償いをしなければならなくなった。たとえば、ムルシリ2世には、過去に祭儀が行われたなかったことの埋め合せをする責任が降りかかったことがある。このことは、彼の治世に国を襲った疫病にかんして「嵐の神」に捧げられた祈祷に述べられている。

> ［私を］苦しませ続けている［疫病について、私は神託を通じて］神に［それを問うた］。［私は］二つの古い書板を［見つけた］。一つの書板は、［マラ川の儀礼］にかんするものであった。かつての王たちはマラ川の儀礼を行ったが、我が父の時代からハッティの［人々が死に続けていた］ので、私たちはマラ川の［儀礼を］行わなかった……疫病をもたらした原因として、私に定められたマラ川の［儀礼］について、このように私はマラ川［へ］行く途上にあるので、ハッティの嵐の神よ、我が主人よ、そして神々よ、我が主人たちよ、マラ川の儀礼を（おろそかにしたこと）をお許しください。私は、マラ川の儀礼を行い、それを果たします。[14]

ヒッタイト王は、即位にあたっては良質の油で聖別され、「王としての名」、すなわち即位名を得た。そのようにして、タシュミ・シャリはトゥドゥハリヤ3世を、ウルヒ・テシュブはムルシリ3世を名乗ったのである。また、ヒッタイトのレリーフによく描かれるように、王には、長衣や帽子など、王としての衣装があった（図3.1を参照）。この重要な通過儀礼を進行したのはおそらく神官たちであったが、王の聖別は神々による行為とみなされていた[15]。あるパラー語の章句は、「タバルナ、王にとって、あなたは確かに父（と）母です。さあ、彼を聖別し、高めてください。あなたは、彼を高く見て／建てて、強く見る／建てるでしょう」と言い、太陽神を呼び出している[16]。この一節が示すように、神による王の聖別には二つの目的があった。一つは、王が神官としての役割を果たすための清めの儀式（「彼を高く建てよ」）であり、もう一つは、軍事指導者としての役割に必要な権力を付与すること（「彼を強く建てよ」）であった[17]。

図 3.1　岩の聖所ヤズルカヤ主室のトゥドゥハリヤ４世。
「太陽神」の衣装を身につけている。著者による撮影。

また、王は国の司法体系の頂点にも君臨し、理論上は支配地の全臣民が王の法廷を頼ることができた。非常に重大な訴訟については、犯罪の状況によっては（穢れの問題で）被告と接触できないことがあったとしても、王が自ら判決を下し、下級裁判所で解決されなかった訴訟の上告も自ら訴えを聞いたのであった。王国最辺境の前哨地にいる役人でさえ、誹謗や悪言の罪を問われたら、帝国の君主に直に自己弁護できる望みがあった。王や王が任命した判事による判決に異議を申し立てることはそれだけで極刑に値した。たとえば「もし、ある者が王の判決を拒絶するならば、彼の家は廃墟の山となるだろう。もし、ある者が判事の判決を拒絶するならば、彼の頭ははねられるだろう」[18]という法律もあった。

王は、軍事遠征や宗教義務を果たしたり、裁判を行ったりしないときは、外交活動に深く関わっていた。書簡を作成したり、条約締結に向けた交渉を行ったり、属国間の争いを解決したりすることは、すべて避けがたい王の日常となっていた。ヒッタイト王は建築事業についてメソポタミアやエジプトの王ほど公文書の中で自慢げに語ることはないが、それも王権を支える重要な要素であった。この点で突出したヒッタイト王がいた。ハンティリ2世はハットゥシャの防備を強化したと主張したし、ムルシリ2世はエマルの旧来の町の上流に新都の基礎を完成させ、その過程で新たな属国を建てたのだという。また、ハットゥシリ3世は聖都ネリクの再建を大いに誇り、トゥドゥハリヤ4世とシュッピルリウマ2世はハットゥシャの宗教施設を壮麗にした。

王の称号は、常に「ラバルナ」（ときに「タバルナ」と表記される）および王名に始まり、種々の形容辞が続いた。ヒッタイトの王は「大王」と称され、それによって古代近東の諸王の中でも高い地位にあることが示された。「大王」の後には、為政者としての役割を表す「ハッティ国王」という称号と、軍の最高指揮官としての役割を表す「英雄」という称号が続く。また、王はときに個人神との特別な関係を示すために「何某の神／女神に愛されし者」とも呼ばれた。最後に、大王シュッピルリウマ1世以前からすでに、王は自身を「我が太陽」（すなわち「余／陛下」）と称していた。これは正義の付与者である「天の太陽神」との密接な結びつきを連想させる称号であった[19]。

ムワタリ2世の治世からは、図像としてもレリーフとしても、王の姿が描かれるようになった。王たちは、太陽神の衣服とよく似た祭儀用の衣装（図3.1）をまとった姿で描かれている。あるいは、ムルシリ3世（ウルヒ・テシュプ）以降は、戦いに向かう姿、つまり「戦士の神々」が着る短い巻きスカートを着た姿で描かれることもあるが、その場合も通常は神々にしか許されない、先のとがった帽子を被っている。王の祭儀の衣装には王権を象徴する斧と羊飼いの杖も含まれていた。王が戦士の格好で描かれる際は、この杖の代わりに弓と矢を持っていた。王の図像には総じて有翼日輪が伴われ、その下に象形文字で書かれた王の名が配置される。また、王の名前の脇には象形文字で「大王」と「ラバルナ」という称号がある。王の図像には、王権の強さとは反比例するように、王個人の神聖さが表されるようになり、その傾向はトゥドゥハリヤ４世の治世にピークに達した。トゥドゥハリヤ４世はメソポタミアの「世界の王」という称号を採用しただけでなく、自らの王としての姿に「神の角」を加え、存命中に神の地位に上り詰めたことを示そうとしたのであった[20]。

トゥドゥハリヤ４世と後継者シュッピルリウマ２世が、外見上は自らを神格化したことを除けば、ヒッタイト王はエジプトのファラオのように生前に神の地位を享受したわけではない。ヒッタイト語の表現が示しているように、王は死して初めて「神となった」からである。この概念は、死したかつての王たちが神々と同等の力をもつことを意味しない。むしろ、不満をもつ霊魂は生者に災厄をもたらすことがあるという、ヒッタイトの信条に根差した考え方であった。生前に超人的な存在であった王の霊魂は一般の人々よりも強い力をもっていると信じられたために、必然的に死した王は神々の一員とされた。そのため、死した王家の者たちへの供物リストは、王の霊魂が国に災いをもたらさないよう、あらかじめ先王たちとその肉親が適切な供物を受け取れるように作成されていた。

神の領域との近しさとは対照的に、ヒッタイト王は臣民との接触を制限されていた。「ハッティ国が、ラバルナ（すなわち王）とタワナンナ（すなわち王妃）の手の中で豊かな（？）草を喰み、広がりますように」[21]と言われるように、臣民に対する王の存在は、公的には群れを守る羊飼いの比喩で例えられる。しかしながら、現実には、王は家族と側近以外、配下の人々とはほとんど触れ合うことなく、命を守られ、また穢れから守られるように隔離された孤独な存在であった。神々の神官である王の清浄には大変な注意が払われており、その崇高な身を危険に晒した不届き者は命を奪われることになっていた。一般の農夫や鍛冶師などが、この遠い存在に対して、個人的にどんな思いを寄せていたのかを想像せずにはいられない。

王　妃

「大王妃」の称号をもつ王の第一夫人の最も大切な役割は、王位継承第一位の子供を産むことであった。王妃たちの中には外国出身者も少数はいたが、たいていは帝国内の良家から選ばれていた。大王妃は、「タワナンナ」という称号の終身の地位にあった。彼女は夫よりも長生きすれば、次の王の

図 3.2　ハットゥシャの王の砦の復元模型。王の住居や複数の祠堂、王宮の文書庫、謁見の間、複数の中庭や貯水池などがあった。提供：ドイツ考古学研究所（Deutsches Archäologisches Institut）Bogazköy-Archive。

治世においてもその位にあり続けた。王妃は主として王の砦（ビユックカレ、図 3.2 を参照）にあるハーレムを管理し、王の側室と側室の子供たちを含めた王家の家政全体を監督していた。王妃は神々に仕える最高位の女神官でもあったので、ヒッタイト国の神々の祭儀においても際立った存在であった。王妃は、種々の祭儀を催しただけでなく、神殿の財産や宗教的寄進の管理など、諸々の仕事もこなしていた。また、祭儀の義務を果たすため、ときに都を離れ、宗教都市へ赴くこともあった。王妃が死去した際には、王と同じように葬儀が執り行われ、王が「天の太陽神」と同一視されたのと同様、死した王妃も「アリンナの太陽女神」と同一視され、この女神の像として神殿に祀られていた[22]。

王は度々都を離れていたため、その不在中には宮廷内でさまざまなドラマや陰謀が巻き起こったし、それが高まりをみせることは頻繁にあった。ハットゥシリ 1 世は、攻撃的に息子の利益を追求していた姉／妹を「ヘビ」と呼んで排除し[23]、また、実の娘についても息子の登位をもくろみ数々の裏切り行為を働いたとして追放した。さらに、ムルシリ 1 世の姉／妹ハラプシリは、王の暗殺を企てたために、おそらくフリ人の手で息子もろとも殺され、神の報いを受けたといわれる。また、トゥドゥハリヤ2世は姉／妹ジプランタウィの「黒」呪術の標的となった[24]。シュッピルリウマ1世の息子のうち、名前の知られている5人の息子の母であったヘンティはおそらくアヒヤワへ追放され[25]、シュッピルリウマはその後タワナンナの称号でその名を呼ばれるようになったバビロニアの王女と結婚している。ヘンティが罪に問われた理由は、単に彼女が政治的に有利なバビロニア王女との結婚に邪魔だというだけであったのかもしれない。ムルシリ2世によれば、このタワナンナも諸々の深刻な罪を犯し、加えてムルシリの愛妃ガッシュラウィヤを殺したとして咎められている。ムワタリ2世の妻ダヌヘパも寵愛を失って追放されたが、のちにムルシリ3世（ウルヒ・テシュブ）はその帰還を許して、タワナンナに復権させている。ただし、どれほどの悪事を働いたと伝えられていても、「ハッティの大王妃」たちが処刑されたという記録がない点は注目すべきである。

私たちが知り得る王妃たちの活動は、主に王の男目線で、たいていは実際より悪いように伝えられている。その点で、トゥドゥハリヤ2世の娘アシュムニッカルの声が夫アルヌワンダ1世と共に作成した祈祷に残っているのは、この法則に反する珍しい例といえよう。個々の王妃たちは宮廷内でおそらくかなりの権力を行使しており、その影響力を制限するのは夫の忍耐の限界と彼女たちの自制心のみであったと考えられる。しかし、ヒッタイト王妃は単なる王の配偶者以上であったとしても、王の共同統治者ではなかった。

真に政治権力を行使した王妃はハットゥシリ3世（前1290〜1265年）の妻プドゥヘパだけである。プドゥヘパは、夫と並んで条約に調印し、エジプトと外交書簡を交わしただけでなく、訴訟の判決を下すこともあった。彼女がこれほどの権力を得たのは、類まれな性格の持ち主であったことに加え、ハットゥシリ3世が病気がちであったという背景もあった。ハットゥシリ3世も次第に彼女の指導者としての手腕に頼らざるを得なくなっていたようである。プドゥヘパは、神々へ捧げ物をする王と王妃として夫と並んでレリーフに描かれ、夫から独立して公的な職務を行うために彼女個人の印章も持っていた。エジプトへ送られたエジプトとヒッタイトの条約の写しにさえも、プドゥヘパはハットゥシリ3世と共に調印している。例によってプドゥヘパはハットゥシリ3世の死後もタワナンナの座にあり続けた。プドゥヘパの息子トゥドゥハリヤ4世はバビロニアの王女と結婚している。

この誉れ高い結婚は、おそらく即位前から母親が計画していたもので、間違いなくトゥドゥハリヤ 4 世の後継者としての立場を強化するためであった。しかし、その強い性格が仇となり、プドゥヘパは最終的にトゥドゥハリヤ 4 世とそのバビロニア出身の妻と衝突するようになった。このバビロニア王女も、王の正妻でありながら「大王妃」ではないという制限された地位に不満を感じていたに違いない。この内紛の結末についてはわかっていないが、トゥドゥハリヤ 4 世の健康に悪影響を与え、王の健康問題が占いの調査対象になったことだけは知られている[26]。

宮　　廷

宮廷には王の家族全員と王直属の部下たちがいた。テリピヌは、王位継承に関する『テリピヌの宣言』を「パンク」に宛てて作成している。パンクという組織は、王宮役人と親衛隊、「黄金の槍の人々」、献酌官、給仕、料理人、伝令官、馬丁、千人隊長など、宮廷の全人員によって構成されていた。時代を経るにつれ、これらの役職は変遷し、かつ新しい役職が創設されていった。のちにトゥドゥハリヤ 4 世は、この階層の人々を「主人たちと王子たち」と一括りにし、王と結びつきの強い貴族と王族を指すようになった[27]。王は神の委任により統治を行っていたため、理論上は無制限に権力をふるえたことになるが、現実にはこの支配層の合意を取りつけなければならず、その点で権力は制限されていたといえる。彼らの支持を失った王は実に不安定な立場に置かれることになってしまった。

主人たちと王子たちの中には、王の最側近にあたる「王の人々」（LÚ SAG）がいた。この支配集団には、「ネリクの領主」であった書記官アヌワンザや、「フルマの領主」であったパラー、カルタップ（外交長官）職にあったズズのように、様々な役職の者がいた[28]。アヌワンザやミッタンナムワなど王宮を代表するような高位の書記たちは、王の最重要機密を扱うという仕事柄、当然最も信頼された役人であった。また、王の身辺で働いた王の親衛隊（*MEŠEDI*）は、祭であれ戦場であれ、あらゆる場面で王の護衛を任務としていた。王の親衛隊長は、王と王に指名された王位後継者に次ぐ地位にあり、国の最も高い地位の役人であった。親衛隊長はときに軍団を戦場へ率いる任務を負うこともあったため、その地位はしばしば王位を継ぐ家系にはない王子らに与えられた。シュッピルリウマ 1 世の兄弟ジダや、元来は王位に就く予定になかったハットゥシリ3世やトゥドゥハリヤ4世も、この職に就いていた時期があった。同じく王の護衛を任務とした「黄金の槍の人々」は、王宮の中庭《コートヤード》と、王宮とその周囲を隔てる門を護っていた。

王権は、財産と同じく、男系に受け継がれた。後継者を決定する王の権力は一切の制限を受けず、それは神々にも制限されることがなかった。ただし、代替わりの際はほぼ毎回、政敵が継承権を主張することになり、平和裡に王位継承が行われなかったのも確かである。王の男系子孫は年齢に関係なく全員が「ヒッタイト大王家」の王子と見なされたようである。しかし、『テリピヌの宣言』に規定されるように、在位中の王の息子に限らず、王の正妻の息子であれば、すべて王位継承権のある王の直系男子であった。公式に王位継承者に選ばれた息子は「皇太子」を意味する「トゥフカンティ」というハッティ語の称号をもった。第二位の妻、つまり側室の息子には、王に第一位の息子がいない場合にのみ、王位継承資格が与えられた。もし、息子が一人もいない場合は、王の娘の夫が後継者に選ばれることもありえた。テリピヌ自身が前任の王の義理の息子であったことから、『テリピヌの宣言』は彼が自らの王位簒奪を正当化すべく発布されたにすぎなかったのかもしれない。いずれにせよ、テリピヌがこの文書で定めた原則は帝国末まで維持された。

王家の息子たちも娘たちも、それぞれ神に仕える神官の務めを果たした。ただし、文書中には神官の称号が残されているだけで、本人の名前が併記されていないため、彼らが果たした役割の実態はほとんどわかっていない。王家の息子たちには、軍事上あるいは宗教上の行政職にはない場合、外交使節団に入るという選択肢もあった。ラメセス2世の書簡には、ハットゥシリ3世とプドゥヘパの息子である王子ヒシュミ・シャルマがヒッタイトの遠征隊をエジプトへ率いたことが伝えられている。ヒシュミ・シャルマは、穀物をまとめて、それを急ぎ海路で輸送する任務を負っていた[29]。

ヒッタイト大王の娘とその他の大国の娘は「大王女」の称号をもっていた[30]。王女たちは対外政策における貴重な道具であって、外交上の政略結婚では人質のように活発に取引された。ときに名前もわからないほど、彼女たちは「商品」とみなされていた。ハットゥシリ3世の治世だけでもヒッタイト王女たちは、すべてプドゥヘパの調整のもと、エジプト王とバビロニア王、イシュワ王、アムル王、シェハ川国王と結婚している。その婚資だけでも枯渇した国庫をかなり潤したに違いない。イシュワ王アリ・シャルマの妻となったキルシュヘパと、その異母姉妹でアムル王ベンテシナの妻となったガッシュラウィヤは、どちらも「大王女」という称号をもち、ヒッタイト国を代表する彼女らは好条件で結婚している。外国に嫁いだ王女たちは多くのお付きの者たちに伴われたと考えられる。近年、それを示す証拠が、ラメセス2世の花嫁の新居となったエジプトの都市ピ・ラメセスで見つかった。ヒッタイト製の「8の字形」の盾の鋳型は、王女の護衛がエジプトへ持って行ったものであろう[31]。ことによるとお付きの者の中には、少しでも王女のホームシックを和らげるよう、話し相手（侍女たち）がいたかもしれない。このような状況におかれた王女たちに、おとぎ話のようなハッピーエンドはほぼなかったに違いない。ラメセス2世の花嫁は最終的にファイユームのオアシスへ追いやられ、彼女はそこでひっそりと余生を過ごした。ベンテシナとガッシュラウィヤの娘で、当時のアムル王シャウシュガムワの姉／妹であったエフリ・ニッカルは、ウガリト王アンミシュタムル2世と結婚したが、彼女にはもっと悲しい結末が待っていた。エフリ・ニッカルは何らかの罪を犯したようで、どのような罪だったのかはわかっていないが、夫アンミシュタムル2世がそれを理由に離婚を迫るほど深刻なものであった。さらにアンミシュタムル2世は、エフリ・ニッカルが母国アムルへの不名誉な出戻りをするだけでは飽き足らず、彼女をウガリトへ引渡すよう求め、処罰しようとしたのであった。カルケミシュの副王とトゥドゥハリヤ4世の介入を要した交渉は長期間におよんだが、最終的にはシャウシュガムワが姉／妹の不幸な運命を受け入れざるを得なかった。エフリ・ニッカルはほぼ間違いなく処刑されたことだろう。

王の施政

王国の中心地はマラッシャンティヤ川（古典期のハリュス、現クズルウルマック）の流域に位置していた。川の湾曲部の内側は、ヒッタイトの都に加え、シャピヌワ（現オルタキョイ）やアンクワ（現アリシャール・ホユック）、タウィニヤ（タウィオン）、ジプランダ（現アラジャ・ホユック？）、シャムハ（現シヴァス）など、他の重要都市を擁していた。この地域は、建国期から青銅器時代末の王国滅亡まで、ヒッタイト王による直接の統治下におかれていた。

帝国時代になると、中核となる領土の外側に、パラー・トゥマンナとカッシヤ、フルマ、テガラマ、パフワ、「上の国」、「下の国」(「塩湖」周縁地域)、クマンニを都とするキズワトナなどの管区が含まれるようになった。潜在的な敵国と接するこれらの地方は地区総督の監督下におかれていた。ハットゥシャのすぐ北と東にあるハクピシュとタピッカ(現マシャト)はカシュカと境界を接していたため、総督らには領土の保全とその統治が求められていた。地区総督の職にあった人物の中には名前がわかる者もいる。タピッカでは、ヒムイリという人物が、ことによるとトゥドゥハリヤ2世から総督に任命されていた可能性がある。およそその1世紀後には、ムワタリ2世が弟ハットゥシリ3世をハクピシュの総督に任命している。

ヒッタイトの領域を越えると、現地の王家出身者が治める属国があった。その支配者たちは、条約においてヒッタイト王個人への忠誠を誓うことで野心を抑制されていた。帝国の最盛期、そのような属国は、西から東へ順にウィルシャと、アルザワ諸国であるシェハ川国とハパラ、ミラ、そしてルッカ諸国、タルフンタッシャ、キズワトナ、イシュワ、アッジ・ハヤシャまで広がっていた。帝国のシリア領——ウガリトとアムル、ヌハッシェ、ハルパ、アシュタタ(エマル)——は、カルケミシュ副王の管轄下におかれていた。そしてカルケミシュの副王自身も副王国を統治していた。このように、地方行政の形態は各地方が属する「地区」によって異なっていた。

ヒッタイト王室行政の詳細は、王家の文書館と地方の文書館で見つかった種々の文書から伝わってくる。ハットゥシリ1世とテリピヌが編纂したような王令はその後の王国のあり方を方向づけていた。王令には特定の貴族や町、機関にかんする決定が書き記されている。最も古い文書群である土地贈与証書には、王から忠誠心の高い臣下や貴人に与えられた国とそれに付随する町や住民の贈与について記録されている。誓いの書は、「王の人々」から最下層の兵士にいたるまで、あらゆる階級の者に対して、王とその家族の保護を義務づけている。本国中で王の宗教的権威を示すため、地方での祭儀に必要な品々の目録も作成されていた。職業占い師はさまざまな事柄を占い、それによって確かめられた神々の意思を記録していた。また、書簡は諸大国と外交交渉を行うためだけでなく、属国の王たちや地方行政官らとの主要な通信手段でもあった。

国家行政が複雑になるにつれ、特にトゥドゥハリヤ2世とアルヌワンダ1

世の治世になると、王は役人たちに細かな訓戒を課すようになった。この種の文書は、特定の役職の義務と責任を記し、規定通りに職務を果たすよう、その有職者を法的に拘束するための手段であった。王の訓戒は、神官と神殿の職員、市長、軍司令官、地区総督、国境警備隊、王の親衛隊、王宮の職員、さらには貴族全員に対しても存在した。

ハットゥシャでは、市長（ハザンヌ *HAZANNU*）が、防火や公衆衛生、水の安定供給、守衛の配置、夜間の城門の施錠確認といった市政を監督していた。たとえば、ムワタリ２世がタルフンタッシャ遷都の際、書記官長ミッタンナムワをこの地位に任命したことが思い出される。市長は、「上の町」（王の居住区）と「下の町」にそれぞれに配置された二人の都市監督官（MAŠKIM）や伝令官（NIMGIR）、都市の城壁の守衛を任務とする歩哨たちなどの地方官僚の長であった。

都から遠ければ遠い町ほど、あるいは辺境であればあるほど、長老たちが現地政治家として手腕をふるい、彼らの評議会が政治的により重要になった。一方、王国の中心地では、長老らの役割は司法や宗教上の問題で国に任命された役人をサポートすることに限られていた。たとえば、タピッカ（現マシャト）では、文書に挙げられる長老たちは皆カシュカの者たちである。長老たちを除けば、現地民たちが政治に関与することはなく、それどころか行政官も支配層を構成する少数の家柄から選出されていた。

先述のように、地方は地区総督の監督下にあった。文書上、地区総督たちはアッカド語の称号でベール・マドガルティ（*BEL MADGALTI*）、直訳すると「監視塔の主人」と呼び表された。地区総督たちは王に任命された者であり、しばしば王の近親者であった。彼らはヒッタイト国境沿いの広い領域を監督し、一定数の町を統括していた。彼らの責務は訓戒の中で詳細に記されており、それはマシャト（古代名タピッカ）出土の往復書簡からも裏づけられている。書簡によれば、国境地帯での敵軍の偵察や国有地における農業の組織化、王家の建物や神殿の保全、地区内の司法行政などを行っていたようである。地区総督は現地の長老や都市監督官と密に連携しながらこれらの責務を果していた。

これほど多くの任務がありながら、地区総督には自ら主導的に物事を決める裁量はほとんど与えられていなかった。彼らの義務は王が命令を下すにあたって必要な情報を報告することであり、かつ王の命令を粛々と遂行することであった[32]。彼らはハットゥシャを本拠としており、頻繁に報告のために戻っていた。いずれにせよ、これはタピッカ（現マシャト）の様子であって、ここはそれほど厳重に管理せざるをえないほどデリケートな状況にあったのかもしれない[33]。

シリアにおけるヒッタイトの権益を監督したのは、王の代理を務めたカルケミシュの副王であった。私たちが知る限り、カルケミシュの副王は、配置されてから200年もの間、王に対して揺るぎない忠誠心を保っていた。ことによると、それはカルケミシュの副王にこの地域で他に類を見ないほどの自由裁量が認められていたからかもしれない。最もよく知られているカルケミシュ副王は、トゥドゥハリヤ4世の従兄弟で、初代シャリ・クシュフの孫にあたるイニ・テシュブである。イニ・テシュブは、自らの司法権がおよぶ町々を定期的に訪れ、現地のさまざまな訴訟や経済的問題を仲裁していた。彼がいかに不動産売買や遺言問題、訴訟に関与したかは、エマルとウガリトの文書で確認される。また、イニ・テシュブは属国間の争いについても裁定を下した。条約締結のような、ハットゥシャの大王の関与が必要となる国家の最重要事項以外、すべて副王が対処していたのである。

ヒッタイトの官僚と外交官は属国内やその周辺に駐在していた。「王子たち」（シュメール語表記でDUMU.LUGAL、多くの場合、それは単なる尊称であった）は、エマルでは取引の証人としてしか現れないが、本来は現地の王たちと緊密に協力しながら、その国の行政に直接かかわる諸問題に対処していた。一方、「国土の監督官」（シュメール語表記でUGULA.KALAM.MA）は、アナトリアの地区総督のように広範囲の領土に責任を負い、町から町へ旅しながら、その職務を果たした。彼らは、軍事諜報を行ったり、行政問題を監督したり、さまざまな法的取引の証人になったり、あるいは現地の祭儀に参加することもあった。エマルでは、「ハザンヌ」と呼ばれる「市長」と、長老たちが現地の支配者と共に行政を担っていた。

ヒッタイト王は、条約で属国の王を縛りながらも、総じて現地王朝の権利を尊重し、その地位を維持させていた。属国は行政的にも経済的にもヒッタイトから独立していたが、宗主権条約ではヒッタイト王への忠誠や貢納の支払い、軍事援助、他の独立国との外交関係の自制、逃亡者の引渡、ヒッタイト王位後継者の保護などが義務づけられていた。ムルシリ2世はアムル王トゥッピ・テシュブに次のような誓いを立てさせている。

> そして、余は汝の父親の求めを受けて汝を世話し、汝を汝の父親の場所に据えたので、今、余は汝に、ハッティの王とハッティ国、そして我が息子たちと孫たちに対して誓いを立てさせた。その誓いと王の権威を守れ。余は汝トゥッピ・テシュブを守るだろう。そして汝が妻を娶り、息子をもうけるならば、彼は後のアムル国の王となるだろう。汝が余を守るように、余は汝の息子を守るだろう。汝、トゥッピ・テシュブは将来ハッティの王とハッティ国、我が息子たちと我が孫たちを守れ。汝の祖父と父親に課せられた貢納は、汝にも課せられるだろう。彼らは、ハッティの度量衡で300シェケルの、第一級の良質な純度の高い金を支払った。それを汝も同様に支払わなければならない。汝は他の者に目を向けてはならない。[34]

この抑えの効きづらい帝国を支配するには全国境を同時に警戒しておく必要があった。それは相当な常備軍を要した至難の技であっただろう。王国の最高軍事指揮官には、王と「トゥフカンティ」、王の親衛隊長の他に、「ワイン長」(GAL GEŠTIN）がいた。「ワイン長」は、元々は低い地位の称号であったが、帝国時代には軍の最要職の一つとなり、たびたび王の代理として自立的に軍を指揮していた。当然のことながら、この職にはしばしば王子が就くことがあった。「ワイン長」に続く役職は、順に戦車隊長や常備軍の長、「羊飼い」の長などがあった[35]。加えて、タピッカ（現マシャト）文書に登場するカッシュという名前の軍伝令官らの監督官（UGULA NIMGIR.ÉRIN.MEŠ）は、地区総督のヒムイリと同等の地位にあった。

王は、どんなに小規模なものでも、すべての軍事交戦、特に不安定なカシュカの国々との国境で起きた交戦について報告を受けていた。考古学研究によって、戦略的に多くのヒッタイトの要塞（地区総督への訓戒に言及される駐屯地）が北部国境沿い一帯の要所に築かれたことがわかっている。これらの定住地は、危険な国境地帯を警備するために、軍と兵站が移動しやすい導線上につながっていたようである。また、尾根に点在した監視所も同地域の支配網の鍵を握っていた。そこからはあらゆる方向から駐屯地に向かってくる者たちを一望でき、敵の攻撃に対して迅速に行動を起こすことができた[36]。

ヒッタイト軍において戦車隊は最も重要な精鋭部隊であった。2頭の馬にひかれた各戦車には操縦者1人と射手1人が乗っていた。のちに、3人目の乗組員として射手を盾で守る役割の者も加えられた。キックリという名の人物は、戦車を引く馬を育成するための厳しい訓練養生のマニュアルを非常に事細かに書き残している。

軍の主力は王の軍隊のおよそ9割を占める歩兵であった。各軍団は青銅の剣と槍を装備していた。歩兵隊は、ヒッタイト国の人民から徴兵され、加えて属国からの補助軍隊と傭兵が補われていた。各兵士は戦場で王に忠実に仕えるよう誓いに縛られていた。誓いの違反者には、恐ろしい誓いの神々による罰が待ち受けていると考えられていた。

> 彼（儀礼の実践者）は、麦芽とビールの香料を両手に置き、それをなめる。彼は彼らに次のように言う。「このビールの香料が石臼で挽かれ、水と混ぜられ、料理され、すり潰されるように、誓いを破り、王や王妃、王子あるいはハッティ国に対する悪事に関与する者、これら誓いの神々はその者を捕え、同様に彼の骨を挽き、同様に彼を熱し、同様に彼をすり潰すように。その者が恐ろしい死を経験するように」。彼ら（兵士たち）は「そうであれ！」と言う。[37]

少数の騎兵隊にはおそらく偵察と使者としての任務があった。陸地に囲まれたヒッタイトには海軍と呼べる軍隊はなく、必要なときはシリアの属国ウガリトの海軍や、ことによると商船さえも徴発していたかもしれない。この場合も、カルケミシュ副王がウガリト艦隊の動向を監視する役割を果たしており、ヒッタイトの国益を守るために欠かせない存在であった。

軍事遠征は、季節毎に行うと時間的にも経済的にも、また人的資源の面でも負担が大きいため、必要な時だけ、言うなれば事実上いつでも行えた。ラメセス2世の記録を信用するならば、カデシュの戦いでムワタリ2世軍を構成した47,500の軍勢には、3,500の戦車隊と37,000の歩兵が含まれていた。銃後の本国には労働力として戦争捕虜が補充されたため、忠実な（必ずしも望んでなかったにせよ）臣民たちは、少なくとも1年の内、一定期間は王の遠征に従軍することができた。

ヒッタイト帝国は大規模な軍事力を有していたが、残酷な戦略で勝利を収めていたわけではない。アッシリア人とは対照的に、恐怖による支配を好まなかったのがヒッタイト人の精神《エートス》である。むしろヒッタイト人は、征服地をヒッタイトに対して厳然と法的に拘束するという戦略を発達させた。古代近東で発見されている全条約文書の約半分はヒッタイトで作成されたものである。ヒッタイトの条約では、先述した条項に加え、忠実な者に対しては報酬として国境を広げ、反乱者に対しては罰として国境を狭める条項もある。この支配形態はヒッタイトの国家体制に不可欠で、それは新ヒッタイト時代にも引き継がれ、当時シリア北部で競合した国々はアッシリアにこれと同じ戦略を導入するよう促したのであった[38]。もう一つの重要な支配のメカニズムは捕囚政策であり、少なくともトゥドゥハリヤ 2 世の治世から広く実施され始めた。軍事遠征の後、敵国の住民の多くを移住させることで、将来その地域でヒッタイトに敵対的な勢力が現れる脅威を取り除き、同時に本国の労働力も補充しようとしたのである[39]。

条約と、その効力を強める背景となった強大な軍事力が、帝国を機能させるモデルとなっていた。究極的には、ヒッタイトは帝国としての構造よりも、むしろ内部構造の方に欠陥があった。トゥドゥハリヤ 4 世の治世に垣間見えるように、ヒッタイト王たちはこのメカニズムで王国の中心都市の支配を固めようとしたものの、それがいかにもろいものであったかがわかる。トゥドゥハリヤ 4 世は、深刻なまでに、王としての正統性が問題となっていたため、支配者階級からの合意を得るための支配政策の推進に腐心していた。トゥドゥハリヤ 4 世はその実現のために二つの基本戦略を打ち出した[40]。第一の戦略は、即位にあたって、ヒッタイトの全貴族、すなわち「主人たちと王子たち」に誓いを立てさせるというものであった。このような宣誓は珍しくはなかったが、即位式で支配階級全員に誓いを立てさせたのはそれまでの伝統と大きく異なる点であった。第二の戦略は、全地方都市で行われる祭儀の目録を収集することであった。それまでの王たちも目録を作成することはあったが、トゥドゥハリヤ 4 世はこれによって地方統治を委ねた者たちに自らの存在を意識させると同時に、敬虔さを公にして宗教的にも正当性を強めようとしたのであった。

補　　説

ヒッタイトの条約はシナイ契約といかに関係するのか？[41]

古代近東では、特に権力の行使において、天上の世界が地上の世界に映し出されていた。つまり、王の統治権は神の統治権をモデルにしていたのである。そのため、王の権威は、神々の世界と人間の世界の間をとりもつことで確立されていた。王は、神々の前では「共同体を代表する象徴」であり、逆に臣民の前では「神々を代理する象徴」であった。聖書の著者たちは、ヤハウェがシナイ山でモーセと契約を結んだことを説明する際に、このモデルにしたがうこともできたはずだが、そうはしなかった。詩編2編では王は唯一神に選ばれたからこそ正当であるとされるが、聖書では唯一神と王に密接な結びつきはまったくない。聖書の著者たちは、唯一神と民の仲介者としての王を置く代わりに、「契約という政治的概念を通じた唯一神とイスラエルの関係」[42]、つまり君主と従属者として契約に基づく合意があると明言したのである。

20世紀の中頃になって初めて、研究者たちは出エジプト記とレビ記、申命記、ヨシュア記24章に現れるヤハウェとイスラエルのシナイ契約が、後期青銅器時代にヒッタイトが属国と結んだ条約と類似していることに気づきはじめた。ヒッタイトの条約と聖書の契約の特徴が、様式として共通している基本要素は以下の通りである。順に、(1) 合意に至るまでの締結者間の関係性を概観する歴史序文、(2) 臣下に課せられ、受け入れられた義務についての規定と、君主が従属者に対して負う責任についての条項、(3) 条約を神殿に配置し、定期的に公に読み上げることの定め、(4) 条約の証人の呼び出し、(5) 合意事項を守る者への祝福、破った者への呪いの文言である[43]。これまでにも主張されてきたように、確かにモーセ五書の全体構造は、ヒッタイトの政治的な条約に倣った、唯一神とイスラエルの間の政治的な条約であったことを示している[44]。

シナイ契約とヒッタイトの条約には概念上の類似もある。条約と契約は、いずれも従属する側が自ら望んで同意に至らなくてはならない。歴史序文は、君主から与えられた恩恵に対して従属者側に謝意と道義的責任を感じさせるための条約文書の基礎となっている。言いかえれば、どちらも「自主的な服従」の条約なのである[45]。そうであるから、イスラエルは「わたしたちは主が語られたことをすべて行い、守ります」と宣言している[46]。また、どちらも合意事項が相互的である。つまり、君主にも果たすべき義務がある。ヒッタイト王が、属国に対して保護と、正当な権利のある後継者の王位継承の支持を約束したように、ヤハウェもイスラエルの保護を約束する。さらに、ヒッタイトの条約で属国の王が王位を維持し面目を保ったように、イスラエルの民も神に選ばれた民としての高い地位を享受する。最後に、ヒッタイトの宗主権条約のように、シナイ契約も唯一神とイスラエルの民という二者の間の合意であり、その意味では個々の古代イスラエル人は神に従属する王の立場にあったのだといえる。

ヒッタイトの条約に反映される双方向で多元的な世界観は古代近東において類を見ない[47]。このことはヒッタイトが報酬や罰の手段として国境を設定していたことにも例証される。ヒッタイト王は、条約を用いて属国の境界を確定し、忠実な者には領土を与え、反乱者からは領土を取り上げた。同様に、民数記34章2–12節では、ヤハウェが約束の地をイスラエルの民に割り当て、詳細かつ明確な地理用語を使って国境を規定しているが、これはヒッタイトの条約における規定の詳細さと酷似している。さらに、神が民に与えた土地を「取る」よう勧告したこと（申命記1章8節あるいは21節）は、ムルシリ2世がアルザワ王に土地を割り当てた際、「汝はそれを守らなければならない！」と命じていることと重なる[48]。聖書にはヒッタイトの条約にみられる他国との境界の尊重さえも受け継がれており、申命記2章5節と19節では、神がエドムやアモン、モアブと戦わないよう古代イスラエル人に忠告している[49]。君主のみが国境を定められるのであり、君主のみが領土を変更する権利を持っている。このように、唯一神の役割にはヒッタイト王と同様の役割が認められるのである。

法と社会

ヒッタイト統治下のアナトリアの暮らしは非常に統率がとれていた。この世界では、すべての農夫・職人・兵士が国のために働いていた。祭が祝われるのも、彫像が製造されるのも、粘土板が刻まれるのもすべて、究極的には王の利益のためであった。後期青銅器時代の王室経済はアナトリアの資源をうまく集約・管理しており、国の住人たちはそれに依って生活していたため、否が応でも王家に結びつけられていた。

王国の社会経済構造

ヒッタイト経済の要は小規模な農業と畜産であった。狩猟や漁業も行われてはいたが、経済的に重要な因子ではなかった。農民は穀物やマメ類、果実、野菜など、さまざまな作物を育てていた。家畜には牛や羊、ヤギ、豚、ロバ、馬、家禽類がいた。国家の歳入としては、余剰作物がシャッハン税として集められていた。これは生産の一定の割合に課される一種の十分の一税であり、国家の主たる歳入であった。

同様にヒッタイト経済にとって重要であったのが、属国から集められた貢納と軍事遠征で得られた戦利品であった。戦利品には王宮や神殿から略奪した貴重品だけでなく、家畜や捕虜（軍人と市民いずれも含む）がいた。遠征で得られた戦利品の内、王の財産とならなかったものは、役人や軍隊に分け与えられた。戦争捕虜たちは、王国内の過疎地に再定住させられ、ヒッタイトの慢性的な労働力不足を補っていたため、経済に不可欠な存在となっていった。そうした人々の中には、王に仕える軍司令官の財産として再分配される者もいたが、残りは国有地で働いたり、国境駐屯地で兵士や労働者となったり、神殿で働く者もいた。

交易にかかる税については、文書中にはっきりと確認できないものの、多少なりとも国家歳入を支えていたと考えて良いだろう。ヒッタイト時代アナトリアでは、交易はアッシリア植民地時代ほど好景気ではなく、代わって巨大な王室経済が外交上の贈り物の交換や貢物によって必要な品々を手に入れるようになっていた。おそらく、ヒッタイトが近東の世界経済に提供していたのは、織物などの製品や金・銀・錫・鉛などの鉱物資源であっただろう。

シリアでは、カルケミシュの王室が活発にウガリトなど諸都市と奴隷や馬の取引をし、その見返りに麻の衣服や染められた羊毛、油、ミョウバン、鉛や銅、青銅製品を得ていた[50]。ヒッタイトの領域で商に精を出した商人たちのほとんどは、おそらく王の庇護下で活動していた外国人の企業家であった。陸路海路を問わず、商人たちは山賊や海賊の格好の標的であったため、交易はとても危険な事業となった。古代のトルコ南岸は常に海賊行為が活発な場所として悪名高かった。豪華な品々や穀物を積んでヒッタイトに向かう商船は、キリキア沿岸のウラやレバント沿岸のミネト・エル＝ベイダなどの港に安全な停泊地を確保していたことだろう。シリアでは、特にカルケミシュ副王が判決を下した訴訟事件の多くが、商人が盗難に遭ったり、乗っ取られたり、殺されたりしたことと関係している[51]。ヒッタイト法では、商人の殺害に対する罰則は銀4,000シェケルの支払いであった。これは盗まれた財産を弁償すると同時に、被害者家族への賠償を行うための罰金でもあった[52]。商人が通る地域や町には彼らを安全に通過させる責任があり、もし罪人が逃げ果せたりすると罰金を支払わなければならなかった。

王のお膝元ハットゥシャは、生産の中心ではなく、もっぱら政治的機能に重点が置かれていた[53]。富はハットゥシャの中央政府に集約されると共に、王直属の管理官（シュメール語表記でAGRIG）による監視の下、「王宮」と呼ばれた地方の再分配センターを経由して地方に再分配された。都で行われたキ・ラム（KI.LAM）祭では、町々の管理官たちが各々の倉庫の前で王に紹介されることで、王がこの再分配システムを統括していることが象徴的に示された[54]。同様の役割を担った機関は他にも、死した王の霊廟である「石の家」や、保管容器に封をするために使われた封泥（押印された粘土の塊）に由来する「封の家」などがあった。これらの機関はいずれも農作物を集積し、再分配のネットワークを形成する町々に置かれていた。

近年のハットゥシャの発掘においてさえも、この複雑なシステムの、文字通り、まだ氷山の一角しか明らかになっていない。ハットゥシャ最初期の城壁の一部である「下の町」南西の「突撃門」（図2.2）裏には、古王国時代に建てられた、16の部屋が二列に並んだ地下貯蔵施設がある。その容積は合計9,000立方メートルの穀物（ほとんどが大麦）に相当すると推定されている。それはなんと3万人もの人々を1年間養うのに十分な量であった[55]。貯蔵室の気密性は高く、穀物を数年間安全に保管できたことだろう。また、ビユックカヤと呼ばれる城壁の北端には前13世紀にできた複数の地下穀物サイロが発見されており、最大のサイロだけでも260トンもの穀物を貯蔵できる容量があった。

神殿がどの程度国家経済に関与していたかについてはよくわかっていない。ハットゥシャの「大神殿」周囲にある大規模な貯蔵室には、神殿が所有する土地で収穫された農作物を再分配する役割があった（図3.3）。しかし、その他に神殿の自立的な経済活動を示す証拠はない。ヒッタイトの「大

図 3.3 「大神殿」に付属する大規模な貯蔵庫。かつては 2 階建てか 3 階建てで、都の周辺地の農業生産物の集積地となっていた。著者による撮影。

神殿」とその神官たちには、ときにメソポタミアとエジプトでみられるような、ある種の自立した権力は皆無であった。神殿は、神官たちによって運営されていたにせよ、祭儀目録が示唆するように、究極的には王の管轄下にあり、享受できる財産の規模は王の後援の度合いに左右されていた。

ハットゥシャ城内に住むことができたのは、ほぼ確実に国家と神殿の運営に携わる人々と治安部隊だけであった。また、ハットゥシャを訪れる商人や外交官、その他王室と取引を行う人々にも滞在場所が提供されていたと思われる。同じように、シャリッシャ（現クシャクル）やシャピヌワ（現オルタキョイ）などの要塞都市にも、行政と神殿に関わる人々や商人、その他都市で生活する必要のある職業の人々が暮らしていたことだろう。それ以外の人々は、小さな村々に住む自由民、つまり自立した農民か、あるいは王や富裕な土地所有者、国家機関（たとえば王の霊廟や神殿）の従属民であった。

地区総督に対する訓戒からは、農民は朝、駐屯地から畑に向かい、夜には戻って来ることになっていたことがわかっている。ただし、カシュカとの国境沿いの状況は他とは違い、カシュカの襲撃から住民たち（おそらくそのほとんどが再定住させられた捕囚民）を保護するように考えられていた。より安全な地域では、農民とその家族がおそらく城壁に囲まれていない村で比較的安全に暮らしていたことだろう。

村には多くの家があり、各家には親族だけでなく遠戚も暮らし、家族が所有する家畜と土地があった。たとえば、プリヤンニという人物の家には、3人の男の子と3人の女の子、プリヤンニの他にもう1人の成人男性、2人の年配者を含む6人の成人女性という、計14人が暮らしていた。また、プリヤンニは6頭の牛と2頭のロバ、17頭のヤギを所有し、作物にはブドウ畑とオリーブの木、イチジクの木があった[56]。小規模な農地の経営でも平均7人〜10人の人員が必要で、余裕のある家族は契約を結んで臨時の労働者を雇うこともあった。このようなニーズに応えるため、ヒッタイト法は雇用賃金についても網羅的に規定している。プリヤンニの家族は、おそらく石の基礎の上に木で補強された日干しレンガで建てられた家に住んでいた。1階には前庭に面した少なくとも二つの部屋があったと思われる。中庭には2階へ登るための梯子が設置されていた。屋根は平面で、粘土と細枝で固定された木材の梁で支えられていたと思われる。家具は簡素な木製であっただろう。

自由民（アラワンニ）は、自由に財産を売買したり、契約を結んだり、居住地を変えたり、結婚・離婚ができた。彼らには土地所有者として国からシャッハン税とルッジという賦役を課されていた。これらの義務の免除は王によってのみ行われ、書記など、その職業柄免除されていた者や[57]、王からの報酬として免除された者もいた。ハットゥシリ3世がクルンタの税を免除したことはその最たる例である（第2章を参照のこと）。

小作人が働く王領地や、地方の「王宮」や神殿、死した王の霊廟などの国家機関の領地に属する村々では、王室の官僚が徴税を行い、賦役を組織する責任を負っていたかもしれない。王が征服した敵から没収した土地を恩賜として富裕な土地所有者に与えた場合でも、そこには従属的な小作人が働いていた。この場合、国への税と賦役の管理責任はその土地所有者にあった。このような土地はたいてい隣接しないように区画して与えられており、貴族が権力基盤を形成しないためであったと推測されている。あるいは、耕作地を最大化させるためであったという説もある[58]。

そのような村落に住む農民たちは、多くの場合、捕囚された市民と戦争捕虜（シュメール語表記で NAM.RA、ヒッタイト語でアルヌワラ）であり、彼らは小作農として神殿や公有地に分散して配置されていた。先述のように、彼らはしばしば放棄地や過疎地の再定住に使われており、おそらくカシュカとの前線沿いにある国境駐屯地などに送られて定住させられていた。地方の総督には彼らに生活必需品と仕事に必要な装備を支給する責任があった。

> その地に定住し（ている）捕囚民に、汝は冬の食糧（と）種、牛、羊を供給しなければならない。また、そのような者にチーズ（と）レンネット、羊毛を支給せよ。汝の管轄区から去る捕囚民に代わってとどまる者のために種をまき、その者に十分な耕地を持たせよ。その者に早急に区画地が割り当てられるように。[59]

概して、このように移住されられた者たちの権利は限定的であった。たとえば、彼らに土地の売買は許されず、移動は監視されていた。アルヌワラの身分が次の世代に受け継がれたのか、あるいは彼らの子孫は奴隷としてヒッタイト社会に取り込まれたのかはわからない。しかし、その多くが国外への逃亡を試みたように、ヒッタイトでの生活は容易ではなかったに違いない[60]。属国との条約では常にヒッタイトから逃亡した捕囚民の引き渡しを求める条項が含まれていた。それほど、彼らはヒッタイトの経済において重視された存在であった。しかし同時に、差し迫った人手不足にあったことから、ヒッタイト当局は属国からの逃亡者は反対に国内にとどめおく権利を有していた。

ヒッタイト王は軍事遠征で捕えた捕虜の数を度々記録している。「余は全アルザワを征服したので、王領地へ連れ帰った移送者は総計 66,000 人を数えた。ヒッタイトの主人たちと歩兵、騎馬隊が連れ帰った人々はおびただしい数であった」。[61] このような再定住はときに裏目に出ることもあった。トゥドゥハリヤ 2 世は、それまで西方で反ヒッタイト連合の一員であったクックリを臣下とし、1 万人の歩兵と 600 人の戦車隊員とともに王国内に定住させたが、このクックリは自軍を使って王に反乱を起こしたのである。クックリが殺害されたことで秩序は回復されたものの、このことは王の国家運営のあり方として、厳粛に受け止めるべき教訓となったに違いない。
社会の最下層には（アナトリアに暮らしながらも社会の周辺にいた盗賊や海賊、流浪者、放浪者を除くと）奴隷がいた。人は、債務によって、あるいは年季奉公、犯罪に対する刑罰、戦争を通じて奴隷になることがあった。奴隷の数が人口の何パーセントを占めていたのかはわからないが、少なくとも帝国時代最後の200年間は、奴隷が捕囚民より多かったとは考えにくい。ヒッタイト法では奴隷の権利と義務に細心の注意が払われており、地区総督は注意深く奴隷と寡婦にかかわる訴訟にあたるよう勧告されていた。奴隷の中には富や土地を集められる者もいたようである[62]。奴隷であっても婚資（クシャタ）を支払えるならば、自由民の女性と結婚できた。自身は奴隷身分のままであったが、それによって彼の子孫が自由民になることが保証された。婚資の支払いが問題にならない身分間の結婚の場合には、女性が限られた期間、年季奉公することがあった[63]。あるいは、財のある奴隷の場合は自由民を義理の息子とし、それによって孫を自由民にすることもできた。ただし、このような機会が与えられた奴隷は寛大な主人に仕える一部の運の良い者だけだっただろう。奴隷の所有者は奴隷の生死を決定する立場にあり、望むままに身体的な罰（たいていは目を潰すか耳や鼻を切り落とした）を課すことができた。ヒッタイト法第173条には、信用のおけない奴隷の運命がはっきりと定められており、「主人に逆らう奴隷は壺に詰められるだろう」とある。しかしながら、貴重な財産である奴隷（ヒッタイト法第176b～177条によれば20～30シェケルの価値がある）にこのような罰を軽率に課すことはあまりなかっただろう。

法　　律

200の法律が集められた、いわゆる『ヒッタイト法典』は、解決策が自明ではない珍しい訴訟の先例を編纂したものに過ぎないため、体系的に整理された法典であるとはいえない。ことによると、それらの訴訟は、王国内の裁判所で訴訟の判決を下す責任者に配られた、参照の手引きとして、長年の間に起こった事件を収集したものなのかもしれない。ヒッタイト法は民事事件も刑事事件も網羅しており、法の種別ごとに大まかにまとめられている。法律には、殺人、脅迫、窃盗、盗難された奴隷、逃亡した奴隷、結婚、土地の保有権、遺失物、動物の窃盗あるいは傷害、不法侵入、放火、農作物の窃盗や損害、用具の窃盗や損壊、賃金、雇用、罰金、価格、性犯罪にかんするものがある。起こりえるすべての犯罪と民事問題に対して200の法律というのは明らかに不十分である。民事で起こった紛争を解決する際には、法的に締結された契約が照合されたに違いない。一方、ほとんどの刑事犯罪はおそらく慣習法に照らし合わせて決着させるか、状況によっては被害者やその家族の裁量に任されることもあっただろう。たとえば、計画的殺人の判例では、「殺人を犯した者は誰であれ、殺された者の跡継ぎの言うことがすべて(行われる)。もし、彼が『彼は死ぬべし』と言えば、彼は死すべし。しかしもし、彼が『彼に賠償させる』と言えば、彼は賠償すべし。王はその決定に関与しない」[64]とある。

『ヒッタイト法典』の内容は、元々は古王国時代、おそらくハットゥシリ1世の治世に記録されたものだが、現存する最も古い法典の写しはハットゥシリ1世の後継者ムルシリ1世の治世に年代比定される。『ヒッタイト法典』は前16世紀から前13世紀まで保管され、また繰り返し複写されていたことから、これが継続的に法律の情報源として重要であったことは確かである。今に残る最初期のバージョンの多くの判例に「かつてはこれこれをしていたが、今後これこれする」という文言があり、それまで適用されていた罰則を軽減していることから、おそらくハットゥシリ1世は法律の改正を行ったようである[65]。この改正によって多くの判例で肉体的刑罰が金銭的賠償に修正された。たとえば、飼育中の蜂の巣を窃盗した罰は、かつては蜂に刺されることであったが、それは改められて6シェケルの銀の賠償になっている（第92条)。等価賠償（目には目を）の原則はヒッタイト時代のアナトリアには採用されていなかったのである。

『ヒッタイト法典』は、『ハンムラビ法典』や『契約の書』とは異なり、完全に世俗的な文書で、神々から人間に与えられるというものではなかった。また、複製されたどの法典にも作成目的を語る序言がなく、ましてや『ハンムラビ法典』のように王の偉大さを誇示する長い序文もないことから、王のプロパガンダとして作られたわけではないことも明らかである。当初の文書に示唆される改革は王の善行を広く公にするためだったとしても、それを示す証拠はない。公に掲示されたり、記念碑に彫られたり、聴衆の前で読み上げられたりした形跡も皆無である。

しかし、『ヒッタイト法典』の判例は、『ハンムラビ法典』や『契約の書』

と同様、決疑法形式、すなわち条件節に始まり（「もし、ある者が商人を殺すならば…」）、帰結で終わる（「彼は 4,000 シェケルの銀を支払うべし」）。たとえば、衝動的殺人を扱った最初の判例では、「［もし］、ある者が［男］か女を［口］論の末に殺すならば、彼は（埋葬のために）［その者を連れて行き］、男か女をそれぞれ 4 人与え、［そのことのために彼の家の］面倒を見なければならない」とある[66]。ヒッタイト法にたびたび登場する「彼はそのことのために彼の家の面倒を見なければならない」との文言は、おそらく被告が賠償できなかったり、拒んだりしたとしても、原告には損害を被告の財産から賠償させる権利があったことを意味するだろう。

いくつかのヒッタイトの法にはヘブライ語聖書の法との類似がみられる。たとえば、郊外で起こった殺害事件の判例であるヒッタイト法第 IV 条は、申命記 21 章 1–2 節と似ている。領内で起こった犯罪行為にはその町が責任を負うという原則にのっとり、死亡した被害者に対する責任がどの町にあるかを決定するため、現場から最も近い町までの距離を測るという手続きが行われるのである。また、出エジプト記 21 章 18–19 節のように、ヒッタイト法第 10 条は、他者を働けなくしてしまった加害者に対し、治療費と休まざるをえなかった期間の賠償をさせている。ヒッタイト法の場合、被害者が働けない期間、その土地で働く人員を提供することも要求している。ヒッタイト法第 197 条は強姦罪を扱っており、「もし、男が女を山で捕え（て強姦する）ならば、それはその男の罪であり、彼は死刑に処されるべし。しかしもし、彼が彼女を（彼女の）家で捕えるならば、それはその女の罪であり、彼女は死刑に処せられるべし。もし、（女の）夫が（行為の最中に）彼らを見つけて殺すならば、彼に罪はない」とある[67]。ここでは、被害者の女性は山で助けを呼んだとしても、その叫びは誰の耳にも届かなかっただろうが、自宅で叫んだならば助けられ、強姦は起こり得なかっただろうという想定がある。申命記の法もこれと同じ区別をしている（申命記 22 章 23–27 節）。

ヒッタイト法に性行為に関わる法律が多いのは、ヒッタイトの社会が多元的で、どのような肉体関係が社会的に受け入れられるのか、受け入れられないのかを正確に定めておかなければならなかったことを物語っている。自らの母親や自らの娘、自らの息子との性的関係、姉妹 2 人との性的関係、存命中の兄弟の妻、妻が前の夫との間にもうけた娘、妻の母親や姉妹との性的関係は近親相姦とされた。しかし、その他の肉体関係は黙認されていた。たとえば、継母との性的関係や、別の国に暮らす姉妹と血縁者だと知らずに性的関係をもつこと、あるいは亡くなった妻の姉妹との結婚、男が奴隷身分の姉妹2人と性的関係をもつこと、奴隷身分の母と娘との性的関係をもつこと、父と息子が同じ奴隷や娼婦と性的関係をもつこと、2人の兄弟が合意の上で1人の自由民の女性と性的関係をもつことなどである。

これらの法律は、ハヤシャという属国の支配者との条約における合意事項の中で、その真価が試された。シュッピルリウマ1世は、自分の姉／妹がハヤシャの支配者フッカナと政略結婚することになった当初、この新しい義理の兄弟に対し、花嫁にどのように振る舞うべきか説明するのに腐心している。

> さらにまた、余が汝の妻として汝に与えたこの姉／妹には、彼女の家族だけでなく、その親戚に多くの姉妹がいる。汝は彼女らの姉妹を娶ったので、彼女らは汝の親戚である。しかし、ハッティでは、兄弟が姉妹や従妹を（性的に）取らないことが重要な慣習である。それは許されない。ハッティではそのような行為を犯した者は誰であっても生かされず、ここで死刑に処される。[68]

シュッピルリウマ1世はこの調子で相当詳しく説明を続け、とりわけマリヤという名の男を例に挙げて、彼が王宮の女性を遠くから眺めていただけで死刑に処されたことを伝えている。シュッピルリウマ1世は異なる習慣をもつ文化の地へ姉妹を嫁がせたことを理解しながらも、特別にこの問題についてはフッカナがヒッタイトの慣習に従うべきとして譲らなかった。このような条項は条約の中では非常に珍しい。性行為にかんするシュッピルリウマ1世の事細かな要求は、フッカナのそれまでの妻は側室にしても良いが、アッジから新たに別の女性を妻に迎えてはならないという命令で締めくくられる。シュッピルリウマ1世には、自分の姉／妹のフッカナの正妃としての地位が守られることを願うこと以上に心配していたことがあった。それは禁じられた性交が行われることであった。シュッピルリウマ1世はそれによって彼自身や王家の者に穢れがもたらされないよう、策を講じなければならなかったのである[69]。

また、人間同士の性交だけが関心事ではなかった。ヒッタイト法では、人が性的に興奮した雄牛（や豚）から攻撃された場合、その者は咎められるべきではなく、雄牛の方が殺されると規定している。一方、牝牛（第187条。出エジプト記22章18節およびレビ記20章15–16節を参照せよ）や羊（第188条)、犬や豚（第199条。出エジプト記22章18節およびレビ記18章23節を参照せよ）と望んで行為に及べば、その者は王の法廷に出廷せねばならず、死刑を宣告されたようである。しかし、馬やラバとの性交（第200a条）は禁じられていなかった。このような行為は実際にあったに違いなく、そうでなければこれらを定める法律も必要なかったはずである。ただし、ヒッタイト法は普通ではない訴訟を収集しているため、これらの問題が起こった頻度については推測の域を出ない。ウマ科の動物との性交が黙認されるのは家畜の中で特別であったからで、おそらくヒッタイトの人々が馬に対する異常な性癖をもっていたわけではないだろう。神々や人間の食料になりえる羊や牝牛は穢れを広めてしまいかねないし、人間に近いところに暮らす豚と犬も接触すると穢れが広まってしまう。しかし、馬やロバは食べられることもなく、人間のすぐそばに暮らしていたわけではなかったので、穢れを広げる可能性が少なかった。それでも、そのような行為を行った罪人が自由になれたわけではない。一度ついてしまった穢れは一生ついてまわることになっただろう。

先述のように、国の最上位の法廷を催したのは王であった。たとえ帝国の最果てで起こったことだったとしても、難事件や重大事件の解決は王の法廷に託された。国家が課していた税と賦役の免除請求や死刑に関わる訴訟などは、その性格上、自動的に王の法廷に行くことを意味していた。パンクは国家官僚の上層部の者たちで構成された裁判組織であったが、その役割は非常に重要な合意事項や王の布告の証人になることだけであった。帝国時代になるとそのような機能さえもなくなっていった。それどころか、古王国時代でも、司法権は王に任命された地方の判事（シュメール語表記でDUGUD、ヒッタイト語ではナッケシュ）と呼ばれる人々にあり、彼らは特定の地区に配置され、地方の裁判所で判事をしていた。残念なことに、この判事たちは現地の富裕層に取り入って簡単に堕落してしまった。ムルシリ1世が発布したと考えられる、ある王の訓戒は、理想とかけ離れた判事たちの仕事ぶりを戒めている。

我が父は汝ら判事に書板を刻まなかっただろうか。そこには「汝らは汝らの領内に行った際、貧者の殺人を捜査しないなどということがあろうか」とある。しかし今、事実として汝らは食糧運搬人を取り調べない。それどころか、汝らは富者の意思に沿って行動している。汝らは彼らの家に行って飲み食いし、贈り物を受け取っている。他方、汝らは貧者の嘆願に注意を払わず、彼らの不平を調べようともしない。これは汝らが我が父から慎むよう命じられた通りのことだろうか。[70]

少なくとも中王国時代からは、地区総督が視察に地方を巡行し、王室の行政官と現地長老らの評議会と共に領内の法手続きを監督するようになった。彼らもまた、社会で最も弱い立場にある奴隷や寡婦にさえも、公平で平等な正義をもたらすよう命じられていた。

汝らはどこの町に入ろうとも、町のすべての人々を呼べ。誰であれ訴訟があれば判決を下し、ことを正せ。人の奴隷であれ、女奴隷であれ、寡婦であれ、訴訟を起こすならば、彼らのために判決を下し、ことを正せ。[71]

罰則については、「処刑が慣行されている町では、処刑を続けさせよ。しかし、追放が慣行されている町では、追放を続けさせよ」[72]とされたように、地区総督たちは現地の慣習を優先するよう命じられていた。

裁判手続きの覚書は、証人の証言録や取り調べを受けた容疑者の供述書と似ている。それぞれの証言は「誰それは誓いを立て、次のような証言をした」という文言に始まる。次に供述があるのだが、反対尋問や判決が続くわけではないため、これらの審問は予備調査の一部であったと考えられる。双方に十分な証拠が欠けていて判決を下せない場合には、判事が被告に対し、「もし嘘をついたならば神々は私を打ち殺すべし」と誓いを立てさせることがあった。あるいは、より重大な訴訟では、被告人が「川の神明裁判」に耐えることで無罪を証明できた。たとえば、王に運ぶ水の責任者だった役人ズリヤが水を守ることを怠った（王が水の中に1本の髪の毛を見つけたのであった）際には、「川の神明裁判」で彼の有罪が確定し、死刑に処されている[73]。また、ハットゥシリ3世は、政敵アルマ・タルフンダに「黒」呪術を行ったと告発された際、「車輪」という名の神明裁判を受けている。この訴訟では、王、つまりハットゥシリ3世の兄ムワタリ2世の法廷で、ハットゥシリ3世に有利な判決が下されたのであった。

自由民に死刑を宣告できるのは王だけであった。犯罪者を死に至らしめる方法はたいてい打ち首であった。死刑のありえる裁判では、それに代わる刑罰として追放刑があった。反乱の首謀者や誓いの違反者に対しては失明刑が行われ、この罰を受けた者は製粉所で働かされた（聖書のサムソンの物語と比較されたい）[74]。罰則は違反者が自由民か奴隷かという社会的地位によって異なった。奴隷（かおそらく奴隷の所有者）はたいてい自由民に課される賠償額の半分の支払いを命じられた。たとえば、「[もし]、ある者が［耕地］に火を放ち、（その火が）果樹園に燃え広がり、もし、ブドウの木やリンゴの木、ナシ（？）の木、プラムの木が燃えたならば、その者はそれぞれの木に対して6シェケルの銀を支払うべし。その者は再び［植林］すべし。そして彼はそのことのために彼の家の面倒を見るべし。もし、それが奴隷であれば、彼は（それぞれの木に対して）3シェケルの銀を支払うべし（第105条）」とある[75]。ただし、放火した奴隷は罰として目をつぶされたり、耳や鼻を切り落とされたり体を切断されるか、死刑に処されたことだろう。

日常生活

ハットゥシャの発掘が始まってすでに1世紀が経つが、ヒッタイト王の臣民たちの日常生活については驚くほどにほとんど分かっていない。現存するヒッタイト文書の中で一般民に焦点を当てて記録しているのは『ヒッタイト法典』だけである。そこに記されている、結婚や離婚、姦通、強姦、相続にかんして起こり得る問題を規定する法律が、家族生活を伝えている。賃金と価格を標準化する法律も一般の人々がどのように生計を立てて日々を過ごしていたかを伝えてくれている。

一般的に、結婚は花嫁と花婿の両親によって決められていた。花婿は婚約が成立した時点で花嫁の家族に婚資（クシャタ）を支払った。結婚に際しては、花嫁の家族が花嫁に持参財（イワル）をもたせた。その後、女性が夫の家で生活するのが慣習であった。ときに（たとえば男子の世継ぎがいない場合）、花嫁の家族が花婿を養子に取ることもあったようである。このような結婚はアンティヤント婚と呼ばれ、花婿が花嫁の家族に入ることになった。

図 3.4　婚礼の間にいる新婚夫婦を示したビティク出土の壺のレリーフ。アンカラ・アナトリア文明博物館（Anatolian Civilizations Museum, Ankara）の好意により転載。

結婚の準備が整っていても駆け落ち未遂を扱う法律があるように、愛情を抱く男女が結びつくことも容認されていたかもしれない（第 28a 条、35 条、37 条）。ヒッタイト中心地の遺跡イナンドゥクとビティクから出土した壺に施されたレリーフには、おそらく結婚式と思われる情景が視覚的に伝えられている。ビティク出土の壺のレリーフには、新婚夫婦が婚礼の間に座り（図 3.4）、花嫁の髪を覆うヴェールを取ろうと花婿が手を差し伸べる瞬間が描かれている。

一般の人々にとっては、単に経済的に最も現実的だったからかもしれないが、一夫一婦制が原則であった。しかし、夫が死亡した場合に夫の男性親族が寡婦を娶るレビラト婚が可能であったことから（第 192–193 条）、場合によっては複婚も行われたようである。このような慣行は、古代イスラエル法（申命記 25 章 5–6 節）のように死した男性の家名と家族を永続させ、家族の財産を守るためではなく、ヒッタイトの場合はむしろ寡婦を養うための措置であっただろう[76]。

結婚の契約は一切残っていないが、何らかの形で契約が記録されたのはほぼ間違いない。そこには結婚の条件が詳細に決められ、おそらく離婚の規定も設けられていたことだろう。ヒッタイト法では自由民と奴隷の離婚判例しか扱われていないが（第31–34条）、それらの例から推定するに、同じ身分の者が離婚した場合、通常、夫婦の財産は均等に分けられ、一人は父親に、その他すべての子供は母親に残されただろう。もし、妻が社会的に低い身分であったならば、妻に子の一人が残される以外は夫が他のすべての子供を抱えることになった。

妻が姦通した場合、夫の裁量次第で死刑になる可能性があったが、夫がどのような決定を下したとしても、その決定は妻と不倫相手両方に同じように適用された（第198条）。ヒッタイト法が夫の姦通罪を扱っていないことからは、夫の不貞は罪に問われなかったと考えて良いかもしれない。

一般民の男性は、農民や牧人、商人、職人、兵士、下級神官、医者、占い師、料理人やその他の調理要員、あるいは職業芸人として雇われることがあった。職人はしばしば奴隷であり、市場では高値で取引されていた。たとえば、「もし、ある者が陶工や鍛冶職人、大工、革職人、縮絨工であれ、織工、ゲートル職人など、熟練した職人を買うならば、彼は30シェケルの銀を支払うべし」（第176b条。第200b条も参照）という法律がある[77]。腕の立つ職人はたいてい王宮か神殿が抱える職人となった。牧人は社会的地位が低く、家畜の群れを世話するという職業柄、捕囚民や奴隷であることも少なくなかっただろう[78]。運良く王に仕えれば、社会的地位が高まることもあっただろうが、そのような出世の機会は社会の最貧層の者には極めて限られていただろう。自由民の男性の大多数はたいてい夏の間、一種の予備軍として王の遠征に参加しており、穀物と家畜の世話は女性と捕囚民、奴隷に託されていた。そのため、共同体の男性が家にいる春と秋は祭の季節であった。暦は農業と宗教にかかわる祭で満たされ、アナトリア平原の暑い夏やときに厳しい冬の生活からの解放を祝った。このような祭では宴と踊り、歌やスポーツが行われたことだろう。

女性の最も重要な役割は子どもを産むことであった。特に男子は経済的になくてはならない存在であり、年老いた両親を世話し、その死後も葬儀を行う責任があった。女性は必ずしも家内にいただけではなく、王宮や神殿で粉ひきや料理人、織工、縮絨工、医者、儀礼を行う者、楽師や踊り手として働く者もいた。なかには、必要な人に儀礼を行ったり、呪術医療を施したりするなど、宗教的な分野で自立して活動した女性がいたことも間違いない。

美　術

ヒッタイトの美術や建築が、メソポタミアやエジプトのようには、現代人の興味をそそらないのは無理もない。ヒッタイトの人々は、豪華な副葬品のある王墓を残していないし、現存する数少ない記念碑的建築物もエジプトのピラミッドやメソポタミアのジッグラトと比べれば質素に見える。また、現代の基準からすれば、レリーフに描かれた人々や神々の外見もまったくもって風変わりである。よく知らない人からすれば、細部にこだわった装飾がほどこされた理想的な図像もないし、かつては彩り豊かであったかもしれないレリーフも今では灰色で殺風景に見える。とはいえ、ヒッタイトの美術は独創的で、見ればそれとわかるし、作り手のことがよくわかる点で興味深い。

ヒッタイト美術には外国で当時よく用いられていたモチーフが輸入されている。特に顕著なのは、（エジプトの）スフィンクスと（北シリアを経由した）有翼日輪、シリア・メソポタミアの伝統に刺激を受けたと思われる印章彫刻や象牙彫刻である。しかし一方で、ヒッタイト美術は確かにアナトリアの伝統に根差しており、既存の土着の芸術的伝統の上に独自の様式を重ね合わせていったものだといえる。アッシリア植民都市時代には、型に入れて作られたレリーフをあしらった、動物を象った祭儀用の壺や土器が人気であったが、のちの帝国時代最後の100年間には人気がなくなったようである[79]。また、円筒印章よりもスタンプ印章の方が好まれ続けたが、アッシリア植民都市時代に一般的だったモチーフや混み合った図像はなくなり、ヒッタイト時代には、幾何学文様、そして何より象形文字と、双頭の鷲などの王家のモチーフが刻まれた印章になった[80]。現在知られているものの中では、近年、「上の町」の神殿9で見つかった壁画が、そのような美術様式を表す唯一の例である。この壁画はまた、ヒッタイト王が外国（ミケーネ？）の職人を保護していたことを示すかもしれない。

ほとんどの美術品は地層の層位的状況がわからない状態で発見されており、正確な年代比定ができないため、ヒッタイト美術がどのように発展したのかを明らかにするのは困難である。定型化した人物像は、特に新しい時代の年代を考える場合には、さらに厄介である。都の入り口となった荘厳な城門さえ、地層の層位や年代がわかっている構造物と関係づけられない。ヒッタイト王も公式記録に「上の町」の城壁を建造した功績を示していないので、城門の時代的変遷を通時的に理解するのは難しい。多くの研究者は城門の建造期を帝国時代最後の50年間だとするかもしれないが、新たな証拠が見つかって、前13世紀末ではなく、むしろ前13世紀の初めだった可能性も指摘されている[81]。彫像やレリーフが初期の記念碑にみられることから、これまでにも指摘されてきたように、ヒッタイトにおける彫刻の伝統は明らかにアナトリアで発展したものであり、外国の影響は受けていなかったようである[82]。オルタキョイ（古代名シャピヌワ）など、ヒッタイト地方都市の発掘で新しい遺物が見つかり、それがまた新しい洞察につながることが期待される[83]。

ヒッタイトの人々は、巨大な切石の塊を建材に使ったり、自然にある岩を大きなレリーフ彫刻のキャンバスとして使ったりしているため、石を愛用したことがよく分かる。いずれの場合も、岩の表面は浅浮き彫りで図像を浮き出させるように彫り込まれている。フラクティンのように、立体的な表現がほとんどない平面的な像もあれば、ハットゥシャのいわゆる「王の門」のように、造形されて丸みを帯び、筋肉や衣服など細部の表現に注意を払った像もある。

数多くのヒッタイトの岩のレリーフは古代の街道や山道にある。その制作にあたっては足場が必要であっただろう。このことはヒッタイト美術において物理的な環境がいかに作品の一部となっていたかを物語っている。レリーフに描かれる宗教的な場面には、一体の像であれ複数の像であれ、王家の者か神、あるいはその両方が描かれている。少数ではあるが、なかには碑文を伴ったレリーフがあり、それによって作成年代がわかる。シルケリにあるムワタリ2世（前1295～1272年）のレリーフは、年代がわかるものの中で最も古く、祭儀用の衣装を着た王の像だけが描かれている[84]。キリキアのハミデと西方のカラベルにある王侯の像も同じく単体で描かれているが、こちらは戦士の格好をしている。カラベルのレリーフはトゥドゥハリヤ4世の治世の属国ミラの王タルカスナワの像である（図2.7）。フラクティンの岩の表面には、ハットゥシリ3世と王妃プドゥヘパが隣り合ってそれぞれ男神と女神に献酒をする場面が描かれている（図2.6）。タシュチ川渓谷に並ぶ三つのレリーフもハットゥシリ3世の時代のものと考えられる。イマンクル近郊の王子クワラムワと特定される戦士像は――いまだこの人物はヒッタイト文書には確認されていないが――神々の像が並ぶ情景の後ろに立っている。神々については、戦車に乗ったテシュブが、グリフィンの上に立つ三柱の山の神々の上空を駆け、その横で羽の生えた裸の女神がテシュブを迎える様子が描かれている。イマンクルに近いハンイェリのレリーフにもシャルマ神を象徴する雄牛に対峙した王子クワラムワが描かれている。アクプナルのシピロス山（マニサ山）の高嶺に座る神――パルサニアスが嘆きのニオベと考えた像――は、保存状態が悪い（そのため女神でも男神でもありえる）が、真正面を向いて高浮き彫りで表されている点で、ヒッタイトのレリーフの中では他に類を見ない。また、ここにもおなじみの王子クワラムワの名が刻まれているように見える[85]。アンカラの西のガヴルカレシでは、珍しくレリーフに名前が刻まれていないが、二体の大きな男性像（王とその個人神か？）が左に鎮座する女神に向かい合う様子が描かれている。ヒッタイトの岩のレリーフの伝統はヤズルカヤで頂点を迎えた。ヤズルカヤはヒッタイトの都における公的な野外聖所であった。そこには、神々の行列とトゥドゥハリヤ4世が描かれた巨大なレリーフがあった（以下を参照）。

外見上は宗教色が強いが、ヒッタイトのレリーフ美術は国家的なプロジェクトであった。神々の行列や神聖な狩りの様子、祭の祝賀を描いたレリーフはヒッタイト王たちの敬虔さを表すように計算されている。さらに、ムワタリ2世以降、王は自らが個人神に抱擁される様子、あるいは神々に捧げ物をする様子を描かせた。ヤズルカヤ（図3.13）とアラジャ・ホユック、印章にみられる双頭の鷲は王家の紋章であり、それはギリシア・ローマ時代を超えてビザンツの図像によみがえることになった。

岩のレリーフも国家的プロジェクトであった。シルケリとフラクティンは、ヒッタイト時代の定住地と結びついており、富の再分配システムの拠点であっただけではなく、それぞれが死した王ムワタリ2世とハットゥシリ3世の葬祭殿であったかもしれない（史料中では「石の家」、すなわち霊廟と表記される。第4章を参照のこと）。岩のレリーフは各地に点在しているが、それらはヒッタイトの最大版図、すなわち人々がそれを「読む」ことができて、王による支配の象徴となりえる領内に設置されていた。もちろん、カラベルにあるタルカスナワのレリーフやタルフンタッシャのハティプにあるクルンタのレリーフなどは例外で、明らかにヒッタイトの国益に反しており、トゥドゥハリヤ 4 世による帝国の支配が緩んでいた兆候もみられる。

切石を用いた美術は建築様式に欠かせない要素であった。立体的な記念碑の例を見てみると、ファスルラルには雄牛の上に立つ嵐の神の像が未完のまま残っている。そこからさほど遠くない場所に聖なる泉エフラトゥン・プナルがある。エフラトゥン・プナルは石に囲まれた聖なる泉の複合施設《コンプレックス》である。切り出された巨岩のブロック一つひとつにはレリーフが彫られており、それらはつなぎ合わされて一つの複合的記念碑を形成している。中心には、横並びになった五柱の山の神々の上に嵐の神と太陽女神が鎮座している。その神々の両脇にいる十体の精霊たちはブロック全体を覆う三つの有翼日輪――最上部のものは 1 枚の石板に彫られている――を支えている。ファスルラルとエフラトゥン・プナルのモニュメントはいずれもそこが重要な聖所であったことを示している。

ライオンやスフィンクスなどの当時人気のあった題材は、美術様式の発展を理解する上で非常に重要である。アラジャ・ホユックの門には、装飾されたオーソスタットと、門を守る記念碑的なスフィンクス像がある。この構造物はおそらく前 1400 年以前に建てられており、美術様式の年代を比較する上での基準となる。かつてニシャンタシュにあった大建造物の両側に置かれたスフィンクス像もおそらく初期（あるいは前）帝国時代のものである。さらに、ライオンとスフィンクスは「上の町」のいくつかの神殿の入り口も守っていた[86]。ライオンを守衛とする考え方はヒッタイト独自のものではないが、動物像を門の構造の一部にする手法は彼らの考案であった[87]。

アラジャ・ホユックの城門の一部であった精巧な彫像の内、二体のスフィンクスだけが完全な状態で残っており、この都市を訪れる人々を出迎えてくれる。スフィンクス像は高さ約 4 メートル（13 フィート）、幅約 2 メートル（6.5 フィート）の巨大な石のブロックでできている。天然石のレリーフが一つで完結しているのに対し、アラジャ・ホユックの城門壁を形成する 2 段のオーソスタットは、それぞれが独立しながらも全体で連続した物語になるように配置されており、「読まれる」ことが意図されていた（図 3.5）。右側では、図像の行列が、太陽女神と思われる座した女神に向かって行進している。左下段には、王と王妃に導かれた王の子供たちと曲芸師、楽師、祭儀の役人の行列があり、王と王妃の前には、雄牛の姿で描かれた嵐の神の像が

図 3.5　アラジャ・ホユックの城門左側にあるオーソスタットのレリーフ。楽師や曲芸師などのいる祭の行列を示しており、（ここには写っていない）雄牛の姿をした嵐の神への礼拝の場面へと続く。著者による撮影。

台座の上に立っている。唯一の碑文は嵐の神を表していると考えるべきであろう。この上の 2 段には狩りの場面が描かれており、犬を連れ弓矢か投げやりをもった狩人が鹿とイノシシ、ライオンを狙っている。

ハットゥシャでは、三つの荘厳な城門が南側の入り口となっていた。三門すべてにある彫像は細部にこだわった造りとなっている。南西方向から都に訪れる者を出迎えたライオン像は一つの巨大なブロックから浮き出ており、最大限の効果を感じさせるように正面を向いている。像はたてがみの房が見えるほど細やかに彫られている。神の像は、都の南東で訪問者を導くような身振りをしている。珍しく高浮き彫りになっており、脇を通る者と目が合うようになっていた。また、胸毛さえも描かれている。

都の南端、イェルカプと呼ばれる人工的に造られた断崖にある門は、かつて四体のスフィンクス像によって飾られていた。現在残っているのは外側にあるスフィンクス像一体だけで、外側のもう一体はローマ時代かビザンツ時代に持ち出されて再利用されてしまった。内側二体のスフィンクス像はハットゥシャを破壊した火災によってひどく損傷を受けていたため、博物館に移されて久しい。これらの高さ約 2.5 メートル（8 フィート）ある彫像の前半身と後半身は立体的に彫られており、胴の部分が両側のドア枠の一部として高浮き彫りになっている。角のある帽子をかぶり、かすかに微笑むスフィンクス像は、優しい眼差しでかつて「上の町」から町を見下ろしていた。「ス

図3.6　イナンドゥク近郊で出土した壺には祭りの様子が描かれている。訳者による撮影。

フィンクス門」は狭く、中心から横にずれた通路は通るには不便で、都市側の入り口も開いたままであった。このような理由から、「スフィンクス門」はおそらく都市の入り口ではなかったと考えられる。むしろその役割は、祭儀の際に聖なる神殿域へ入るための入り口であったのかもしれない[88]。

ヒッタイトのレリーフ美術は石碑に限られたものではなかった。金属器や粘土、象牙の器にもレリーフが施され、動物を象ることもあった。このようなレリーフにおける人物像は、岩のレリーフで確立されていた様式にしたがう傾向にあった。先述のビティクとイナンドゥク出土の壺は、様式から古ヒッタイト時代（およそ前1650～1400年）のものと考えられている。より保存状態の良いイナンドゥクの壺（図3.6）には、4段に渡って楽師や曲芸師、お祭り騒ぎをする人々など、計50体の人物像が描かれている。近年、

図 3.7　トゥドゥハリヤ 2 世かトゥドゥハリヤ 3 世時代のこぶし型をした儀式用の銀器。写真提供：ボストン美術館（The Museum of Fine Arts, Boston.）。

アナトリア中北部のヒュセインデデ近郊で見つかった壺にも同様のモチーフが描かれている。そこに施された装飾は、ミノア文明のクレタ島でよく知られる牛跳びの「競技」がアナトリア起源であったことを示している。

今日、ヒッタイトの製品の中で最も賞賛されるのが銀製の容器である。こぶしの形をした銀のリュトンには「トゥドゥハリヤ、大王」と彫り込まれており、トゥドゥハリヤ 2 世か、ことによるとトゥドゥハリヤ 3 世の治世のものと考えられる（図 3.7）[89]。手首周りのレリーフには儀式の行列が描かれており、中心には王が雄牛の手綱を持つ嵐の神に献酒する場面がある。そして嵐の神は都市ハットゥシャを象徴すると考えられる石造りの建物の前に立っている。また、おそらくトゥドゥハリヤ 4 世の治世に製作された雄鹿

図3.8　ヤズルカヤの「短剣の神」は冥界の神の一柱である。この神が小室にいることは、(その他の手がかりと共に）ここが王の埋葬室として使われたことを示している。訳者による撮影。

の前半身を模ったリュトンには狩猟の神に関連した儀式の場面が描かれている。この神は雄鹿の上に立つ姿と祭壇の後ろに座る姿で、二度レリーフに描かれており（図4.2)、神官か王が、実際にハットゥシャの神殿域から見つかっている容器のようなもので献酒している。神の後ろには、狩人の必需品――槍とえびらの矢、狩袋――が、今「仕留めた」ばかりの雄鹿と並んで示されている。こぶしのリュトンも牡鹿のリュトンも、そのレリーフに描かれている神の祭儀で使われた祭具であっただろう。

ヒッタイト時代のアナトリアでは工芸品も製造されていた。それは、とりわけ社会の富裕層のために貴重な素材を使って作られた品々であった。工芸品にみられる図像は記念碑のレリーフの小型版である。たとえば、カルケミシュ出土の金の外枠で囲まれたラピスラズリの平面像は、ヤズルカヤの行列の像のほぼ正確なコピーであるといえる。アララハで見つかったラピスラズリの像には背中にマントをまとったヒッタイトの女神が表されている

図 3.9　このような太陽の頭飾りをつけた女性もしくは女神のペンダントは祭儀に用いられたと考えられている。写真提供：ニューヨーク・メトロポリタン美術館ノーベルト・シンベルコレクション（Norbert Schimmel Collection, Metropolitan Museum of Art, New York）。

が、これはイマンクルに描かれている女神に相当する[90]。また、イマンクルのレリーフの嵐の神の像は、ムルシリ 3 世の印章にある戦車に乗った嵐の神と同定されるかもしれない。これは「アレッポの嵐の神」と考えられている[91]。カッパドキア東部のサルキシュラ出土の、精巧に彫られた儀式用の斧頭も、レリーフ図像を模した小さな彫像の例である（ヤズルカヤの小室の壁に彫られた「短剣の神」と比較されたい。後述および図 3.8 を参照）。また、たとえば神々をかたどった小さなペンダントなど、貴重な素材で立体的に作られる工芸品もあった。座した太陽女神のペンダントはシピロス山に祀られ

図3.10　メギド出土のヒッタイト象牙板にはヒッタイトの宇宙を表す構図がはっきりと見てとれる。写真提供：シカゴ大学東洋研究所（Oriental Institute of the University of Chicago）。

る神を思わせる（図3.9）。レリーフの人物像（男性でも女性でも）が身につけているイヤリングやブレスレット、ネックレス、指輪などの、個人の装飾品がほとんど見つかっていない理由は、ヒッタイト時代の王墓が未発見であることと、ハットゥシャの住人が身の回りのものを持って都市を放棄したという事実による。

ヒッタイトの工芸品がパレスチナでも若干数見つかっていることから、両地域の間に交流があったことがわかる。シロにおいて前17世紀後半から前16世紀初めの地層に見つかった銀の貯蔵場所には、三日月形のペンダントと、アナトリア特有の日輪のモチーフの異形である「カッパドキア」シンボルが飾られた大きなペンダントがあった[92]。アッシリア植民地時代以来、三日月と日輪はアナトリアで人気のあったモチーフであった[93]。また、メギドで後期青銅器時代の地層から出土した象牙板は、王宮の「宝物庫」内の象牙の貯蔵場所から見つかっている（図3.10）。この板には、向かい合う二柱のヒッタイトの神々（か二人の王）が、数段におよぶ神々のシンボルに支えられる様子が描かれており、明らかにヒッタイトで製造されたものである。同じ貯蔵場所からはライオンとスフィンクスが飾られた象牙の箱も見つかっているが、これらもおそらくアナトリアからもたらされたものであった。象牙製品はヒッタイト帝国外で見つかった数少ないヒッタイト芸術の例である[94]。

同じように、レバント地方で製造された品々の中には、ヒッタイトの影響を否定できないものがあることも興味深い[95]。なかでも最も注目を集めてきたのが、かつて後期青銅器時代ハツォルの神殿入口の両脇を守ったライオン像である。というのも、これはパレスチナで確認されている唯一のライオンの彫像を伴った門であったからである。このライオンを彫ったのは誰であったのか、ヒッタイトの職人か、はたまたヒッタイトの様式を模したカナン人なのかについてはわかっていない。注目すべきは、武器を振り上げる神が彫られた長さ約2.5センチ（1インチ）ほどの破片——後期青銅器時代のシリアとアナトリアに共通する様式——がハツォルの塚の表層で見つかっていることである。先の曲がった靴と先のとがった帽子、短いスカートはヒッタイトの影響を示している。初期鉄器時代ラダナの現地で製造されたクラテールは、内壁に付けられた管状のパイプと雄牛の頭の噴出口で飾られており、ヒッタイト古王国時代の献酒容器と似ている。前11〜前10世紀のタアナク出土の有名な二つの祭儀台には、レリーフと彫刻を伴う装飾がされている。一方の祭儀台では翼をもつ5対のスフィンクスとライオンが重なり合っている。もう一方の祭儀台は4段構成で、1段目にはライオンを脇に置く裸の女性が描かれている。2段目には空間の両脇に2体の有翼のスフィンクス（ケルビム）がおり、3段目には聖なる樹の両脇には2頭のアイベックスが、さらにその両脇にはライオンがいる。4段目には最も複雑な場面が描かれており、正面両脇に先端が渦巻き状の2本の柱が立っている。その後ろ、つまり台の両側面にはそれぞれグリフィン像がある。正面には四つ足の動物と、

図3.11　ヒッタイトの粘土製の塔は、窓割りと彫像を特徴とする古代イスラエルの祭儀台のモデルとなった可能性がある。アンカラ・アナトリア文明博物館（Anatolian Civilizations Museum, Ankara）の好意により転載。

その上には有翼日輪がある[96]。スフィンクスとライオンを交互に重ね合わせるモチーフはアナトリア美術の典型であり、すでに中期青銅器時代のカネシュ（現キュルテペ）やプルシュハンダ（現アジェムホユック）の彫像芸術にも見られる[97]。重なり合うように突き出した動物のプロトーム［動物の胴体上部の装飾］がある二つの粘土製の塔は、ハットゥシャ出土の印章に描か

図 3.12　ヤズルカヤ主室の全景。左には男神たちの、右には女神たちの行列がある。訳者による撮影。

れており、2 次元でも表現されている（図 3.11）。これは、アナトリアの印章に描かれる、重なり合うライオンとスフィンクスが、タアナク出土の祭儀台のような立体的な祭具を表そうとしたものであったことを示している[98]。

補　　説

王の聖所ヤズルカヤ

ハットゥシャの北東 1 キロ強のところにある天然の巨大岩、ヤズルカヤは、自然岩を使った最も野心的な彫像プロジェクトであった。この天然の構造物は 12 メートルの高さの壁に囲まれ、屋根のない二つの大きな部屋からなる。少なくとも前 15 世紀以降、ことによると「新年祭」の場として宗教上の聖所として使われていた。前 13 世紀になると精巧なレリーフ壁画が加えられるとともに、巨大岩の正面に通じる道を塞ぐように人工的な神殿が建設された。ここを訪れた者はまず、祭壇のある閉じられた中庭へと続く階段

図3.13　ヤズルカヤのレリーフ中央には神々を従えたテシュブとヘパトが描かれている。著者による撮影。

を進み、左に曲がって別の階段を登ってようやく聖所の主室に入ることができた（図3.12）。

訪問者はここで両側に行列をなす男神と女神のレリーフに迎えられる。神々の図像の横にあるカルトゥーシュによれば、この神々は、特に前13世紀半ばに国家宗教において重視されたフリの神々であった。図像の下には奉納物を置くための細い岩棚がある。男神の行列には、山の神々や「天の太陽神」、月神、アシュタビやザババ（ZABABA）といった戦神、ニナッタとクリッタに付き添われた男神として描かれた有翼のシャウシュガもいる。女神の側には、あまり有名ではない女神たちが並ぶが、その中には冥界の女王アラトゥがいる。

左右の行列は部屋の奥で合流し、そこでは夫婦神テシュブとヘパトが向き合って挨拶している（図3.13）。ヘパトはネコ科の動物の上に立ち、その後ろに立つ息子シャルマも同じように描かれている。シャルマの後ろには、さらにテシュブとヘパトの娘アランズとテシュブの孫娘の二柱の女神が双頭の鷲の上に立っている。テシュブは対になった山の神々の上に立ち、ベルトには短剣を指して、手には鎚矛を持っている。その後ろにはさらに二柱の神々が山の上に立っているが、その内一柱はおそらくクマルビである。テシュブとヘパトを後ろからのぞくように描かれている２頭の雄牛は、ヒッタイト芸術の中では珍しく前後に重なり合った図像となっている。

オープンスペースを過ぎた三つ目の岩壁には、まるで遠くから行列を見つめるようなトゥドゥハリヤ４世のレリーフが保存の良い状態で残っている。トゥドゥハリヤ４世は、ヒッタイト王が祭典を催す際に着る衣装を身にまとい、半球状の縁なし帽子を被って羊飼いの杖（リチュウス）を持った姿で表され（図 3.1)、山々の上に立っている。トゥドゥハリヤ４世の像は独立した構成要素となっており、その大きさは行例をなす神々の像の倍もある。トゥドゥハリヤ４世はこの聖所の所有者であることを知らしめるために、ここに自らの像をおいたのだろうか、それとも死後に息子のシュッピルリウマ２世が設置したものなのだろうか。

奥行 18 メートルの小さめの石室の入り口には、左右を守る翼の生えたのライオンの精霊のレリーフがあり、許可なく訪れる者を威嚇するかのように前足を上げている。狭い石室の最も高いところには、おそらくトゥドゥハリヤ４世の等身大の立像がかつて立っていた。また、ここでもレリーフにトゥドゥハリヤ４世が描かれており、個人神シャルマに抱擁されている。そして通路を挟んだ反対側には、(主室の行列の最後にも描かれている）三日月状の剣をもった 12 柱の神々が一定の方向へ向かって行進している。ここがトゥドゥハリヤ４世を讃えて、その亡骸を安置した間であったのかもしれないという説は、王の像があるだけでなく、珍しい「短剣の神」の姿があることからも裏づけられる。この神は直立した短剣の形で表される冥界の神（ネルガル？）である（図 3.8)。剣の柄頭には頭があり、神性を示す先のとがった帽子をかぶって横を向いている。その肩は外側に顔を向けた２頭のライオンの前足部になっている。柄の部分は、下方の剣先に顔を向け、身をかがめた２頭のライオンの形をしている。石室側面には深く切り込まれた三か所のくぼみがあるが、そこに夜の儀礼の際に必要な灯りがともされていたのかもしれない。

文　　学

ヒッタイトの人々は、ことによるとアッシリア植民地時代には、ヒッタイト語の表記に古バビロニアの楔形文字を採用していた[99]。1906年の発掘開始から現在までに、ボアズキョイのヒッタイトの都遺跡からは3万点以上の粘土板断片が発見されているが、それらはおよそ3,000〜3,500枚の粘土板が断片になったものである[100]。同様に、マシャト（古代名タピッカ）やクシャクル（古代名シャリッシャ）、オルタキョイ（古代名シャピヌワ）など、ヒッタイト時代の地方都市遺跡における近年の発掘でも多くの粘土板が発見されている。ハットゥシャ出土のヒッタイト語文書には、歴史文書や条約、王令、訓戒、法、神話や伝説、医学書、儀礼文書、祭儀の指示書、占い文書、語彙集、讃歌、祈祷文書などがある。また、シュメール語やアッカド語の文書のほか、ハッティ語やパラー語、ルウィ語、フリ語の文書も見つかっている。書記たちはさらに、より一時的な目的で作成されたさまざまな種類の文書——書簡・誓約書・祭儀目録や、不動産譲渡証書・裁判証言録取書・馬術書・文書目録といった行政経済文書など——も保管していた。ハットゥシャ出土のほとんどの粘土板は、王宮址（とくに建物A）と「大神殿」周囲の倉庫群、そしてその間に位置した、いわゆる「坂の家」から見つかっている。マシャト（古代名タピッカ）とオルタキョイ（古代名シャピヌワ）の文書群は、中王国時代に年代比定されており、数多くの書簡が含まれる。これらは、ハットゥシャ出土史料からは限定的にしかわからなかった、中王国時代の情報を補っている。それだけでなく、オルタキョイからは多くのフリ語の宗教文書など、宗教行政文書が見つかっている。クシャクル（古代名シャリッシャ）では、建物Aにヒッタイト帝国時代の宗教関連文書が収められていた。

ヒッタイトの人々はメソポタミアから楔形文字と共に文学伝統全体も輸入した[101]。ハットゥシャの文書館から出土した文書には、シュメール語とアッカド語の語彙集や讃歌、占い書、ギルガメシュとアトラハシスの叙事詩断片、アッカドの大王であるサルゴンとナラム・シンの伝説なども記されている。実際、サルゴンとナラム・シンの物語はすでに前19世紀からアナトリアに流布していた[102]。『戦いの王』という伝説のヒッタイト語版では、サルゴンが古アッシリア植民地時代の重要都市プルシュハンダ（現アジェムホユック）の王ヌール・ダガンを打ち破ったことが讃えられている[103]。ナラム・シンに対する『大反乱』のヒッタイト語版[104]には、ヒッタイトの人々によってハットゥシャの王パンバが加えられるなど、アナトリアで起こった出来事や地名を取捨選択し、自分たちの都合にあわせて自由に話を書き換えていたことがわかる[105]。このような文書の存在はヒッタイト古王国時代にメソポタミアの文学や文化の伝統が尊重されていたことを物語っている。しかし、それ以上に、彼らは現地に住む者としての関心から、アナトリアの歴史をより広い世界の歴史と結びつけようとしていた。たとえその結果、アナトリアの王たちを敗者として描く伝説を残し、広めることになったとしても[106]。これらの物語は、事実、古王国時代の支配者たち（おそらくハットゥシリ１世）にとって、王朝自体に欠けていた文化的伝統と歴史をうみだす手段として利用されていたのかもしれない[107]。

ヒッタイトの人々はメソポタミアの文化や知識の恩恵を受けていたが、一方で特に歴史記述や神話、祈祷文書のジャンルではヒッタイトの人々自身が古代近東の文学の発展に果たした貢献も大きい。

歴史記述

ヒッタイトの歴史を記した文書には、主に王の年代記と王令、また少数ではあるが、より文学的な性格の物語もある。それらは総じて「神々と人間の目から見て、王権とその当時の王を正当化する」ことを唯一の目的としている[108]。ヒッタイトの歴史記述の開始と発展、メソポタミアの歴史記述の伝統との関連性は、まだ完全には解明されていない[109]。王の年代記（ヒッタイトの人々は「雄々しき事績」と呼ぶ）では、治世年ごとにまとめられた王の軍事征服が王の１人称で語られる。ヒッタイトの王の年代記は軍事遠征の行程にしたがって語られ、軍事的勝利と都市の破壊、戦利品と捕虜のリストが記されている。前13世紀の象形文字ルウィ語記念碑とは異なり、それらは明らかに一般聴衆に向けて作られたものではなかった。つまり、王の年代記にプロパガンダの目的はなかったのである[110]。年代記の内容はおよそ包括的ではないし、長期間におよぶ治世を区切る手段が用いられない（時間の経過は単に「次の年に…」という文言で示されるのみ）ので、示されている年代の枠組みも最低限である。現存している歴史を記述した文書として最も古い『アニッタ年代記』は、ハットゥシュを破壊した前ヒッタイト時代の支配者アニッタの征服記録である。年代記記述の伝統は、ムルシリ2世（治世およそ前1321～1295年）による長編年代記でその頂点を迎えた。歴史を書き記すことに傾倒したムルシリ2世は父シュッピルリウマ1世の治世に起こった出来事までをも記録している。

後期の年代記では、初期に比べて、かなり形式的な表現が使われるようになる。確かにハットゥシリ1世の年代記は治世当時の文書様式を踏まえているものの、ムルシリ2世の年代記のような型にはまった表現の仕方はしていない。文学の発展はハットゥシリ1世と後継者ムルシリ1世の治世にひとつの高みを迎え、歴史記述を含むさまざまなジャンルの文書に対して実験的な試みが行われた。「ハットゥシリ1世の政治的遺言」には、そのような初期の歴史文書に特有な自由な表現がみられる。

> 汝らは余の主要な臣下である。汝らは余、王の言葉を［守らなければならない］。汝らはパン（だけ）を食べ、水（だけ）を飲むが良い。そうすれば［ハットゥシャ］は高くそびえ立ち、我が国土は［平安］であろう。しかしもし、汝らが王の言葉を守らないならば、汝らは生き［ながらえ（？）］ず、滅びるだろう。王の言葉を呪う［者は誰であれ］……そのような者が高位の臣下であってはならない。［彼の喉は（？）］切り裂かれるべし。我が祖父の息子たちは、これらの我が祖父の言葉を無視しなかっただろうか［…］？　シャナフイッタにおいて、我が祖父は息子ラバルナが（王位継承者だと）宣言していた。［しかし、のちに］、彼の臣下と貴族らはこの言葉を呪い、パパフディルマフを（王位に）就けた。それから幾年の年月が過ぎ、［（彼らの）何人が］（その運命を）逃れたか？　貴族らの家、それらはどこにあるか？　それらは滅びなかっただろうか？[111]

過去を持ち出すことで主張に説得力をもたせ、現状を正当化するという手法は、ヒッタイトの歴史記述の特徴であり続けた。その手法は特にのちの時代には、条約の中の歴史序文において政治的な道具として重宝されるようになった（上述の通り）。これもまたハットゥシリ1世時代の文書であるが、アッカド語で書かれた『ウルシュの包囲』における記述には、辛抱強い君主と無能な臣下の姿が描かれている。ウルシュ文書には、珍しく直接話法が使われており、これはギリシアの歴史記述の筋書きに使われた話法を思わせる。ギャリー・ベックマンが指摘するように、私たちはこの文書を、一次史料ではなく、「歴史記述をもって意識的に一連の出来事を理解し、解釈しようと努力した結果」として扱うべきなのである[112]。無能な将軍たちに対してハットゥシリ1世が「なぜお前は戦わないのか？　お前は水の上の戦車にでも立っているのか、あるいは、ひょっとするとお前は水の中にいるのか？」と問うように、皮肉が使われるのも作品の特徴である[113]。

ムルシリ1世による『王宮の歴代記』は、王の父（ハットゥシリ1世）の時代の不誠実で腐敗した役人たちと彼らが受けた罰についての逸話集であり、祭の宴席で朗唱された[114]。この珍しい文書は、娯楽の形で宴会の参加者に有能かつ従順であることの大切さを伝える教訓となっている。『王宮の歴代記』と『ウルシュの包囲』はいずれも、（年代順ではなく）逸話を主体として、かつての王をそれに劣る人間と対比することで称賛している。このような記述方法は古王国時代にしかみられない。

時系列に沿って記述を行う手法は『テリピヌの宣言』に始まる。宣言では過去が逸話としてではなく、時代順に連続的に示されている。ただし、この場合も過去を記録する目的は説話的であった。テリピヌは一致和合を諭し、過去の過ちを取り上げながら、発布した宣言を正当化している。宣言を出した目的は、表向きには王位継承の原則を決めることであったが、これはテリピヌ自身の王位簒奪を弁明し、その王権が正当であることを示すためでもあった。この点で『テリピヌの宣言』は、ハットゥシリ3世のいわゆる『ハットゥシリ3世の弁明』と非常によく似ている。

「私に（シャムハの）シャウシュガの神意を宣言する。人々はそれを聞け」。ハットゥシリ3世はこのように『ハットゥシリ3世の弁明』の冒頭で述べている。『ハットゥシリ3世の弁明』は、ヒッタイト文書全体の中でも最もよく知られ、最も多くの研究がなされてきた文書である。この文書は、ハットゥシリ3世が権力に登りつめる上で中心的な役割を果たしたとされる女神シャウシュガに対する宗教的寄進を行うための王令で、後期青銅器時代の王によるプロパガンダ文学の中でも珍しい。自叙伝のようであるが自叙伝ではなく、年代記の伝統に倣っているのは明らかだが王の年代記でもない。ハットゥシリ3世が甥のムルシリ3世から王位を簒奪した出来事に焦点が当てられているものの、『ハットゥシリ3世の弁明』の最大の目的はトゥドゥハリヤ 4 世を後継者に指名することだったのかもしれない[115]。

かねてから『ハットゥシリ 3 世の弁明』と、サムエル記上 16 章 – サムエル記下 6 章に語られるダビデ王の立身の物語の類似が知られている[116]。どちらの物語もいくつか重要なテーマが共通している。なかでも、前任の王に対する扱いはまったく非難には値しないものであったという主題がある。王位の簒奪は必然であり、多くの人々の支持と王家からの信頼を得て、また神の加護を受けたことで、滞りなく王位に登りつめたことが説明される。王に忠誠を尽くすことは当然のことではあるが、前任の王は自身が下した問題ある決断ゆえに最終的に打倒されることになったのだとされる。両文書の主題が類似しているにもかかわらず、研究者たちは一方が他方に直接的な影響を受けたと主張することを躊躇い、むしろ政治的に自己を正当化するにあたって、「おおまかに文学形態」が似通ったのだと解釈しようとしてきた。確かに二つの文書に時間的空間的に隔たりがある点には注意が必要であり、ヒッタイト文書はせいぜい聖書の物語の弁明的な性格を理解する手がかりにすぎないかもしれない。それでも、ハットゥシリ 3 世は自身と自らの家系の正当性の喧伝に心を砕き、またその治世はエジプトと友好の時代でレバント沿岸地域と密接な関係にあった。このことを考慮すれば、筆者としては、『ハットゥシリ 3 世の弁明』の写しが前 13 世紀末のパレスチナに伝わり、各地の文学伝統に吸収された可能性を排除できないと考える。

他の民間伝承の要素もハットゥシリ 3 世の文書に通底している。ハットゥシリ 3 世が「上の国」総督として「追放された」ことや、ムルシリ 3 世が王座にあった忍耐の期間、支配的な地位（ヒッタイト王権）への復権、ハットゥシリ 3 世を守護した神を讃える祭儀の創設などの要素は、多くの近東の物語（エジプトの『シヌへの物語』やアララハのイドリミの『自伝』）や聖書の物語（ヤコブ、ヨセフ、モーセ、ダビデ）にもみられる。またハットゥシリ 3 世は、ムワタリ 2 世の命で 120 台の戦車隊の司令官として派遣され、800 台の戦車隊とおびただしい数の歩兵からなる侵略軍と相対したのだと述べている。それでもハットゥシリ 3 世は立ち向かってきた「闘士」を片手で殺し、敵を蹴散らしたのだという[117]。ホフナー（Hoffner）は、この逸話と聖書の「ダビデとゴリアテの決闘」の物語（サムエル記上 17 章）が類似すると指摘している[118]。このような民間伝承の要素は重要であるが、だからといって出来事の基本的な史実性が疑問視されることはない。というのも、ハットゥシリ3世の説明は、多かれ少なかれ別の史料からも確認されているからである。要するに、『ハットゥシリ3世の弁明』は、ムワタリ2世治世の完璧な秩序がムルシリ3世に破壊されたが、英雄ハットゥシリがムルシリ3世に勝利しハットゥシャに帰還したことで、秩序が回復されたということを示している。

古代近東の歴史記述をめぐる議論では常に、歴史上の事件が起こった際の、神々の役割が重要な問題となる。なぜなら、それは古代イスラエルの歴史におけるヤハウェの介入を理解する上での背景を伝えてくれるからである。すでにハットゥシリ1世の年代記では、太陽女神が戦場で王の「前を走り」、勝利をもたらしたのだと言われている。しかし、古王国時代には、神の導きという考え方、すなわち神が人間の世界に介入したということが明言されることはなかった。たとえば、『ウルシュの包囲』の文書には神々の役割は言及されておらず、人間の行動とその結果としての成功や失敗はすべて人間に責任があった。『テリピヌの宣言』でも、ハンティリ1世やその他の「失敗した」王たちに対する神の裁きは暗示されていても、明言されてはいない。しかし、帝国時代になると神と歴史上の事件との因果関係がより明確に表されるようになる。神の人間世界への介入は、王の「前を走る」ことだけではなく、敵の王の膝を砕く稲妻の形や、王とその周りを敵の視界から見えなくするといった形で描かれることがあった。これらはいずれもムルシリ2世の年代記に記されている。またこの時代には、戦いの勝者になることは、神々に正義を裏づけられたことの表れだという考え方があった。たとえば、女神シャウシュガは「神の導き（ハンダンダタル）」を通じてハットゥシリ3世とその甥ムルシリ3世の内戦に裁定を下したとされる。ただし、いかなる場合も、歴史は、神々が直接形づくるものではなかった。人間の行動とその行動が神々を喜ばせたか、機嫌を損ねたかによって形成されたのである。神が疫病をもたらすならば、それは王が自らの行いゆえに神の怒りをかったからであった。

神　話

「ヒッタイト」の神話記述の大部分はハッティかフリの伝統に根ざしているが、ヒッタイト起源の作品もいくつか確認されている。『ザルパ伝説』は、初期のヒッタイト王国と、アッシリア植民地時代に突出していた黒海沿岸の都市ザルパの関係史を神話の形式で説明しているといえるだろう[119]。伝説では、カネシュの女王が30人の息子を産むが、彼らを籠にいれて川に流してしまう。子供たちはザルパの河畔に流れ着くのだが、当時の民間伝承によくみられるように、彼らはそこで神々に救われ、育てられる。成長した男の子たちはロバでカネシュへ帰還する旅に出る。旅の途中、彼らはカネシュの女王が30人の女の子を産んだことを知り、それが自分たちの母親だと考えた。しかし、何とも気まぐれな神々は、母親と息子たちが互いに認識できないようにし、女王は娘たちとその男の子たちを結婚させようとする。末の息子だけが、この状況が近親相姦に当たる可能性があるとわかっていたようで、「そのようなことは正しくない」と警告している。警告はどうやら無視されたようだが、ここで文書は欠けてしまっている。『ザルパ伝説』は、イスラエルの小士師にかんする二節の解明につながる神話である。その二節とは、30頭のロバに乗った30人の息子たちをもつギレアドのヤイルに言及する士師記10章3–4節と、30人の息子と30人の娘をもつイブツァンを挙げている士師記12章8–9節である。後者については、聖書の著者たちが『ザルパ伝説』と対応させようとしたかのようである。イブツァンはカネシュで起こったような状況を避けるため、30人の娘を外の氏族に嫁がせ、またちょうど30人の義理の娘を娶ったとされている。この聖書の一節の著者が『ザルパ伝説』を知らなかったとは考えにくい[120]。もし知っていたのだとしたら、『ザルパ伝説』はヒッタイト帝国内に広まっていて、かつ正典として形式化した物語ではなく、生きた物語として扱われていたに違いない。

『アップ神話』は裕福な子供のない夫婦の物語である。夫婦に慈悲をかけた太陽神は若い男に扮して地上に降り立ち、アップと彼の妻に息子を授けた。この夫婦は息子に「邪悪」と名づけた。さらにこの夫婦は二人目の息子を授かり、今度は「正義」と名づけた。この兄弟が成長し、父親の財産を分けたとき、「邪悪」の方が多くの取り分を得たことで、兄弟の間で争いが起こった。結局、彼らは太陽神の裁判に出廷し、太陽神は「正義」に有利な判決を下した。しかし、「邪悪」はそれを不服とし、訴訟はニネヴェの女王シャウシュガに委ねられることとなった。残念ながら、文書はこの女神の判決がわかる前で欠けてしまっている。エジプトの『二人の兄弟の物語』もこれと同様のテーマが描かれている。二人の兄弟（「真実」と「偽り」）は神々の集会の前で判決を下されているが、子供のいない夫婦が登場する父祖の物語である点や、神が人間の姿に扮すること、相続をめぐって兄弟が争うことといった要素は類似している[121]。

『太陽神と牝牛と漁師の物語』も同様に、子供のいない夫婦、この場合は漁師とその妻の話である。この神話は太陽神が牝牛を愛するところから始まり、その結果、牝牛に人間の子供が生まれる。母親の牝牛が人間の子供に困惑し、拒絶したため、太陽神は仕方なくその子を取り上げて捨てるのだが、そこで漁師がこの赤ん坊を見つけることになる。漁師はこの幸運を喜んで、赤ん坊を家に連れて帰った。そして、彼は妻に陣痛が来たかのように装えと指示し、近所の人々は彼女が子供を産んだのだと信じてパンとビールを持ってくるだろうと言うのであった。この物語の続きが書かれた粘土板は見つかっていないが、古代に共通する文学モチーフにしたがい、この子は成長して偉大な指導者になるという物語であったと推測されている[122]。

『猟師ケッシの物語』はヒッタイト語だけではなくフリ語版もあり、またアッカド語版もエジプトのエル＝アマルナで見つかっている。このことはヒッタイトの神話や物語がアナトリアの外にも流布していたことを示唆している。神話は猟師ケッシの美しい妻に対する脅迫的なまでの愛にまつわる物語である。ケッシが妻に熱中するあまり狩りを放棄した結果、彼の母親は食べ物に困り、さらには神々への捧げ物も絶えてしまうことになった。母親に急き立てられたケッシは槍を取り、犬を連れて山へ狩りに向かったが、ケッシの怠慢に怒った神々は獲物を彼の前から隠してしまった。ケッシは手ぶらで家に戻るのを恐れ、3か月もの間、山々をさまよう。ようやく家に戻って、彼は七度不吉な夢を見ることになるが、続く母親による夢解きとケッシの冒険の続きは欠損してしまっている。

アナトリアの土着民ハッティを起源とする神話は、数の上では豊富だが、内容の種類は限られている。ヒッタイトの書記たちは、ハッティ人たちの神話から、宇宙の秩序が崩壊した後に再び回復するという、彼らの感性に合ったテーマのみを記録して残したようである。テリピヌの神話では、テリピヌ神が宇宙における自らの持ち場から離れたため、自然界の活動を停止させてしまう。「霧が窓を覆った。煙が家を［覆った］。炉では薪が息をつまらせた。［祭壇では］神々が息をつまらせた。羊小屋では羊が息をつまらせた。牛小屋では牛が息をつまらせた。母羊は仔羊を拒んだ。牝牛は仔牛を拒んだ」。[123]
テリピヌを元の場所に戻らせるため、主要な神々はさまざまな努力をした。

図 3.14　マラティア出土の新ヒッタイトのオーソスタットのレリーフ。宇宙の支配をめぐる嵐の神と竜イルヤンカの戦いを描いている。アンカラのアナトリア文明博物館（Anatolian Civilizations Museum, Ankara）所蔵。著者による撮影。

テリピヌの神話は、隠れた神々を――王妃アシュムニッカルやハラプシリの個人神が隠れることもあった――宇宙の本来の居場所に戻さなければならないという主題に沿った神話のバリエーションの一つであった。他の同じテーマの神話では、たとえば、太陽神が姿を消したため、厳しい冬の寒さが国土を震え上がらせることになる。これらの神話は、不均衡な世界に秩序を取り戻すためにつくられた太古の儀礼に、口承の要素をもたらした。この主題に沿った神話にはかなりのバリエーションがあるため、国が目的をもって文書化する以前から口頭で語り継がれていたものと思われる。

ハッティの神話にみられるもう一つの主題は、嵐の神と、イルヤンカと呼ばれるリヴァイアサンと比較される神話上の竜との壮大な戦いである（図 3.14）。この神話には二種類あって、どちらもケラという名の書記によって 1 枚の書板にまとめて書き写されたもので、春のプルリ祭で朗誦される説話であったと考えられている。祭と神話の内容との関連は明らかである。動植物の主たる保護者であったヒッタイトの嵐の神は、秩序の破壊者であり、荒廃と死を象徴する混沌の竜と戦わなくてはならない。この怪物が倒されることによって初めて、「国土は栄え、繁栄する」のであり、プルリ祭はそのために行われた。二種類の物語はどちらも嵐の神が竜に屈するところから始まる。最初の物語では、嵐の神の娘イナラが宴会を催し、そこへイルヤンカとその子を招待する。彼らはワインとビールに酔って、巣穴へ戻ることができなくなった。そこに、イナラが唆し、性的関係をもつ代わりに支援することを約束させた人間フパシヤがやって来て、彼らを縛りあげる。そして、最後には嵐の神が彼らを殺すことになる。その後、フパシヤはイナラによって天の住まいに連れ出されるのだが、彼は家族を恋焦がれてはならないという彼女の命令に従えなかった。この先の文書は欠けているが、フパシヤには女神に忠実ではなかった罰として、死が待ち受けていたと思われる。

もう一つの物語では、イルヤンカが嵐の神の心臓と目を盗み、その能力を奪う。すると、嵐の神は貧しい男の娘を娶り、息子をもうける。その息子は成長してイルヤンカの娘と結婚する。義父であるイルヤンカの家に入ると、彼は結婚祝いとして嵐の神の心臓と目を求める。イルヤンカはこれを受け入れざるを得なかった。義父となったイルヤンカを裏切る結果となったため、彼は実父である嵐の神に対し、イルヤンカ共々自らを殺すように求め、嵐の神はそれに応じたのであった。ここでもまた、嵐の神の勝利には人間の犠牲が不可欠であり、神の力を前にしては人間の命は取るにならないものだという教訓として語られている。

天の王権をめぐるクマルビ神とテシュブとの戦いの詩歌集は、帝国時代のある時期に、フリ人のシリアか、ことによるとキズワトナ（クマルビの故郷はシリアのテル・モザン（古代名ウルケシュ）であった）からアナトリアに入り、ハットゥシャの宗教体系の中に残された作品である。詩歌集を構成する歌はフリの神々の太古の物語を教えてくれる。フリの神々に対する祭儀は、当時、ヒッタイトの国家において徐々に重要性を増していた。同時に、これらの歌が口承で流布していたことと、一般通念のようなものではなく、おそらく様々な祭や儀礼の演目としてヒッタイトの都の内外で歌われたことを示す証拠もある。

この詩歌集は、天の神々を冥界の神々と戦わせるという古いアナトリアの神話に通じるところがある。ただし、フリの神話の方がより洗練された方法で神話を記述しているとされ、総じて文学的価値としてはアナトリアの神話より高く評価されている。当然ながら、このような評価は主観的な問題である。詩歌集は全体を通じて冥界の神クマルビと、フリの嵐の神テシュブとの天の王権をめぐる争いを扱っている。おそらく詩歌の一番目にあたる『クマルビの歌』は、クバルビの父アラルが、いかにしてアヌに王座を追われたかを説明している。そして今度はクマルビがアヌから王権を奪取する。クマルビはその戦いの中でアヌの腰の部分を噛みちぎった。この去勢行為はアヌの子孫が将来的にクマルビから王権を取り上げることのないようにするためであった。しかし、かえってそれによってクマルビ自身がアヌの望んだ子を孕むこととなり、のちにライバルとなるテシュブを誕生させてしまうのであった。続く歌では、クマルビの他の子供たち、「ランマ（LAMMA）」と「銀」、「ヘダンム」、「ウリクンミ」がそれぞれテシュブを退けようと立ち上がる。これらの歌がどの順に読まれたのかはわからないが[124]、最後に勝利するのはクマルビ側ではなく、フリの神々の最高神テシュブであったことは間違いない。

クマルビの詩歌集が、ウラノス・クロノス・ゼウスの順に神々の王が登場するヘシオドスの『神統記』にインスピレーションを与えたことは確実である。アヌ（＝ウラノス）の去勢さえもギリシア神話に引き継がれている。クマルビの名前は、前1千年紀に入ってもなお、この詩歌集以外で確認されており[125]、これがのちの時代にクロノスと同一視されることになった。テシュブとウリクンミとの戦いも、ハッジ山（カシオス山）を舞台とする点で共通することから、ギリシア神話における宇宙の支配権をめぐるゼウスとテュポンの戦いの物語の元になった可能性が高い。物語の他の要素、すなわちクマルビの頭から神が生まれる点や、『ウリクンミの歌』におけるウベルリと世界を肩に乗せたアトラスの出で立ちが類似している点も、ギリシア神話の伝統がフリ・アナトリアの先人たちからの恩恵を一定程度受けていたことを証明している。

フリ・ヒッタイトの神話集の中に近年加えられた『解放の歌』は、中王国時代の知恵書であり、元はフリ語で書かれたものがヒッタイト語に翻訳されている。この作品は四部構成になっている。第一部は、作品の主人公である神を紹介する序文《プロエミウム》に始まる。それに7編のたとえ話が続き、郷土愛の大切さや今あるものに満足すること、親孝行[126]、義務の遂行にかんする話など、それぞれが道徳を説いている。その後、冥界の女神アラニの宮殿でテシュブを来賓としてもてなす宴会の記述が続くが、不完全な形でしか残されていない。作品はシリアの都市エブラを舞台とする寓話で締めくくられる。有力な市民であったメギは、債務の免除を求めて町の評議会に嘆願するも失敗に終わった。テシュブが嘆願を拒絶すれば神の報いがあると脅迫したにもかかわらず、評議会はそれを拒絶するのであった[127]。この詩は、前17世紀、実際にハットゥシリ1世とムルシリ1世によるシリア遠征時に起こったエブラの破壊の因果を示しているように思われる[128]。作品全体は何が善であり、正しい行為であるかを定めるという、共通の主題で構成されている。

祈祷文書

現存する最も古いヒッタイトの祈祷文書は、古代アナトリアの宗教儀礼に埋め込まれた神々への祈りである。古い祈祷に典型的なのは王と王妃への短い祝福となっていることである。より長い祈願（ムガワル）は、司式者が王に代わって発話する、独立した文書であるが、それも元々はこの短い祈願から発展したものであった[129]。帝国時代の初期（前14世紀初め）には、ヒッタイトの王子（トゥドゥハリヤ2世とニッカルマティの息子）で、キズワトナの高位の神官であったカントゥジリが、個人で行う祈祷をアナトリアに導入した[130]。ヒッタイトの人々はメソポタミアの讃歌を書記教育の課程で用いていたが[131]、決してそれを宗教的儀式の一部に用いることはなかった。一方、個人による祈祷には、それ以前からのアナトリアの祈祷と同様、儀礼行為が伴われた（第4章を参照のこと）。『カントゥジリによる怒れる神への祈祷』は、王（や王妃）以外の王族によってつくられた珍しい祈祷の例である[132]。

初期の祈祷の多くが神の援助を求める内容であったのに対し、個人による祈祷は、ある神の怒りが原因で起こった特定の状況に対して神の介入を求めるものであった。アルヌワンダ1世と王妃アシュムニッカルは、アリンナの太陽女神に対し、カシュカによる破壊活動からの救いを祈っている。イタマル・ジンガーは、この祈祷の主題は、都市の破壊を嘆いたメソポタミアの哀歌やヘブライ語聖書の『哀歌』とも類似していると述べている[133]。トゥドゥハリヤ3世の妻タドゥヘパは、病気の（？）夫に代わり、フリ語の祈祷を作成している。私的にも公的にも困難に満ちた治世にあったムルシリ2世は最も多くの祈祷を残している。そのほとんどは、父親の治世から国に甚大な被害をもたらしていた疫病に関係している。残りの祈祷では妻ガッシュラウィヤの快復を神々に訴えており、それは徒労に終わるものの、感動的な内容である。それとは対照的に、『ムワタリ2世の神々の集会に対する祈祷』は、どんな状況にも使えるようなモデルとなる祈祷となった。一方、ムワタリ2世の『クマンニの祭儀にかんする祈祷』は、過去に神々への信仰に怠慢があったことの埋め合わせを約束するために作成された。ハットゥシリ3世とプドゥヘパによる（ハットゥシリ3世の健康にかんする）祈祷は、個人による祈祷の中でも最も私的な内容である。現存する最も新しい時代の祈祷では、トゥドゥハリヤ4世がアリンナの太陽女神に軍事的成功を嘆願している。

祈祷には、言葉と儀礼行為を尽くして神を呼び込むための祈願（ムガワル）や、讃歌やお世辞、崇敬（ワリヤタル）、神の恩寵を求める請願（ウェクワル）などが含まれたであろう。しかしながら、ヒッタイトの個人による祈祷に最も多くみられる要素は、アルクワル、すなわち「嘆願」であった。この語は、罪に対する弁解や自己正当化を意味する、法律用語である。これは、王の祈祷は本質的に、王が神々の法廷に示す公的な弁解であり、法的手続きであったことを示している。嘆願者が与り知らない怒れる神を取り成すために、たいていは太陽神か太陽女神、嵐の神が呼び出されることが多かった。嘆願者の弁解はしばしば、自らの責任を否定する長文の部分と、神々に対して彼らが人間の奉仕に依存していることを想起させる部分からなる。しかし、罪を贖うためには、無罪の者であっても、最終的には非を認める必要があった。同時に、嘆願者は神々を買収することも恥じなかった。たとえば、王妃プドゥヘパは女神レルワニに、もしハットゥシリ3世に健康と長寿を与えてくれるならば贈り物を捧げると誓っている。

ヒッタイトの個人の祈祷は、文学として詩的な表現や隠喩・直喩に富み、そこには人間のあり様が映し出されている。「私は水のように流れ、自らの居場所がわからない。船のように、私はいつ陸にたどり着くのかわからない」[134] とあるように、神の怒りの前に人は無力であった。政治的修辞とはほとんど無関係な祈祷には、私たちが知りたいヒッタイト王たちの率直な心と気持ちを垣間見ることができる。ムルシリ2世は、「好戦的な国々は安らかですが、ハッティは疲弊した国です。疲弊した国を解放し、安らかな国をつなぎとめてください」[135] と、恥じることなく絶え間ない戦争に疲労していることを訴えている。「人類において私たちの知恵は失われ、私たちの善行はすべて徒労に終わる」[136] という言葉が示すように、正義さえも報われないことがあった。ムルシリ2世は、「父親の罪が彼の息子に及ぶことはままあるので、我が父の罪も私に及んだのだ」[137] とし、たとえ自らは無実でも父親の罪を償わなければならないことを認めている。結局のところ、死に代わる選択肢は惨めな生のみであった。「生は死に縛られており、死は生に縛られている。人は永遠には生きられない。人が生きる日々は限りある。たとえ人が永遠に生きたとして、人の邪悪な病が現れるとき、それが彼の苦しみにならないことがあろうか」。[138] 王族以外のヒッタイト社会の構成員も同じように、苦しみから祈祷を通じて感情を解放していたのかどうか、これについては永遠に知りえないかもしれない。

第４章　宗教

宗教はあらゆる面でヒッタイト国の暮らしを活気づけていた。それは、王にとっても王の臣民にとっても、自明の理であった。そのため、ボアズキョイ（古代名ハットゥシャ）の文書館で発見された文書は、群を抜いて宗教的な性格の文書が多い。このような宗教文書の本質は公文書であった。それは、正典でも神学文書でもなければ、私的な信仰に役立てるために書かれたのでもなかった。そうではなく、官僚が王の宗教的責務を組織化し、維持するために記された文書であった。神殿の職員に任務の遂行を指示する規則や、祭儀にかかわる行政記録、式典を適切に執り行うための指示書、占い師の報告書、書記教育で用いられる宗教的な文学作品など、実に実務的な文書なのである。限りはあるものの、これらの文書は、後期青銅器時代アナトリアにおける宗教生活についての豊かな情報を提供してくれる。

考古資料も宗教活動を知るための重要な手がかりとなる。貴金属でできた小像や神なる石、さまざまな祭具、自然岩に彫られた図像、印章に描かれた図像などは、ヒッタイトの人々がいかに神を概念化していたかを伝えている。また、神殿の建築構造からは、神官と神殿の職員がいかに神々への祭儀を運営していたか、彼らの日常生活が想像できる。古代の水道設備（水だめや井戸など）の跡や、泉や川などの天然の水源やその周囲に建てられた宗教施設は、冥界と冥界に棲むものたちをつなぐ導管という水の果たした役割を鮮やかに想像させてくれる。これらの資料を用いることで、アナトリアにおける太古の宗教表現のあり方をつなぎ合わせることができる。

国家の宗教

ヒッタイト王は非常に信心深かった。王の敬虔さが明確に述べられる場合、そこにはたいてい政治が大きく絡んでおり、政治的関心と無関係に祭儀にかんする決定が下されることは稀であった。トゥドゥハリヤ２世が「シャムハの夜の女神」の祭儀を導入したのは、「夜の女神」の本拠地であるキズワトナとの関係を深めていたからであった。これはまだ序の口で、ヒッタイト帝国がシリアへと拡大すると、「アレッポの嵐の神」に対する祭儀が重要視されるようになったし、ムワタリ２世は国家宗教の中で再びアナトリア南部の祭儀に注力するための方策として都をタルフンタッシャに移し、トゥドゥハリヤ４世は王権と結びついた神々の祭儀をアナトリア中央にある太古の都市フルマに導入した。このような事例は政治と宗教の相互関係を示す例の一部に過ぎない。定義上、多神教は教義と正統派的慣行をもたない。それぞれの王が好みの祭儀を重視するために改革を行っていたにせよ、ヒッタイトの支配者層が自らのために重要であると考えた宗教には、そのような多神教の体系に固有の多様性が映し出されている。

神官職

ヒッタイトのパンテオンは、この国に生きた人々と同じように広範かつ複雑で、その祭儀を継続するためには多くの神官とそれを支える職員が必要であった。神官（SANGA、ヒッタイト語でシャンクンニ）たちは、像の形をとった神々に対する日々の奉仕を任せられていた[1]。同じく、「聖別された」神官（GUDU$_{12}$、ヒッタイト語でクムラ？）と「神の母」（AMA.DINGIR-LIM、ヒッタイト語でシワンザンナ）と呼ばれる女神官たちも直に神々に仕えていた。この「神の母」という称号は大王妃が名乗っていた。ただし、これらは、まったくもって総称のような称号であったと思われる。その一方で史料上ではさらに多くの神官の称号が知られており、より複雑であっただろう宗教行政における官僚組織は謎に包まれている[2]。さまざまな呼び名をもった多くの男女の神官がいたにもかかわらず、神官職がいかに構成され、どの称号にどのような責任があったのか、神殿組織のどの階層に位置づけられたかといった点はほとんど何もわかっていない。たとえば、神と直に接し、それゆえに祭儀上最も清浄であることが求められた神官は神殿の官僚組織の中で最高位にあったと考えて良いかもしれないが、誰がこの範疇に入るのかは知る術がない。ただし、神官の中には特定の神の祭儀にかかわる職があり、アルフイトラやフワッシャナリなどの女神官は、「下の国」のフピシュナにおける女神フワッシャンナの祭儀と関係していた。また、妊娠と出産にかかわる儀礼を執り行ったパティリ神官など、その活動領域が明らかに限定される神官もいた。さらに、神殿の特定の場所の名前から派生した称号をもつ神官たち（たとえば、ヒランマル「門楼」から派生したヒランマッタ神官や、カリンミ「祠堂」から派生したカリムナラ神官など）もいた。定かではないが、彼らにはその称号と対応するような職務があったと考えて良いかもしれない。

神官職に就いた個人の状況についてもほとんどわかっていない。王家の者たちは、特に若いとき、さまざまな神々の奉仕に出されたのだが、彼らにどのような義務があったのか、あるいはその役目を一生担い続けたのかどうかについてはよくわかっていない。「くじの祭」で行われた祭儀では、新しい神官を選ぶためにくじが引かれ、選ばれた者は（水で）聖別されたことがわかっているが、誰が候補者になっていたのか、どこの出身であったのか、なぜ選ばれたのかはわからない[3]。神官たちの階層の頂点に君臨した王と王妃以外、神官たちが男女問わず比較的匿名性の高い状況で活動していたことは、逆に王国の宗教組織が国家に統括されていたことを反映している。神官職は国に保証された職業であり、彼らには税の免除などの特権が与えられていた。

主要な都市の神殿に仕える神官たちはしばしば王家の出身者であったが、村の神官たちはヒッタイト社会で比較的低い階層の一般人であったかもしれない。地方のどれほど小さい神殿でも最低二、三人の神官が人員として必要であった。ヒッタイトの神官は、適切に祭儀を維持し、神殿組織の階層においての地位に応じて働くよう指示を受けていた。わかっている限り、神々への奉仕は終日の仕事であった。最下層の神官であっても、勤務時間を終えて、家に帰って作物の世話をした、などということは示唆されない。ただし、『神官と神殿の職員に対する訓戒』によれば、神官は家族を持つことを禁じられていなかった。

神官のほかに、ハットゥシャの主神殿の運営に必要な人員には、楽師や踊手、鳥占い師やその他の占い師など、宗教的な役割があったと思える人だけでなく、書記や料理人、皮革職人、陶工、その他の職人（金細工師、銀細工師、石切、彫刻師、織工）あるいは神殿の家畜を管理する牧人、神殿の土地を耕す農民、厨房の職員、神殿の警備員など、より「世俗的」な性格の職業の者たちもいた[4]。このような神殿を支える職員であったハリヤタラ「番人、守衛」の義務も『神官と神殿の職員に対する訓戒』に記されている。

> さらに、夜は見張りを置き、一晩中巡回させ続けよ。外では守衛《ハリヤタラ》を当直させよ。神殿内では、神殿の職員に一晩中巡回させよ。彼らは眠ってはならない。毎晩、高位の神官の一人が見張りを監督しなければならない。さらに、神官たちの中からは、神殿の門に（配置さ）れ、神殿を警備する者がいなければならない。[5]

ジェイコブ・ミルグロム（Jacob Milgrom）は、このヒッタイトの守衛の役割を「祭司法典」に記されるレビ人の役割と比較している[6]。その中では祭司たちとレビ人は明確に区別されているが、彼らは、全役割の内一点、幕屋を監督するという役目があることにおいては共通している。祭司は聖所内で、レビ人は聖所外で幕屋を監督するという役割を担っていた。レビ人のように、ヒッタイトの守衛は「高位の神官の監督の下、聖所の外に宿営する。彼らは儀式を願う平信徒を聖所まで案内し、神官の命令を受けて聖所を侵す者を追跡して聖所を護り、不法侵入があれば、その責任として死をもって報いを受けた[7]」のである。同様に、ヒッタイトの神官は聖所内の神殿と神聖な中庭、門を守り、その監督下で起こった過失に対しては命をもって償った。このような顕著な相似から、ミルグロムは（古代の神官たちとレビ人だけに限らないが)、聖所を守るという神聖な役割は前 2 千年紀の末にまで遡ることができると結論づけている。

礼拝の場

神殿は、神の像を安置するだけでなく、神に仕える神官たちとさまざまな職種の人々を住まわせる場所でもあった。ハットゥシャの「旧市街地」の北にある「大神殿」は壮大な建造物であったに違いない。神殿に依存して生活する人々の職場と住まいも含む、広い領域を伴っていたはずである。高台にある王宮《アクロポリス》には、神殿としてのみ使われた建造物はなかったが、さまざまな神々のための小さな祠堂が王宮の複合施設内に組み込まれていた[8]。主たる神殿区域は「上の町」にあった。そこには、国家神の祭儀のために、大小さまざまであるが、一定の建築様式にのっとった至聖所が建てられていた(図 4.1)。ヒッタイト領内のどのような規模の町や村にも、祭儀を行う人員が配置される神殿が少なくとも一つはあった。ヒッタイト時代、中規模都市であったと考えられるクシャクル（古代名シャリッシャ）での発掘では、「下

図 4.1　ハットゥシャの神殿の平面図。「大神殿」は左上の図。主神殿の通路と中庭、内陣、また倉庫と文書庫も見える。その他は「上の町」にある他の神殿の平面図である。*Across the Anatolian Plateau* (AASOR 57; Boston: ASOR, 2000), 96 より。

の町」に、ハットゥシャの神殿区域にある神殿と似た建築構造の神殿があったことがわかっている。王宮にあった宗教複合施設も、ハットゥシャの「大神殿」と同様の建築様式で、同じように現地の嵐の神を祀っていた。

神像は内陣、すなわち本殿に鎮座していた。ハットゥシャの「大神殿」には、「嵐の神」と「太陽女神」のための二つの内陣があった。各神殿の中央には中庭があって、礼拝者は神殿の入り口からこの中庭を通り過ぎ、柱廊を通って内陣に入った。そこは神官と少人数の礼拝者しか入ることが許されない場所であった。らせん状の通り道（内陣は入り口からの直線上に位置しないように配置されていた）は、内陣に出入りする人数を制限するためであった。神殿は王と王妃、高官が礼拝するための場でなければならなかった。一般の人々が礼拝のために神殿構内に入ることは許されず、神殿の職員ですら立ち入りを制限されていたことだろう。アララハで行われた神託からは、許可なく神殿に侵入することが神々に対する罪であったことがわかる。

> 儀礼の違反により神の神聖が侵されたことについて（神託で）確認されたため、我々は神殿の役人たちに問いただすと、ティラは「人々は『嵐

の神』を見てはなりませんが、ある女は窓からのぞき込み、ある子供は神殿に入って行きました」と言った。[9]

このように、明らかに内陣は神々と、神々を直にお世話する者だけに限られた領域であった。

ヒッタイトにおいて神々への礼拝は、多くの部屋と大きな中庭を備えた大都市の神殿複合体だけではなく、岩や山の聖所でも頻繁に行われていた。そのような聖所には付設された建物がある場合も、ない場合もあった。なかでも最も重要な施設がヤズルカヤの岩の聖所である（第3章を参照のこと）。アナトリアには野外の聖所が数多くあり、特に巨大岩などの地物はそれ自体に神秘的な力があると考えられていた。ヒッタイト文書では山で執り行われた儀礼についてしばしば言及される。ヒッタイト時代初期から、山は天の神々の存在を感じることができる場と考えられ、神々に祈りを捧げるための特別な儀式が行われていた。野外での礼拝に共通する点はフワシと呼ばれる立石があったということである。このような立石は、少なくとも見た目はパレスチナで見つかった立石マッツェバー（*maṣṣeba*）に似ているが、ときにレリーフや碑文が刻まれることもあった。特定の神と結びつけられる石柱はそれぞれの神を象徴していたため、その意味では神殿における神像と同じような役割があった。ヒッタイトの町シャリッシャ（現クシャクル）の2.5キロ南に、聖なる池を伴ったフワシの複合施設が発見されたように、そのような野外の聖所はほとんどの町に標準的に備えられていたのかもしれない。

最後に、冥界の神々に食糧を供することが重要だった点も見逃せない。第2章で触れたシュッピルリウマ2世による円天井の石室は、彼が冥界に出入りするために造られた空間であった。「大神殿」の外側には、円天井の石室よりもかなり古くに、岩屋が建設されていた。神殿の職員たちは、階段を下りて、水が満たされたこの岩屋に入り、冥界の神々の求めに応じていたのであった。このような建造物は潜在的に邪悪な力と交信し、なだめるための大切な場となっていたのである。

祭

一年を通じて定期的に開かれる祭は宗教暦の節目となっていた。春に祝われるクロッカス（アン・タフ・シュム AN.TAḪ.ŠUM）祭や、秋に祝われれるヌンタリヤシュハ祭（「急ぎの祭」）などの例大祭では、毎回、王とその随行団が数週間にわたって町々を巡行し、アナトリア北部から中部の各宗教都市の神殿を訪れた。一方、非常に古くから行われていたキ・ラム KI.LAM 祭（ヒッタイト語でヒランマル）は、このような宗教的なネットワークの内にある町の代表者をハットゥシャに迎えて催された。この祭の目玉は何と言っても、王の前を通る大行列であった。踊手たちが通り、貴金属でできた野生動物の像が行列をなした。

春のプルリ祭はヒッタイト時代を通じて祝われた。この祭については32枚もの粘土板に記録があり、農耕年の始まりに生命の再生を祝う祭であったことがわかっている。祭の中では、「嵐の神」と竜イルヤンカの戦いについての神話が朗誦された。人間の助けを借りながら「嵐の神」がイルヤンカに勝利したことを祝うことで、この祭には人間と神々の共生関係を強めるはたらきもあった。

これらの国家による祭は、参加する町々とその代表者たちにとっては王への忠誠を示すための場であり、王にとっては共同体の宗教的アイデンティティを創出・統合するための手段であった[10]。ヒッタイト社会では、宗教が常に外部からの影響、特にフリの影響を受けて変化し続けていたが、そのような中でアナトリアに深く根ざした主要な祭が、歴史上変わることなく存続していたと思われる点は注目に値する。ただし、例大祭の一つはキズワトナから導入された祭で、そこにはフリの信仰と慣習が色濃く感じられる。9日間続いたヒシュワシュ［鷲？］祭は、季節に応じて行われるのではなく、「マヌジヤ（キズワトナの山）の嵐の神」とそれを取り巻く神々を讃えるために行われた。祭では、この嵐の神として神聖視された鷲が際立った役割を果たしたことから、鷲が祭の名前の由来となっているだろう。また、この祭には王の軍事的成功のための式典も含まれていた[11]。

例大祭に加え、農耕生活のさまざまな場面を祝う祭もあった。ブドウの収穫祭や鎌の祭、穀物の祭、沐浴の祭、年の祭、月の祭、老人の祭など、ヒッタイトの祭は80以上の名前が知られている。たいていは農耕行事か、季節や祭の主たる担い手にちなんだ名前がつけられている。一般的に秋の祭は貯蔵容器を満たす収穫を祝い、春の祭はそのような貯蔵の封切りを祝った。最も頻繁に繰り返された「月の祭」はその名前から新月の際に行われた祭と理解すべきだろう。

祭の指示書はときに単調に見えるが、興味深い特異性がまったくないわけではない。ラワザンティヤで祝われたテシュブとヘパトに対するキズワトナの祭では、王が女神ヘパトの像を縛るという場面がある。神官が女神の役を務める儀礼化された会話の中で、王は女神に祝福を求める。そしておそらく祝福を受け取ると王は女神の縛を解いた。この短い儀礼は、創世記 32 章 23–32 節でヤコブがヤボク川を渡ろうとしたときの奇妙な格闘の性質を明らかにしてくれる[12]。そこでは、ヤコブとある男が夜明けまで格闘し、どちらも互いを負かすことができなかったという話が伝えられている。その男は立ち去らせてほしいと言ったが、ヤコブは彼が祝福しない限りそうはさせないと言って拒否した。この戦いはたいてい超自然的なものとの格闘を表していると解釈され、男はことによると川の神霊であるとされるが、ヒッタイトの儀礼はこの理解が正しいことを証明している。

生贄の祭儀

人間は神々に面倒を見続けてもらわなければならないので、神々を讃える祝祭では彼らを惹きつけるような、洗練された儀礼が行われなければならなかった。儀礼の専門家たちは、蜂蜜やワイン、バター、その他神々の興味をそそる供物を並べるだけでなく、わかりやすいように色とりどりの織物と枝でできた小道をつくり、神々の注意を引きつけて道筋を示した。このような儀礼行為においては、次のような神々を呼び出す呪文が唱えられた。「[もし、あなたがニネヴェにおられるならば]、ニネヴェからおいでください。もし、あなたがリ［ムシに］おられるなら、［リムシからおいでください］……もし、（あなたが）川や小川に（おられる）なら、［そこからおいでください］……もし、あなたが「地の太陽女神」と「太［古の神々］」のところにおられるのなら、彼らのもとからおいでください。これらの国々からおいでください」。[13] こうして神々が祭にやって来て、神像に宿ると、神像に対して供物が捧げられた。

供物には、さまざまな焼物、ビールやワインの献酒、その季節の初物などがあった。神々に対する日々の奉仕の中では、定期的に動物も捧げられ、食卓に並べられた。たいていの捧げ物の儀礼では、羊やヤギ、頻度は低いが、ときに牛の血の犠牲が見せ場となった。神々は宴を求めて各々の神殿へ引き寄せられ、儀礼の参加者（たいていは神殿の職員）はそこで共に食事をすることで神々と結びつくことができた。

通常、供儀の準備は動物を聖別することに始まり、次に参加者・神像・生贄を捧げる空間が清められた。このとき典礼文が唱えられ、香が焚かれたかもしれない。そして、ときに大きなファンファーレとともに生贄の動物が連れてこられた。最上質の動物だけが神に捧げられることになっており、健康な動物ではなく痩せこけた動物を捧げようものなら、それを捧げた者が神の報いを受ける可能性があった。歌い手や楽師の他にも、料理人などの他の儀礼の参加者も行列をなした。特別なナイフを使用して行われる屠殺の瞬間は歓喜の瞬間であった。動物は解体され、焼かれた心臓と肝臓が神に供された。その他の部分を使って料理人がつくった煮込みは参加者たちに分けられた。そうして食事が準備され、献酒をし、宴会が始まる。このとき、王は「神を飲む」という、神を祝して乾杯するというヒッタイトに特有の慣行を行ったようである。このような儀式は、神と共に食事することが主たる目的である点で、ヘブライ語聖書で「和解の」捧げ物（*šelāmîm*）と呼ばれるものと密接に関係している。

供儀は個人でも行われた。「クリウィシュナの嵐の神」への儀礼の中では、儀礼を行う家長の行為が詳細に記されている。

> 家長は「クリウィシュナの嵐の神」へ（雌ヒツジと雄牛）を供する。料理人は雌ヒツジと雄牛の（頭を）上げ、家長に複数の青銅のナイフを渡す。家長は手に持った青銅のナイフを雌ヒツジと雄牛の頸静脈に置く。料理人たちは祭壇の上でそれらを殺す。彼らは屠殺を終えた料理人にそれらのナイフを渡す。[14]

家長は実際の屠殺は行わないものの、ナイフを持った手を家畜の喉元に置くことで、それが彼の供物で、彼のために屠殺が行われることが証明された。このヒッタイトの儀礼所作の意味は、聖書に登場する捧げ物に手を置く行為に通じる。聖書でも動物が捧げられており、手を置くことで別の者が代わりに行為を行う権限を与えるのである[15]。

焼き尽くす捧げ物は、アナトリアにおける捧げ物の中ではあまり一般的ではなく、フリの影響の強いキズワトナからもたらされた。この種の捧げ物では、仔羊や仔ヤギも捧げられたかもしれないが、多くは鳥が生贄となった。焼き尽くす捧げ物は、次のようにしばしば冥界の神々に対して行われた。「彼［祓魔師］は3羽の鳥を取り、その内2羽をアヌンナクの神々に捧げる。他方、もう1羽は「穴」に捧げる。そして彼は『「太古の神々」よ。あなた方に対して、牛と羊は現れないだろう。「嵐の神」があなた方を「暗黒の冥界」に追いやったとき、彼はあなた方にこの捧げ物を定めたのだ』と言う」。[16]

占　　い

ムルシリ2世は、祈祷の中で疫病蔓延の沈静化を求めて神々に次のように語りかけた。「もし、人々がその他の理由で死んでいくのならば、それを夢で見せてください。あるいは神託を通じてそれを［知らせてください］。あるいはそれについて預言者に語らせてください。あるいは、私が伝えた事柄について、神官らは（夢占いのために）長く清らかに眠るでしょう」。[17] 占いとは、神々から送られる印を手がかりに未来の出来事を究明する科学的手段であり、それは形式にかかわらず多神教社会における人間と神々の関係の中核となっていた。また占いには、神々は人間の幸福を気にかけているのだという前提がある。神々は、神託を読み解くために必要な特別な知識をもっている人間ならば利用可能な印を示してくれるのだと考えられていたのである。神託は神々の意思を慎重に究明する取組みで、それらは人間から懇願されて示される。一方、さまざまな兆しは、人間に懇願されたり申し出たりされた結果ではなく、神々が自ら率先して送った印であった[18]。

ヒッタイトの人々は数種類の神託を行った。それぞれの神託では、神は占い師の問いかけに占い上の言語で答えることが期待された（さらに後述を参照）。問いかけは際限なく行われるのではなく、占い師は肯定か否定で答えられる質問をして、正しい答えが出るまでそれを繰り返した。神託を記録した書板はしばしば問いかけの過程で急いで書き取られたメモのようになっている。問いかけの主題は、王が即位するのに最善の時期や祭の行程を変更することへの承認などであった[19]。しかし、神託は政策自体を決定するためには使われなかったようである。つまり占い師は、町をどの方向から攻撃するかとか、どの将軍が攻撃を指揮すべきかなどを決めるのに内臓占いをすることはあっても、そもそも攻撃すべきかどうかの決定を神々の判断に委ねることはなかったのである。

神託は、神に助言を求めるためではなく、神の怒りや不浄の原因を確かめるために調べられることが非常に多かった。このとき占い師は、最初に問題を引き起こしているのがどの神かを特定するところから始め、次にその神の怒りの原因を探った上で、最後は神をなだめるために必要な償いが何であるかを確かめた。トゥドゥハリヤ4世の即位にあたっては特に問題が起こることが予想されたため、即位時にはタワナンナやダヌヘパ、アルマ・タルフンダ、ウルヒ・テシュブなど、すでに死去した政敵の呪いから王権を清めるため、多岐にわたる事柄について神託が調べられた。その過程では、占い師たちがさまざまな異なる種類の神託で同じ質問をし、結果を何度も確認した。

内臓占い、すなわち「肉の神託」は、羊の肝を調べる占いであった。この種の占いはバビロニアに起源があり、フリ人を通してアナトリアに伝えられた。内臓占いの方法について訓練を受けた占い師（HAL、アッカド語で *barû*）が、動物の肝臓や胆嚢や腸などに、ひだやこぶ、斑点、変色といった、何らかの印を探した。あまり出てこないが「寝床」占いは、内臓占いと結びついて、「肉」の神託のために殺されようとしている動物を観察する占いであった。動物がどのように尻尾や舌を動かしたかとか、囲いの中でどこに横たわったかなどを観察し、それを内臓占いの結果と組み合わせて最終的な結果が出された。

くじ（KIN）占いはヒッタイトを起源とする神託であったことがはっきりしており、人や神を表す名前（「王の心」・「敵」・「嵐の神」など）や、概念を表す名前（「国土の富」・「空腹」・「望み」など）がつけられた象徴的な「くじ」を操作する占いであった。「能動のくじ」（動物か？）は、一つ以上の「受動のくじ」を受け取り、それを「受け手」とされる三番目の「くじ」に渡す。たとえば、「陛下は、（遠征で）ハハルワ山に上り、そこで夜を過ごす。もし、私たちが陛下の身に恐れることがないならば、（その神託）は好意的であるように。「神々」は立ち上がって「火」と「重罪」を取った。それらは「監督官」に渡された。（結果は）好意的ではない」[20]などとある。それぞれの「くじ」は、吉（たとえば「正しさ」、「良さ」、「意志」）か凶（たとえば「敵」、「悪」、「失敗」）であり、吉と凶の合計数で全体の結果が決まっていた。「くじ」は問いかけの主題に合わせられることもあった。そのため、たとえば、王がアッシリア人に勝利するかどうかにかんする質問であれば、「アッシリア王」という名の「くじ」が加えられた。この種の占いはたいてい「賢女」として知られる儀礼の専門家によって執り行われた（後述を参照）。

鳥占いでは、この技術に特化して訓練を受けた者が鳥の行動を観察した。鳥占い文書には、25種類の鳥の記録がある。鳥占い師（鳥を見る者）は、ある区切られた空間で鳥が右に飛んだか、左に飛んだか、あるいは屋根にとまったかどうか、頭を回したかどうか、川を飛び越えたかどうかなど、鳥の動きと行動を読み取った。そのような鳥の行動をいかに解釈したのかという技術面ははっきりしないが、この占いもアナトリア起源の神託であり、のちには古代ローマに受け継がれて発達した。

かなり珍しい占いではあるが、くじの占いと考え方が似ているのが、同じくアナトリア起源のヘビ占いである。隠語を用いるため、実態はほとんどわかっていないが、たらいの中のヘビの動きと所作を観察するものであったことはわかっている。くじ占いと同様、たらいの各所とヘビには象徴的な名前がつけられ、各所でのヘビの動きと行動の意味が読み取られた。また、水の中の油の動きを解釈する油占いがあったことも知られている。

人間は、神託か予兆で未来への見通しを受け取り、それが本当に凶事の前兆であれば、その凶事を避けることができた。計画を変更したり、呪術を使ったり、凶事を避けるための捧げ物をしたり、問題を引き起こしている怒れる神をなだめたりすることで、予見される結果は変えられたのである。未来は定まっておらず変更可能であったため、人間は占いによって運命をいくらかコントロールできた。私たちに伝わっている予兆や神託は国家と神官によるものに限られるが、一般の人たちも神々の超越的な知識を求めていたことであろう。しかし、彼らがどのような方法で、あるいはどのように天からの印を解釈したのかについてはわかっていない。

夢は、帝国時代のヒッタイト文書では、神々が人間に意思を伝える手段として最もよく登場する予兆の形態であった。神は夢を見ている者に直接語りかけるか、夢を見る者の知人を夢に遣わした。後者の例としては、女神シャウシュガがムルシリ2世の夢に息子ムワタリ2世を遣わし、ハットゥシリをこの女神の神官にするよう伝えたのだとされている。夢占いを通じて、つまり天からのメッセージを受け取ることを期待し、神殿内で寝て神託を請うたのであれば、夢も神託でありえた。申命記18章10節では占いは総じて戒められているものの、ヘブライ語聖書では夢と預言が公然と非難されているわけではない。ヒッタイトの人々も夢に関心をもっていたが、神との通信手段として預言に頼ることはあまりなかった。先に引用したムルシリ 2 世の祈祷には、苦しみの原因を「宣言しに（来る）神の男（シウニヤント）」が出てくるし、別の祈祷では神官カントゥジリが女性の夢解き（ENSI）に神の意思を尋ねたことが言及されている。そのため、預言者たちが後期青銅器時代アナトリアの各地で活動したことは明らかだが、彼らが誰で、どこでどのような役目を果たしていたかについては、まったくと言って良いほどわかっていない。

補　　　説

ヒッタイトで降霊術は行われたか？

ヒッタイトの人々は地下に住む神々と交信し、その好意を保とうとした。地下の神々の助けがなければ、地下世界に穢れとその他の悪を封印しておけなくなり、文字通り、地獄のすべてのものが解き放たれてしまうからである。人間が冥界の神々と「つながる」ことができる儀礼は、前 1 千年紀に東地中海世界で行われたことが知られる降霊術と密接にかかわっている。エン・ドルの霊媒の女は、サウルの要望を受け、ペリシテ人に対していかに進軍するべきかを知るために預言者サムエルの霊を呼び出す（サムエル記上 28 章 8 節）[21]。この話もそのような例である。その種のヒッタイトの儀礼としては川岸で行われた儀礼がある。この儀礼の専門家は、川岸の粘土に油と蜂蜜をまき、その粘土で（冥界の象徴である）短剣の形をした冥界の神々の小像を作って、それを地面に広げる[22]。次に、小像の前で短剣を使って地面に穴を空け、油と蜂蜜、ワイン、その他の酒を注ぐ。そして穴に一片の銀を代価として投げ込んで、呪文を唱えながら穴を覆う。通常、このような儀礼では穴の上で動物も生贄として捧げられた。『オデュッセイア』第 11 歌でオデュッセウスは、旅の助言を求めて預言者テイレシアスの亡霊を呼び出す際に、驚くほどよく似た儀礼を行っている。ただし、ヒッタイトの儀礼の方は霊をなだめるためであって、特別な知識を得るために行われたものではない点で大きな違いがある。

生者はときとして死者と接触できた。ある占いでは、霊の怒りを恐れて

「彼女（シャウシュガッティ）の子供たちは呪いをかけ、死者を呼び覚ますか。そうであれば、くじ占いは好意的ではないように」と問いかけている[23]。このような場合、どのように死者と接触したのかはわからないが、より重要なのは、懇願の目的がここでもやはり預言ではない点である。その目的は、敵に害を与えるように、怒れる霊の力を取り出すためか、よりありえそうなのは、怒れる霊を鎮めるためであった。

これに関連する別の問題として、ヒッタイトには、対になる善のアナリと悪のタルピという精霊がいた。ヒッタイトの人々はこの精霊たちを、同じくそれぞれ善と悪でもあったメソポタミアの精霊ラマッスとシェードゥと同一視していた。ヒッタイトの古い神話では、精霊タルピが他の邪悪で不快なものと一緒に青銅の釜の中に入れられ、鉛で封をされて海底に沈められる[24]。この一節はゼカリヤ（ゼカリヤ書 5 章 5–11 節）が見た七番目の幻を思い起こさせる。そこでは邪悪な魔力を象徴する女（の像）がエファ升の中に入れられ、鉛でふたをされてバビロンに持って行かれる[25]。ホフナーは、ヘブライ語のテラフィム *teraphim* という曖昧な意味の語が、聖書ではおそらく占いにかんする行為、特に降霊術において使われる先祖の小像を指しうるとし (列王記下 23 章 24 節)、それがヒッタイト語のタルピに由来する可能性を示している[26]。ただし、ホフナーが提唱した言語の関連には異議が唱えられており[27]、ヒッタイトの精霊タルピ（あるいは、ついでに言えばメソポタミアのシェードゥとラマッスも）を、降霊術や占い、先祖と結びつける証拠はない[28]。

まとめると、青銅器時代のアナトリアでは、のちの時代に現れる降霊術の要素はすべて現れるし、死者を鎮める必要があれば交信することもあったが、ヒッタイトの宗教では、公的にも私的にも、未来を予見する目的で死者を呼び出す慣習がなかったのは明らかである。

祈　祷

王は、神の怒りとその結果もたらされる深刻な事態について、個人的な祈祷を通じて神々と直接交信できた。怒れる神はどの神であるのかがわからないため、王は国の最高神たちを呼び出していた。多くの場合は太陽神――「アリンナの太陽女神」や「地の太陽女神」、「天の太陽神」――すなわち、すべてを見通せる、全生物に対する正義の守護者たちであった。また、

「ハッティの嵐の神」や、それに対応するフリの嵐の神テシュブ、「ネリクの嵐の神」、テリピヌ、ムワタリ2世の個人神であった「稲妻の嵐の神」など、種々の嵐の神に尋ねることもあった。より下位の神々は、しばしば嘆願者と、嘆願者が願いを聞いてほしいより上位の神の間を取りなすよう求められた。たとえば、プドゥヘパは、「アリンナの太陽女神」への祈祷の中で、ハットゥシリ3世の健康を願い、レルワニとジントゥヒ、メズラ、「ジプランダの嵐の神」という神々を呼び出している。さらに、ことによると他の償いの試みがすべて失敗に終わった場合の最終手段として、神々全体の集会に呼びかけることもあった[29]。

いくつか例外はあるものの、祈祷にはおそらく常に王自らが行う儀式が伴われた。ムワタリ2世の「稲妻の嵐の神」への祈祷には、珍しくそのような場面についての記述があり、神殿の屋根の上で儀式が行われたことがわかる。

> タバルナ、ムワタリ、大王、ハッティの王、大王、ハッティの王、英雄、ムルシリの息子は次のように言う。もし、ある問題が人（の良心）に責任を負わせられるならば、彼は神々に嘆願する。彼は、屋根の上に太陽に向けて2台の枝編み細工のテーブルを置く。一つのテーブルを「アリンナの太陽女神」のために、もう一つを男神たちのために置く。それらの上には、一握りの湿った小麦粉でつくった厚いパン35個と上質の油と混ぜ合わされた蜂蜜の薄い鉢一つ、脂のパンで満たした壺一つ、ひき割りで満たした鉢一つ、ワイン30杯がある。そして、彼がそれらを用意すると、王は屋根に上り、「天の太陽神」の前で頭を垂れる。[30]

祈祷が唱えられる間、王は神に手を挙げるか、頭を垂れる、あるいは跪くなどして、懇願の姿勢をとっていたかもしれない。祈祷は非常に個人的な意味合いをもつこともあるが、このような儀式が一人で行われることはなかった。神官たちは儀礼行為を補助していたが、ムルシリ2世による二つの祈祷の最後に、集まった人々が「そうであれ」という言葉を発しているように[31]、彼らは祈祷の聴衆でもあったことを示す証拠がある。祈祷は（おそらく王の代理によって）[32]、日常的に行われるものもあれば、病気など特定の状況下でのみ行われるものもあった。

神々と精霊

「千の神々があなた方に命を与えてくださるように」。ある書記はこのようにタピッカに住む父母へ書き送っている[33]。広範なパンテオンはヒッタイトの人々の誇りであり、彼らは神々への祈りの際に、また条約の証人として多くの神々を呼び出した。現存するヒッタイト文書で確認されている実際の神々の数は、「千」におよばないが、この「千」という数は誇張ではなかっただろう[34]。最終的に、ヒッタイトのパンテオンは、領土の拡大と同化の過程で、時間をかけてハッティ人やパラー人、ルウィ人の神々を吸収していきながら発展した。結果として、ヒッタイト王国の拡大に伴い、アナトリアの他の地域の神々だけでなく、シリアとメソポタミアにおけるフリの神々をも導入することとなった。

ヒッタイトのパンテオンの規模は習合に抵抗した結果であるかもしれない。概して、ヒッタイトの人々は、似ているからといって、外国であれ土着の神々であれ、彼らの信じていた神々と同一視しない傾向があった。たとえば、ギリシアの神々はローマの神々と同一視されたが、そのようにはならなかったのである。書記たちは、共通する性格をもつ各地の神々を分類することで、そのシステムに一定の規則をもうけた。たとえば、雨と雷をもたらす神々には、すべて同じように嵐の神を指すメソポタミアの表語文字（U）があてられる。ただし、この方法だと神が総称で示されるため、どの神を指しているのかを判別するのが難しい。守護神を意味する文字LAMMAは、ジトハリヤとハパンタリヤ、イナラなど、数々の神々を表しえたので、本来の神名が完全に失われることもしばしばあった。そのため、特定の「タイプ」に属する神々を区別する際、書記たちはその神に対する祭儀の中心となる都市名を付け加えることがあった。「ネリクの嵐の神」や「ジプランダの嵐の神」、「アレッポの嵐の神」といった具合である。一方で、文書中にこれらの神々が別々の神として並んで現れるのは、それぞれが個別に崇拝されていたということでもある。神々の本来の名前が残っているのは、しばしばヒッタイトの人々が神々を土着の言葉で呼ぶことで喜ばせようとした結果であった。そのため、「天の太陽神」はヒッタイト語でイシュタヌと呼ばれ、フリ語ではシメギ、ルウィ語でティワト、パラー語でティワズ、ハッティ語でエシュタン、アッカド語でシャマシュとして崇拝されたことがわかる。

神話と図像からは、ヒッタイトの神々が人間と同じように生活していると考えられていたことがわかる。神々は食料を求め、さまざまな感情を表し、そして他の神の行動で悪い影響を受けることもあった。もし人が神への義務を怠れば、神々は皆苦しむことになった。祭儀では、神々の像におそらく王家の人々と変わらない予定が組まれていた。彼らは寝て、起きて、着替え、食事をし、娯楽を楽しみ、法廷を開いた。神は善を具現化することもなければ、悪を象徴し、悪の存在を説明したりすることもない。ヒッタイトの思想には二元的宇宙観の半面としての「悪」は存在しなかったのである。神々は全知全能ではなく、間違いを犯すこともあれば、騙されることもあった。それでも、神々には人間をはるかに超えた知恵と力があった。知恵と力のレベルはパンテオン内の神としての地位によってさまざまで、しばしばその神が表す自然現象の重要度に応じていた。

なかでも穀物を豊かに実らせる風雨をもたらす嵐の神は最重要であった。太陽にかかわる神々（太陽・月）も卓越した存在で、男神でも女神でもありえた。また、穀物神やブドウ畑の神、果樹園の神は、農作物の豊穣に直接かかわる神々であった。さらに、野生動物の神々や、戦争や伝染病の神々、ときに人間のために他の神々と仲介してくれる個人の守護神もいた。母神は一般的に人間の創造と誕生を司り、運命の女神たち（グルシェシュ）は人間の運命を定めた。その他のグループの神々は、性格を理解し難いものもあるが、ヘプタド（「7」の神）や太古の（冥界の）神々などがいたこともわかっている。最後に、外交条約では山々や川、小川、天と地、風、雲も神々の証人として列挙されているが、この文脈ではそれぞれの名前は記されていない。

ヒッタイトの神々、特に女神はたいてい人間の姿、つまり擬人化されて描かれたが、神を象徴するものはさまざまな形で表された。ヒッタイトの人々は、日々の農耕生活で得た経験から得られるイメージで宇宙を理解しようとしていた。そのため、多くの神々の性格は動物と結びつけられて表される。神々は連想される動物の上に立った姿で描かれることが多いが、関係する動物の姿そのもので描かれることもあった。祭儀で使用される像が動物の形をとることもあり、たとえば、雄牛はしばしば嵐の神を表していた。他にも、無生物や呪物が神の代わりになることもあり、立石（フワシ）や武器（山の神々）、こぶしの形をしたリュトン（戦神）、日輪（太陽神）などがあった。ヒッタイトの人々は動物や物を崇拝したわけではなく、その物や動物が象徴する神を崇拝していたのである。

ヒッタイトのパンテオンにおける最高位の男神「ハッティの嵐の神（ヒッタイトのタルフント）」はインド・ヨーロッパの神であり、のちにはフリのテシュブと同一視された。フリの伝統では、聖牛のシェリとフリがテシュブの車を引くとされた。「ハッティの嵐の神」は国の最高位の女神「アリンナの太陽女神」と共にハットゥシャの大神殿で祀られた。「アリンナの太陽女神」は土着のハッティ人の伝統と習合し、王権の特別な保護者とされた。そのハッティ語名はウルシェムで、のちの時代にはフリのヘパトと同一視された。「ハッティの嵐の神」と「アリンナの太陽女神」、その息子「ネリクの嵐の神」と「ジプランダの嵐の神」に加え、娘メズラ、孫娘ジントゥヒが、古王国時代における神々の筆頭であった。

神話文書によれば、古王国時代のパンテオンではテリピヌとイナラも重要であった。イナラは嵐の神とハットゥシャの守護神の娘であり、狩猟と野生動物の女神であった。イナラを、「大女神」という意味の名をもつハッティのテテシャピと同定する研究者もいる。テリピヌは、農耕にかんしては下位の嵐の神であったが、「姿を隠す神」の神話では主人公であった（第3章を参照のこと）。カムルシェパもアナトリアの神話では呪術と結びついた女神として目立った存在であったし、「祖母」という名をもつハンナハンナは知恵者として他の神々から助言を求められる神であった。女神ハンナハンナに結びつけられる動物は、炉と家庭の象徴である蜂であった。

「天の太陽神」であるイシュタヌは、古王国時代以来パンテオンで高い地位にあり、すべてを見通すことのできる、人間と動物への正義の施与者であった。その法を司る権能ゆえに、イシュタヌは法的な承認や正当化を求める祈祷や讃歌において頻繁に呼び出された。国の最高神ではないにもかかわらず、標準的な条約の神々の証人リストには正義の施与者として優先的に現れる。そのヒッタイト王との神秘的関係は先述のとおりである（第3章を参照のこと）。

イシュタル（フリ語でシャウシュガ）は帝国時代にメソポタミアからもたらされた神であった。この女神はプドゥヘパとハットゥシリ3世を後援したとされ、青銅器時代末期のアナトリアで人気となり、イシュタルという名前の多くの地方神が現われるようになった。アナトリアにおいてもイシュタルは愛と戦争の女神であり、その役割はメソポタミアにおけるイシュタルの役割と酷似している。神々のリストの中ではイシュタルの侍女ニナッタとクリッタがイシュタルに続いて挙げられる。シリアからもたらされたイシュハラは、「誓いの女王」という形容辞をもち、条約や誓いの証人となることが主要な役割であったと同定されている。ある文書では、病が「イシュハラの子」と呼ばれるように、イシュハラは病気と癒しの両方に関係していると思われ、その権能から条約や誓いに効力をもたせる神と考えられていたのかもしれない。

ヒッタイトの人々は、ハッティの宗教的伝統からもメソポタミアの宗教的伝統からも、後見の神、すなわち守護神の概念を借用していた。守護神（シュメール語表語文字で LAMMA と書かれる）はさまざまな姿で現れるが、名前に地名や他の形容辞が付け加えられることで、どの神であるのかがより正確に同定される。現れ方の例として、野の守護神はヒッタイトのレリーフ美術で特に人気で、雄鹿の上に立って片手に武器を、もう一方の手に獲物の鳥と兎を持って表される（図 4.2）。その他の同様の神々も特定の地や人々、あるいは特定の活動を保護する神であったかもしれない。

ヒッタイトの宗教では冥界から発せられる力にも大きな関心が払われた。ヒッタイトの人々はそれを恐れるがゆえに、冥界の神々が人間に害を与えることのないよう、十分な供物を捧げ続けていた。初期の伝統では、冥界の神々には「冥界の王（のちに女主人）」とされるヒッタイトのレルワニや、人間の寿命を紡ぐローマ神話のパルカイに似た、ハッティのイシュドゥシュタヤとパパヤなどの神々がいた。のちの時代のヒッタイトの伝統では、「地の太陽女神」が冥界に住む神々の長とされた。「アリンナの太陽女神」の化身である「地の太陽女神」は夜の太陽の動きを象徴していた。冥界に住むという「アリンナの太陽女神」の性格は、ことによると地下の冥界と地上世界を分ける門を守衛したフリの女神アラニと習合されたことの結果であったのかもしれない。このことは死者への儀礼の中で「地の太陽女神」に向けられた祈願に確認される。「地の太陽女神」は死者の霊魂を冥界へ連れて行く神とされ、この女神に対する礼拝では供物や生贄が地面に置かれたのであった。「地の太陽女神」と共に冥界に住むとされた、太古の神々は、条約に挙

図 4.2　メトロポリタン美術館に展示されている銀製の牡鹿のリュトンのレリーフには、野の守護神が聖獣である牡鹿の上に立って王と神官たちの注目を集める様子が描かれている。写真提供：ニューヨーク・メトロポリタン美術館ノーベルト・シンベルコレクション（Norbert Schimmel Collection, Metropolitan Museum of Art, New York）。

げられる標準的な神々の証人リストでは合計 12 柱が数えられる（儀礼ではその数は 5 柱から 15 柱までの幅がある）。彼らの役割は、悪の原因を「判定」して冥界へと移し、それを地上から取り除くことであった。

プドゥヘパに始まり、トゥドゥハリヤ 4 世によってなされた宗教改革の下、公的なパンテオンにおける習合は、フリのヘパトとテシュブ、彼らの息子シャルマを長とする、神なる家族が創り上げられたことで一定の段階に達した。この三神は伝統的なパンテオンの長であった「アリンナの太陽女神」

と「ハッティの嵐の神」、彼らの息子「ネリクの嵐の神」と同一視された。ヤズルカヤの岩の聖所に彫られた神々の像は、ヒッタイトとフリの神々の習合を公的にかつ最終形態として描いている。このような神々の習合は人工的なもので、帝国内でフリの宗教要素を高め、宗教的結合と政治的統一を促す手段として王室が意図的に操作した結果であった。ただし、公的なパンテオンの再編が進められたにもかかわらず、いかなる時点においても人々に神々のヒエラルキーが強要されるようなことはなかった。そのようなことをすれば、臣下の忠誠を保とうとする王の努力を台無しにしてしまう危険があったからである。

人間が神々に願いを叶えてもらうためにできることは、せいぜい良き僕が主人に仕えるがごとく、神々に良く奉仕することだけであった。敬虔な者は、その報いとして病や困難のない人生を望むことができたのである。人間と神々は生きていく上で相互依存の関係にもあった。神々は日常の祭儀で人間から給される供物を必要としていた。だからこそ、ムルシリ２世は次のように神々に思い起こさせたのであった。「しかしもし、神々、我が主人たちよ、[ハッティから] 疫病を [取り除いて下さらないならば]、捧げ物のパンを作る者と献酒をする者は死んでいきます。そしてもし、彼らも死ぬならば、[捧げ物のパン] と献酒は、神々、我が主人たちから断たれてしまいます。そのようにして神々よ、[我が主人たちよ]、あなた方は私に罪を負わせようとしています」。[35] そして同時に、人間はというと、農作物に恵みを与え、家畜の群を成長させてくれる自然を支配する神々の恩恵に依存していたのであった。

もし、テリピヌのような神が、怒りや困惑が原因で自分の持ち場を離れることがあれば、自然界は機能しなくなった。

> テリピヌも去り、彼は穀物の育つ力と動物の繁殖力、豊穣、成長、草原と牧草地の繁茂を取り払った。テリピヌも荒野へ行って荒野に混ざりあった。彼の上には、ハレンズ草が伸びた。そのため、もはや大麦（と）小麦は熟さない。もはや牛と羊、人間は子を孕まない。また、（すでに）孕んだものたちは子を生み落せない。[36]

これには神々さえも悪影響を受けた。「[太陽神は] 宴を [催し]、『千の神々』

を招いた。［彼らは食べた］が、十分ではなかった。彼らは飲んだが、彼らの渇きを癒せなかった」。[37] これに対して、人間は呪術の女神カムルシェパに扮して儀礼を行うことで、神々を宇宙における元の位置に戻して宇宙の均衡を回復させることができた。「霧は窓から消えた。煙は家から消えた。祭壇は再び神々と調和した……そして母は子の面倒を見るようになった。羊は仔羊の面倒を見るようになった。牝牛は仔牛の面倒を見るようになった。テリピヌも王と王妃の面倒を見て、その生命と活力、長寿に注意を払うようになった」。[38]「姿を隠す神」の神話として知られる作品集は、人間と神々の連続体の中で自らの役割を適切に果たさない神々に対処するための儀礼上の道具であったのである。

罪と穢れ

善人に悪いことが起こるとき、その原因は、本人の過失による違犯か、「黒」呪術師や霊、神の怒りのいずれかにあると考えられた。故意であれ過失であれ、違反（罪）は神の機嫌を損ね、それは個人につく穢れや不浄（パプラタル）となって現れることがあった。殺人や窃盗といった社会的罪は罪を犯した側に法的罰則があったが、加えて、それによってもたらされた不浄は儀礼を通じて対処された。幸運ならば、法的罰則は金銭で解決できることもあっただろう。「黒」呪術や、偶然穢れたもの・場所に遭遇したり、知らぬ間に禁忌を犯したりすることで、予期せず、あるいは、意図せず不浄が発生することもあった。儀礼では数々の穢れの根源に接することが避けられないため、儀礼における穢れの危険性にも十分気をつけなければならなかった。罪人によって償われなかった罪の報いは次世代に下ると考えられたため、ひとたび穢れがつけば、それがどこから来たものであれ、呪術を通じて対処されなければならなかった。罪を特定した上で、それを告白し、正すという処置が神々の怒りを鎮めるために必要であった。

穢れはときに、どうしても避けられないことがあった。特に出産と死に際しては避けられなかった。死にかかわる穢れについてはほとんどわかっていないものの、そのような状況に対してヒッタイトの人々は清浄にかんする規則を守っていた。妊婦には、決められた食事と徹底した性的な制約が求められ、夫とは別の食卓で別の食器を使って食事することになっていた。出産後は、母と子は儀礼として共同体から一定期間隔離されたあと、再び共同体に戻るための儀式が行われた。

これまで見てきたように、国家宗教において王とその家族の清浄は最優先事項であった。王の平安は国土全体の平安と結びついており、王はすべての人間の中で神々に最も近いところにあった。この点について、フリの伝統に由来する二つの浄化儀礼、イトカルジとイトカヒ（フリ語でイトキは「清い」を意味する）の概要を記した文書に言及しておく必要がある。これらの儀礼を要約した文書は、フリの宗教の影響がみられるようになる最初期、すなわちアルヌワンダ1世と王妃アシュムニッカルの治世と、トゥドゥハリヤ3世と王妃タドゥヘパの治世に作成されている。シャピヌワ（現オルタキョイ）に起源のあるイトカルジの儀礼は、喩えを用いた呪文（「水が清いように……［生贄を捧げる］タドゥヘパは神々［と人々］の前で［清くあれ］」[39]）と、不浄を移す儀式が組み合わせられている。一方、イトカヒの要約文書は讃歌のような朗誦からなる。どちらの場合も、儀式は占いを行う神官（AZU）によって執り行われた。

『神官と神殿の職員に対する訓戒』では、神殿に仕える者たちおよび神殿域を適切な清浄の水準に保つための指針が定められている。神殿は定期的に儀礼によって清められていたが、特に次の清めの方法は注目に値する。「夜の女神」の新神殿建造の際に行われた儀礼では、新しい神像とその内陣を清めるために血が用いられたのである[40]。また、出産に先立つ凶兆に対処する際にも、キズワトナの神官パパニクリは「分娩台と柱、それぞれ別々に2羽の鳥の血を塗る。そして彼は分娩台の前で二度、2頭の羊と4羽の鳥の肉の捧げものをする」。[41] 清めのために血を使用することはヒッタイトの祭儀では珍しく、それは焼き尽くす捧げ物や鳥の生贄と同様、フリの影響にあるキズワトナからもたらされたものであった。これは聖書のレビ記16章1–19節に記される贖い（*kippēr*）の儀式や、レビ記14章で示される病にかかった者（14章1–32節）と家（14章33–57節）に対する清めの指示と対比できるかもしれない[42]。

儀礼の力

ヒッタイト社会は王のイデオロギーによって特徴づけられていたため、この国の一般の人々の宗教についてはいえることが少ない。事実、王が関心をもって、必要なときに儀礼による治療方法を収集・記録し、利用していたからこそ、私たちはそれを元に研究できる。現在わかっている儀礼の多くは、王家のために行われたという点で「一般向け」ではなかった。しかし、それらの儀礼は民間信仰から集められたと思われるので、一般の人々が行っていたと考えられる種々の儀礼についての情報も得られる。さらに、この種の文書を作成した者たちは、帝国の隅々から歓呼して迎えられる存在であった。そのため、彼らは出身地と併せて同定されるので、地域ごとの慣行についてもある程度は復元可能である。

ヒッタイトの理論と実践において呪術と医術は別々の範疇にはなく、病気に対して純粋な医療行為だけが行われることは珍しかった。ヒッタイトの医学書には、目や内臓、喉と口、その他体の不調に対する治療が確認されており、治療には蜂蜜やワイン、ビール、植物、さまざまな動物由来の物質、鉱物などが使用された。数多くの医者（A.ZU）の名前が知られており、なかには女性の医者もいたが、ヒッタイトの「医療体制」においては、女性はたいてい助産師の役割を果たしていた。ただし、ヒッタイトの医者たちが純粋な医療のみを行うことは稀であった。多くの場合、呪術と医療を組み合わせた治療か、たとえば医者のザルピヤが疫病の原因となった霊を祓うべく念入りに生贄の儀礼を行ったように、呪術による治療のみが行われる場合もあったことがわかっている。

今日私たちが呪術と呼ぶような種類の儀礼も、ヒッタイトの人々にとっては、神々の世界との通信が可能な、あるいは必要な手段であったとさえいえる。呪術儀礼は、公職にある神官や王家の人々が定期的に行う類のものではなく、必要に応じて行われるという点で、通常の捧げ物の儀礼や祭とは異なっていた。わかっている限り、そのような儀礼で扱われた対象は、種々の病や不浄、家族の不和、凶年、不作、出産、死、「黒」呪術、その他の犯罪（たとえば偽証や傷害、殺人など）、子孫繁栄、性的不能におよんだ。これらの問題はそれぞれの状況に合わせて仕立てられた儀礼によって対処されていた。また、儀礼は疫病や敗戦、凶兆、建設儀式、隠れた神々を呼び戻す際などに行われた祭、神像の建立、神々への罪を正すことなど、共同体全体に影響を与えかねない重大な局面にも行われた。

さまざまな儀礼の実践者が依頼者に代わって適切な儀礼を取り仕切ること

になっていた。医者兼祓魔師（A.ZU）や、鳥占い師（AZU）、「賢女」（ŠU.GI）と呼ばれる儀礼の実践者がいたことがわかっている。祓魔師と鳥占い師は訓練を受けた儀礼と占いの専門職であった一方、「賢女」は民俗知識に精通した専門家であった。通常、儀礼の責任者は皆、書板の書き出し《インキピット》にある名前で同定される。近東においてこの種の文書の作成者はたいてい匿名なので、このようなヒッタイトの慣習は珍しいものである。それは儀礼そのものに個人の印章を押すようなものであった。儀礼の実践者の中には、「賢女」のアンニウィヤニとアヤタルシャのような奴隷もいたが、王家に仕えて裕福に暮らした者もいた。呪術儀礼を記したクワッタラも女性であったが、彼女は仕事の報酬としてアルヌワンダ 1 世とアシュムニッカルから土地を与えられていた[43]。

これらの儀礼を記録した文書の形式は多かれ少なかれ標準化されていた。まず儀礼の実践者とその出身地を述べる序文に始まり、続いて問題の記載と、その問題に対して使われる材料の目録（薬剤の一覧表）がある。最後に儀礼手順そのものが詳細に書き取られた。このような儀礼の処方は数個の写し（常に元の著者が変更されることはなかった）が見つかっているため、繰り返し使われたに違いない。

処方を記した文書からは、種々の問題に対処する主要な手段には、喩えを用いる呪術（類感呪術）や穢れを移す儀礼、身代わりの儀礼があったことがわかる。これらの要素は、望まれる結果を得るために一連の儀礼の中で組み合わせて使われたり、繰り返されたりするなど、さまざまな工夫が凝らされていたようである。厄除け、つまりあることを未然に防ぐための呪術が行われたのも確かだが、ヒッタイトでは、大部分が問題の予防よりもすでに起こっている問題への対応に焦点が当てられている。

喩えを用いる呪術（類感呪術）では、儀礼行為と共に、その行為と期待される結果を結びつける呪文が唱えられた[44]。たとえば、男性の性的不能に対しては、男性が先に渡されていた女性の持ち物（錘や糸巻棒）を取り上げられた後、男性の持ち物（弓や矢）を渡されるという儀礼行為によって、文字通り、男らしさを取り戻す治療が行われた。女になるという恐れは、実際に呪いの文言として軍隊の不忠を効果的に防ぐものと考えられ、ヒッタイトの兵士の誓いの中には次のようにある。

> これらの誓いを破って王と王妃、王子に対する悪事に加担する者、これらの誓いの神々は（その）男を女（に）せよ。彼らは彼の軍隊を女にせよ。彼らにスカーフを身に着けさせよ。彼らがその手にある弓と矢、武器を壊し、（代りに）手に糸巻棒と錘を持つように。[45]

呪文が唱えられる間、呪文に出てくる行為も実際に行われた。このような呪文は、ヒッタイトの儀礼に最も一般的な基本要素であり、儀礼における重要な概念であったと言われている。

この種の儀礼では、動物や人間、神、植物、食料、その他の物体、あるいは自然現象が喩えの媒体となっただろう。たとえば、上述の兵士の誓いの文書では、儀礼の専門家が「彼ら（兵士たち）の両手に蝋と羊の脂を置き、彼は（いくらかを）火に投げ入れ、『正にこの蝋が溶けるように、正にこの羊の脂が溶けるように、誓いを破ってハッティの王を欺く行動を起こす者は、蝋のように溶けよ。羊の脂のように溶けよ』と言う。彼ら（兵士たち）は『そうであれ』と言う」。誓いの呪術は、将来に望まれない出来事（この場合は反逆）を未然に防ぎ、万が一それが起こった際には、自動的に神々の介入を呼び込むためのものであった。しかし、望まれる出来事は、「ただ一匹の豚が多くの仔豚を生むように、このブドウ園のすべての枝に、豚のように、多くのブドウが実りますように！」[46]と唱えられたように、いとも簡単に得られるように記されている。

呪術では、その参加者に馴染みがあるイメージが用いられたようである。そのため、テリピヌ神の怒りは次のような言葉とそれに伴う行為で鎮められている。

> テリピヌは怒っている。彼の魂と心は（燃える）小枝の（ように）鎮められた。これらの小枝が燃やされるように、テリピヌの怒りと立腹、罪、不機嫌も同様に燃え尽きよ。［また、麦芽］が発芽しないならば、耕地に運ばれず、種として用いられず、パンにならないし「封の家」に置かれることもない。テリピヌの怒りと立腹、罪、不機嫌も同様に芽を出すことがないように。[47]

喩えを用いる呪術の最後の例として、「賢女」アリーが女の「黒」呪術師に対して唱えた、隠喩を含んだ呪文について考えたい。その呪文とは、「[それ]（「黒」呪術）は髪飾りであれ。彼女（呪術師）はそれを頭につけよ。彼女はそれ（呪いの言葉）を撤回せよ。それは彼女の腰帯であれ。彼女はそれを自らに締めよ。それは彼女の靴であれ。彼女はそれを履け」というものである[48]。この呪文は詩編109編17–19節と比較できるかもしれない。そこでは次のように、悪人の呪いは服に喩えられる。「彼は呪うことを好んだのだから、呪いは彼自身に返るように。祝福を望まなかったのだから、祝福は彼から遠ざかるように。呪いを上着として身にまとうが良い。呪いが水のように彼の体に油のように彼の骨に染み通るように。呪いが彼のまとう衣となり、毎日締める帯となるように」。[49]

苦痛を患者から他の物へ転嫁する術は数多くあった。患者の上で物や動物を揺らしたり、動物や魔力を帯びたパンや食事、蜂蜜、泥などの物質で患者に触れたり、それらをこすりつけたりした。あるいは（悪をこすり落としたり、とどめたりする力のある）切断された動物の体の部位の間やサンザシの門を通り抜けるという方法もあった。「賢女」トゥンナウィヤは、病を取り払うために患者の体の頭から足先まで12か所の体の各部に、雄羊の12（標準的な呪術の数字）の部位を準備し、「頭には頭が用意される。喉には喉が用意される。耳には耳が用意［され］る……同様に［指］には指が用意される……同様に［足］には足が用意される……血には血が用意される」と言う。そしてトゥンナウィヤは「私が用意した彼の体の12か所について、今、雄羊の部位がこの者の体の部位の病を要求している」と言い、儀式の目的を明かした[50]。聖書においてエリシャも病気の子供に対して同様の癒しの儀礼を行っており、自らの体の各所を子供の体に重ねた。自分の口を子供の口に、目を子供の目に、手を子供の手に重ねることで子供を蘇らせている（列王記下4章32–35節、列王記上17章21節も参照のこと）。同様の癒しの儀礼はメソポタミアにも知られることから、エリシャの奇跡は、アナトリアだけではなく、古代近東の民間療法を背景にしたものと理解されなければならない[51]。

もし軍が敗北を喫したならば、より徹底的に穢れを転嫁する方法が用いられた。

川の後ろで、1人の人間と1頭の仔ヤギ、1匹の仔犬、1匹の仔豚が切

> り裂かれた。片岸に半分が置かれ、対岸に（もう）半分が置かれた。（これらの）前にはサンザシ門が作られ、その上にティヤマルが広げられる。次に、片岸では門の前に火が焚かれ、対岸でも火が焚かれる。軍隊は通り過ぎるが、彼らが川に沿って来るとき、彼らは彼ら（自身）に水をかける。[52]

動物を半分に切り裂き、切断された体の間を通り過ぎるという例は、ヒッタイト文書中に数例確認される。先の例のように、この種の儀礼が必要とされる深刻な状況においては、戦争捕虜が生贄になることがあった。のちにヘロドトス（『歴史』第 7 巻 39 節）は、ペルシア人たちがこのような儀式をしていたと言うが、それは東地中海世界でこの種の儀礼に長い歴史があって、かつ広まっていたことを示している。物語の中の話ではあるが、アキレウスがパトロクロスの火葬場の積み薪の上で 9 匹の犬と共に 12 人のトロイアの戦士を生贄にしたこと（ホメロス『イリアス』第 23 歌 172–177 行）にも、この儀礼のモチーフがよく知られていたことが暗示されている。イザヤ書 66 章 3 節に述べられる人間の生贄には、おそらく軍事的な背景があり、儀礼上の殺人という過激な形態があったことを暗に示している。創世記 15 章 9–10 節とエレミヤ書 34 章 18–20 節は、切り裂かれた動物の部位の間を通り過ぎる契約締結式に言及している。これら聖書の例は形式としては似ているものの、ヒッタイトの儀礼には、契約を破ろうとする者への警告はなく、動物の体の間を通り過ぎる者を清めるはたらきがあった[53]。また、ヒッタイトでは仔犬や仔豚[54]、ときに若いヤギが好まれており、使われた動物の種類も異なる。ただし、そうであっても、ここで取り上げた方法が東地中海世界における儀礼の共通語《コイネー》であったのは明らかである。

身代わりの儀礼は、人間か動物（それは生きた動物でも、粘土やパン生地から作られた模型でもよかった）が患者の立場に成り代わることで、悪や不浄を移されて患者は不利益から逃れられる、というものであった。身代わりに効果をもたせるため、初めに動物は清められる人間と同一視されなければならなかった。「賢女」のマシュティッガは、捧げ物をする人に羊を見せながら、「ここにあなた方の身代わりが（いる）。それはあなた方自身の身代わりになるように[55]」と声に出して言ったことがわかっている。ひとたび同一化が完了すると、不浄は、それを移すものあるいは身代わりに「転送」された。たとえば、軍隊内に蔓延した疫病を終わらせるために行われた、プリシャによる儀礼では、雄羊と雌羊に飾り輪《リース》が飾られる。この飾り輪は、王が口に入れた色のついた羊毛のより糸を使って作られたもので、軍を悩ます病の象徴であった。一方マシュティッガの儀礼では、患者が単に身代わりの羊の口に唾を吐くだけであった[56]。悪が完全に移されると、不浄を移されたものは追い払われるし、身代わりはたいてい焼くか埋めるか、あるいはその両方で破壊されることで浄化が完了した。

この浄化方法は、王の身代わりの儀礼様式に究められる。王の身代わりの考え方はメソポタミアから借用され、占いの中で王の死が予言される度に行われた。そのような儀礼では、戦争捕虜の一人が王としての油を塗られる中、王自らは次のように言った。

> 見よ。この者は王である。[私は] この者に王の名を [授けた]。私はこの者に王の [服] を着せた。私はこの者に（王の）帽子をつけた。凶兆と短い年々、短い日々は [この男に] 注意を向け、この身代わりを追いかけよ！[57]

こうして戦争捕虜は、彼の母国、ヒッタイトにとっての敵国へと送り返されたのであった[58]。

アナトリアでは身代わりの儀礼と贖罪のヤギの儀礼が一般的で、早くも古王国時代に確認される。ことによると、身代わりの儀礼で最も有名な例は、ムルシリ2世が、おそらく小さな発作のせいで言葉が話せなくなったときに行われた儀礼かもしれない（第2章を参照のこと）。その際、身代わりの雄牛が飾られ、王は身代わりとするために雄牛の上に手を置いた。飾られた雄牛は、王の服と戦車、戦車を引く馬と一緒にキズワトナのクマンニへと送られた。そこで神官たちは、太古に記されたという木製書板の指示通りに身代わりの儀礼を行うようにと命じられていた。

贖罪のヤギ（ヒッタイト語でナックシと呼ばれる）は、アナトリア西部から南西部に位置するアルザワの国々で、特に疫病を鎮めるための儀式によく用いられたことがわかっている。軍隊内で発生した病を鎮めるために行われたアシェラの儀礼はそのような例である[59]。

私（アシェラ）は次のように行う。日が暮れると、すべての軍司令官たちは、各々雄羊を準備しなければならない。その雄羊は白でも黒でも良い。私は白と赤と緑の羊毛をより合わせ、司令官はそれらを一つに織り上げる。私は一つの宝石と一つの玉髄の輪に紐をつけて、彼らはそれを雄羊の首と角に結ぶ。夜に彼らはそれら（雄羊）を天幕の前につなぐ。その間、彼らは次のように言う。「いかなる神が動き回ろうとも、いかなる神がこの疫病の原因であったとしても、私はあなたのためにこれらの雄牛をつなぎました。これらに満足してください」と。

朝、私はそれらを郊外へ追い立てる。彼らはそれぞれの雄羊に 1 壺のビールと 1 個の捧げ物のパン、1 杯の……を持っていく。天幕では王がその前に飾られた女を座らせる。彼は小さな 1 樽のビールと 3 個の捧げ物のパンをその女のために置く。

その後、宿営地の司令官たちは雄羊の上に両手を置いて次のように朗唱する。「この疫病を起こした神よ。今ここに立つ雄羊の肝臓と心臓、腿はとても食欲をそそります。今再び神にとって人間の肉は忌むべきものとなれ。そして（神よ）あなたはこれらの雄羊に満足してください」と。宿営地の司令官たちは雄羊に頭を垂れ、王は飾られた女に頭を垂れる。そして彼らは雄羊、女、パンとビールを軍隊から運び出し、荒野へと追い出す。彼らは敵の領土に行き、それらを見捨て、我々の場所に戻ることのない（ようにする）。その上で、彼らは次のように朗唱する。「見よ。いかなる悪がこの軍の男たちと牛、羊、馬、ラバ、ロバにあろうとも、これらの雄羊と女がそれを宿営地から運び去っていった。誰がそれらを見つけようとも、その国がこの邪悪な疫病を受け取るように」と。[60]

レビ記 16 章における聖書の贖罪のヤギの儀礼との類似は長きに渡って指摘されてきた[61]。いずれの儀式も、贖罪のヤギを荒野あるいは敵の宿営地へ送ることで、共同体から穢れを取り除くことを目的としている。アシェラの儀礼では、贖罪のヤギ（この場合、雄羊）が女性と共に用いられている。正にアザゼル Azazel の儀式においてヤハウェへの償いが贖罪の捧げ物によって行われるように（レビ記 16 章 11–19 節）、アシェラの儀礼では、4 日間続く儀礼の 3 日目に、疫病を引き起こした神に生贄が捧げられ、贖罪のヤギの儀礼は完了する（上の引用文に続く「アシェラの儀礼」の第7段落）。また、どちらの儀式においても、手を置く動作[62]をするのは、動物を追い払う者ではない[63]。アシェラの儀礼は、疫病の原因となった神々をなだめるための捧げ物として贖罪のヤギを追い払う点でレビ記16章と異なるが、ヒッタイトの贖罪のヤギの儀式は常に神を鎮めるために行われていたわけではない[64]。

レビ記16章で贖罪のヤギを捧げられる精霊アザゼルの正体は長年の難題である。この精霊については、ことによるとフリの浄化儀礼にアズズヒ *azuzḫi* という言葉が現れることや、前17世紀末のアララハ文書で、天と冥界の神々をなだめるために、鳥と仔ヤギ、仔羊がアザズフム *azazḫum* の捧げ物として生贄にされていることから説明できるかもしれない[65]。アズズヒという語はセム語の語根 *'zz* をもち、アッカド語の *ezēzu*「怒る」から派生して、フリ語の接尾辞（*-hi*）を伴っているようにみえる[66]。もし、「アザゼル」もこの語根から派生しているのであれば、「アザゼルのための」生贄とは、本来「神の怒り（の除去）のための」生贄ということになる。神の怒りは古代近東世界で非常に古くから共通して不浄の根源と考えられていた。しかし、すでに古代において言葉の本来の意味が誤認されるようになり、さらにエル El のつく名前の形式にしたがって、*-el* の要素が付け加えられたことで、「荒野の精霊」が創り出されたのである［聖書ではエルという神を表す要素が名前の一部になることがある。たとえばイシュマエルなど］。

キズワトナの贖罪のヤギの伝統では、牝牛や羊、ヤギ、ロバ、さらにねずみなど、さまざまな動物が身代わりに使われたようである。

> 彼女は［弓］のつるに小さな錫片を巻きつける。彼女は捧げ物をする者の右手（と）右足にそれを巻きつける。次に彼女はそれを解いて、ねずみに移してから言う。「私はあなたから悪を取り払い、それをこのねずみに移した。さあ、このねずみは高い山、深い谷、長い道へそれを持って行け」と。そして彼女はねずみを放す。
>
> タルパッタッシャの神々の前に向く者よ、あなたはこのねずみを自らのために取れ。私たちは別のねずみをあなたが食べるために差し出す。彼女は残りを撒く……彼らは別の清いねずみを持ってきて、彼女はそれをタルパッタッシャの神々の前に向く者に与えて「あなたが食べよ」と（言う）。[67]

「賢女」アムバジが行ったこの儀礼には、ペリシテ人と契約の箱の話（サムエル記上 5–6 章）との共通点がある。契約の箱があることでペリシテ人の間に腫れ物のできる疫病が生じた。これは神の怒りの印であった[68]。協議の結果、ペリシテ人の祭司たちは、古代イスラエル人たちの神をなだめるために、賠償の捧げ物（*'āšam*）として 5 匹の金のねずみと 5 つの金の腫れ物を積んで、契約の箱をイスラエル人たちに返すようペリシテ人たちに忠言している。イスラエルではねずみは不浄とされていたため（レビ記 11 章 29 節）、イスラエルの文化的背景からすると、この捧げ物にはあまり意味がないが、ペリシテ人の習慣を反映している可能性はある。一般的には、ペリシテ人の神ダゴン Dagon は、その特徴はよく分かっていないものの、有名なセム系の神ダガンと同定されている。しかし、もしそうではなくてインド・ヨーロッパ語の $d^{h}e\hat{g}^{h}om$（ヒッタイト語でテカン *tekan*「地」）に由来する名前で[69]、アナトリアあるいはエーゲ海沿岸において大地と結びついた神を指す（ヒッタイトの神ダガンジパ Daganzipa と比較されたい）ならば、ペリシテ人のアナトリア・エーゲ海沿岸起源説は、より現実味を帯びることになるし[70]、サムエル記上 5–6 章に登場するねずみはアナトリアにおける贖罪のヤギの儀式の「再来」であると説明できる。また、神前で発せられた呪いを除去するために行われた「シャムハの儀礼」もサムエル記上 5–6 章と比較されるべきである。シャムハの儀礼では、儀礼の実践者が誓いと呪いを象徴する金と銀の像を積んだ模型の船を、怒れる神への和解の贈り物として川から海へと流している[71]。災厄を具象化したものを捧げる点はペリシテ人のねずみと腫れ物の例とよく似ている。

「黒」呪術

ヒッタイトの人々が、私たちの考える呪術にあたる言葉をもっていなかったとしても、彼らは決して悪意をもった呪術行為、「黒」呪術を表現する方法に欠いていた訳ではなかった。ヒッタイト語で「黒」呪術はアルワンザタルといい、主に害悪をもたらすことを目的としている点で、その他の呪術と異なる。ただし、「黒」呪術の儀式はどこにも記録されておらず、おそらく「白」呪術の儀式との間に明白な違いはなかったのであろう。アルワンザタルより一般的なのが「悪の舌」という考え方であり、これは個人を害するために口に出された呪文や呪いの言葉を指した。また、魔力（アシュタヤラタル）と呪い（フルタイ）という言葉がみられることからは、「黒」呪術では呪術の発話の側面が重視されたことがわかる。「実践」である儀礼行為においては、言葉が付随的なものであったことと対照的である。

ヒッタイト法の中には悪意のある呪術行為にかんする多くの法律がある。ある法律には、「もし、ある者が人に対して浄化を行うならば、彼は（その儀礼の）残滓を焼却場で処分するだろう。しかしもし、彼がそれらを他の者の家で処分するならば、それは「黒」呪術であり、王の訴訟である（第 44b 条)」[72] と規定している。ここでは、呪術に使用された汚物が被害者の家に故意に捨てられることが想定されている。このような行為は「黒」呪術であり、極刑に値する犯罪であった。ヒッタイト法の第 111 条は「[もし]、ある者が（呪術目的で）粘土から［像］を（？）作るならば（？）、それは「黒」呪術であり、王の訴訟である」[73] として、呪いの人形《ブードゥー》にかんする事件を扱っている。前 16 世紀、テリピヌは古王国を悩ませてきた秩序の混乱と政治的陰謀の歴史を振り返り、「黒」呪術を禁じる説諭をもって締めくくっている。「ハットゥシャで行われた『黒』呪術の訴訟について、それらの事例を清め続けよ（すなわち、取り調べ、罰すること）。王家で『黒』呪術を行う者は誰であっても、彼を捕え、王の法廷に連れて来るように。しかし、彼を連れてこなかった者（とその家）には不幸が訪れるだろう」。[74] テリピヌは、この宣言に至る文書の中で、宮廷内の謀略の中で行われた「黒」呪術に言及しているわけではない。しかし、かつての王たちの治世に繰り返された暗殺と大混乱の中、政治的利益を得るために悪意ある呪術が行われていたと考えて問題ないだろう。晩年のハットゥシリ 1 世を世話したハシュタヤタルさえも「賢女」に助言を求めていたことが知られている。

帝国時代、王室の人々が日常的に呪術的な儀式に頼っていたことは確かである。伝えられるところでは、アルマ・タルフンダはハットゥシリ 3 世に対して政局を有利に進めようとして「黒」呪術を用いた。シュッピルリウマ 1 世の未亡人である、非常に悪名高いタワナンナは「黒」呪術を使ってムルシリ 2 世の最愛の妻ガッシュラウィヤを死に追いやった。ムルシリ 2 世は「彼女は日夜神々の前に立ち、神々の前で我が妻を呪っていた。［彼女は］彼女を［…］、『彼女が死ぬように！』と言って彼女はその死を願っているのです。神々よ、我が主人たちよ。あなた方はなぜこのような悪言を聞くのでしょうか」[75]という。この場合、タワナンナは「黒」呪術師であったといえる。彼女は、国家神の祭儀の維持管理を統括する女神官として願いを神々に聞き入れてもらえたので、その行動は二重に厄介であり、かつ危険であった。祈りによる殺人は証明が難しいため、神託によってタワナンナの有罪が立証された。ムルシリ２世は、今後神々の求めに応じると約束し、タワナンナをシワンザンナの職からは退けたものの、命は奪わなかった。これは、ことによると王妃を処刑することによる政治的・宗教的影響を恐れての判断であったのだろう。

宇宙起源論・宇宙論・終末論

ヒッタイトに固有の宇宙起源論や宇宙論があったことを示す証拠はほとんど残されていない。創造主や宇宙の創造といった考え方はすべてメソポタミアかフリ人からもたらされたようである。一握りではあるが、さまざまなジャンルの文書中に宇宙の考え方についての言及がある。たとえば、クマルビ詩歌集の一つである『ウリクンミの歌』（第３章を参照のこと）では、その題名にもなっているウリクンミが冥界でウベルリの右肩に隠れているとされている。ウベルリの肩に立っている限り、テシュブはウリクンミを打ち破ることができなかった。そのため、神エアは「太古の神々」に「古い、父なる、祖父なる倉庫を再び開け。天と地を切り分けた太古の銅の鋸を持って来るように」と忠告する[76]。宇宙を創造する最初の行為が天と地を切り分けであるというモチーフは、少なくともシュメール人たちにまでさかのぼることができる。あるヒッタイトの儀礼文書断片では、創造について「三日月がのぼり、闇が地を（産み）、光は星々を産んだ」[77]とされている。このような創造の様子は、創世記と近似しており、これもまたシリア北部の伝統を反映している。創世記にあるように、地は太古の闇から光を差し込まれることによって生じた。

複数の祈祷文書には、太陽神が「天の門」を通って海から昇ってくると記されている[78]。あるハッティの儀礼では、太古の時代に神々がいかに王宮を建て、王権を定めたかが語られている[79]。また、別の儀礼では儀礼の依頼者が次のような呪文を唱える。「神々が天と地を取ったとき、神々は（それを）自らのために分けた。天界の神々は自らのために天を取り、冥界の神々は自らのために地下の国を取った。それぞれが自らのために取った。しかし、川よ、あなたはあなたのために清めと子孫の命、繁殖（？）を取った」。[80] さらに、「賢女」マシュティッガによる儀礼では、呪術の材料が牝牛の角に注がれ、二人の儀礼の依頼者がその角を封印した。次にマシュティッガは「古の王たちが戻り、国土とその慣習を調べるとき、その時にだけこの封印も壊されるように」[81] と言った。この文言は「絶対に起こり得ない」ことを意味しているのかもしれないが、ダビデの子孫たちの伝説（サムエル記下 7 章、イザヤ書 9 章 2–7 節、11 章 1–9 節）に通じる終末論と理解すべきかもしれない。

ヒッタイト美術もその宇宙観を知る手がかりになる。近年、考古学者らがトルコ中央のエフラトゥン・プナルにあるヒッタイトの岩のモニュメントの周囲から水を抜いたことで、私たちは初めてこの施設の全体像をみられるようになった。レリーフの構成はそれ全体で宇宙を表しており、国家の最高神たちが天の象徴（有翼日輪）と地の象徴（山の神々）に囲まれている。鎮座する二柱の最高神の脇とその間には随所に精霊と雄牛人間がいる。現在の保存状態は良くないが、精霊と雄牛人間は、神々の上にある有翼日輪と、モニュメント全体を覆う、より大きい有翼日輪を支えるよう腕を上げている。レリーフ最下層に位置する山の神々の間の岩には穴が開けられている。これは、かつて、鎮座する最高神の下にある山の神々の間から水が池に注がれていたことを示しており、文書中で神なる山々と水域が決まってひとまとめにされることが思い起こされる。このような宇宙観はアラジャ・ホユックの発掘で見つかった細密なレリーフのある青銅製の銘板にも確認される。そこには山々の代わりに動物（ライオンと雄牛）がいて、その上に立つ二人の雄牛人間が様式化された生命の木の両脇で有翼日輪を両手で支えている。このような宇宙観はヤズルカヤの男神の側のレリーフにもみられ、雄牛人間が三日月を支えながら大地を表す象形文字の上に立っているし、そのような様子はメギドの象牙の銘板にも描かれている（図 3.10）。

死と来世

グルシェシュ（人間の運命を決める運命の女神たち）が地上に住む人間の命の糸を切ることで、人が「彼の運命の日」を迎えたとき、どのような来世が期待されたのだろうか。文献資料と考古資料からは、ほとんどの人々は死すると冥界に居を定めると信じられていたことが示唆される。「地の太陽女神」には魂を彼女の領域に移すという役割があった。アナトリア起源の神話文書によると、次に示すように、冥界は決して明るいところではなかった。

> 人は他人を見分けられない。同じ母親をもつ姉妹は（互いを）見分けられ［ない］。同じ父親をもつ兄弟は（互いを）見分けられ［ない］。母親は［彼女］自身の子を見分けられ［ない］。［子は自身の］母親を見分けられ［ない］……彼らは良い食卓で食べられない。彼らは良い腰かけで食べられない。彼らは良い器で飲めない。彼らはおいしい食べ物を食べられない。彼らは私の（？）おいしい飲み物を飲めない。彼らは泥を食べる。彼らは排水（？）を飲む。[82]

この荒涼とした冥界の様子はメソポタミアの伝統と合致しているが、ヒッタイトの人々がメソポタミアの考え方に影響を受けていたとしても不思議ではない。しかし、文化が多様であったために厳格な宗教規範が発展しなかったヒッタイト王国で、このような見方がどれほど広がっていたのかを知る由はない。いずれにしても、死後の世界で永遠に存在し続けるより、もっと悪い運命があったようである。シュッピルリウマ１世は臣下を次のように脅している。「そして、もし［汝ら］ハヤシャの［人々］とマリヤが、今余が汝らに対して誓いの下に置いたこれらの言葉を守らないならば、これらの誓いの神々は、汝らの妻たちと［汝らの］息子たち、汝らの［兄弟たち］、汝らの姉妹たち、汝らの家族と共に、汝らの人々を完全に〈根絶やしにするように〉……神々はまた、地下の「暗黒の冥界」から彼らを根絶やしにするように」。[83] たとえ死後の世界が荒涼として憂鬱な世界であったとしても、そこでの生活を否定されることの方が、もっと恐ろしい末路であったに違いない。

それでもやはり、ヒッタイト王にとって冥界へ旅立つことは極力避けたい運命ではあった。ハットゥシリ１世が『王令』の中で、最後に最愛の妻ハシュタヤタルに向けて言った、「［余を］よく［洗え］。汝の胸で余を地から守れ」[84] という言葉には、彼が死を恐怖と感じていたことがよく表れている。しかし、ある王が太陽神に向けた祈祷には、少なくとも王族は、天に昇り、神々と共に暮らすことを期待していたことが示唆される。

> 「天の太陽神」、我が主人よ、あなたが私から（私の）王［座］を取り上げ、それを他の者に与えるようなことを私は何かしたでしょうか……あなたは私を死者（の霊）のところに呼び寄せました。見て［ください］。（ここに）私は死者の（霊）の中にいます。私は「天の太陽神」、私の主人の前に姿を現しました。私を私の神なる運命、天の神々の下へと昇らせてください。死者（の霊）の中から私を［自由に］してください。[85]

王にとって「神になること」は先祖と再会し、のどかな楽園で永遠に安らぐことを意味した。14日間におよぶ王の葬儀の中では、「そして、彼のためにこの牧草地が正しく作られるように。太陽神よ。誰もそれを彼から取り上げたり、それを彼と争ったりしないように。この牧草地で彼のために牛（と）羊、馬、ラバは草を食むように」[86]とある。来世ができるだけ地上の恩恵で満たされるように、農業や畜産、ブドウ栽培、狩猟に関係する様々な品々が準備・捧げられ、死後の世界が保証された。火葬された王の遺体は銀のフパル壺に入れられ、儀式で使われた貴重な材料でできた品々とともに「石の家」と呼ばれる墓の床に安置された。死者と共に死後の世界へ行くことになる品々も遺体と同じように燃やされ、その灰は「馬と雄牛の頭が燃やされた場所」に撒かれた。

死した王たちの霊魂は天の神々に加わった一方、この世ではハットゥシャの神々の神殿に死した王の像が立てられて、子孫たちはそれを崇拝した。先祖が死後を幸福に暮らすためには先祖供養が続けられることが不可欠と考えられ、霊魂が安らかであるために3世紀以上もさかのぼる、死去した王族たちへの供物リストが保持されていた。ムワタリ2世が祖先の霊を新都タルフンタッシャへ移したのも、先祖の重要性をわかっていたからである。彼らに対する祭儀は、死したそれぞれの王のヘクル（霊廟）を中心に行われた[87]。トゥドゥハリヤ4世には墓（ヤズルカヤの石室B）と、シュッピルリウマ2世が父親を讃えてニシャンタシュの頂に建設したヘクル、いわゆる「永遠の頂」が用意された（図2.2参照）が、その他の事例では墓と霊廟が同一の施設であったのかもしれない。ガヴルカレシには、どの王のものかはわからないが、岩に描かれた王のレリーフと、それに付設された「墓」（巨大な構造物に囲まれた石室）があり、また小さな集落を示す構造になっている。ここは、おそらく在位中の王に対する行政上の必要に応じるだけでなく、死した王の供養に必要な土地と人員を備える国の施設として機能したと考えられる[88]。フラクティンにあるハットゥシリ３世とプドゥヘパのレリーフと、シルケリにあるムワタリ２世のレリーフは同様の施設であったかもしれない。いずれも実際の墓であったことを示す証拠はないものの、フラクティンの周囲には集落があった。さらに、ヤズルカヤと同様、どちらのレリーフの近くにも献酒をするためのものと推測される盃状穴があることから、この場所が霊廟であったことが暗示される。最後に、これらのレリーフが、政治的にも宗教的にも戦略上重要な場所に位置したと思われる点も、この解釈を裏づけている。

ほとんどの支配者層は、何らかの形で王の親族であったし、また王族以外の死者の霊も王族と同じように災いをもたらすような存在と信じられていた。それを踏まえると、彼らも先祖供養の対象となっていたと考えられるだろう。おそらくアナトリアのすべての社会階層にとって、先祖供養が大切であったことに疑いの余地がない。支配者層の遺体の扱いはわかっていないが、彼らの遺灰は王家の霊廟に安置されたかもしれない[89]。発見されている数少ないヒッタイトの共同墓地では、簡易な泥の墓の中に、火葬の跡も土葬の跡も確認されている。貧相な埋葬品からは、それらがヒッタイト王の「一般の」臣民の墓とわかるだけでなく、葬式そのものより、死後の供養の方が重視されたことがうかがえる。それでも、ハットゥシャに隣接するオスマンカヤスの土葬には、雄牛と豚、羊、ヤギ、犬、ウマ科の動物などが含まれていた。これはより身分の低い者にとっても、この世の装いが来世でも必要であったことを示している。

第5章　聖書の中の「ヒッタイト人」

契約の形式、宗教的実践、文学伝統——どのようにしてヘブライ語聖書にはこれほど多くのヒッタイト世界の残響が含まれることになったのか。そしてヒッタイトのさまざまな文化的主題はいかに古代イスラエル人に受け入れられたのだろうか。社会は多くの点で、そしてさまざまなレベルで相互に影響し合うため、ただ一つの伝播様式からすべての影響の事例を説明することはできないだろう。しかし、分野の異なる聖書学とヒッタイト学の研究者たちは、とりわけ、ある一つの可能性についての研究に取り組んできた[1]。聖書の著者たちは、古代イスラエル人が移住する以前のパレスチナの住人の中に、「ヘト人」と呼ばれる民族がいたと言い、また聖書の物語には「ヘト人」という通称が付けられた人物も度々登場している。パレスチナに住んでいた「ヘト人」たちが古代イスラエル人たちに文化的影響を及ぼした可能性はあるのだろうか。

聖書のヘト人とは誰か？

その答えは、ある程度、「聖書のヘト人」と後期青銅器時代アナトリアのヒッタイト人を結びつけられるかどうかにかかっている。創世記にはベネー・ヘト *bĕnê ḥet*「ヘトの息子たち」と女性形のベノート・ヘト *bĕnôt ḥet*「ヘトの娘たち」という言い回しが出てくる。別のところでは、「ヘト人ウリヤ」のように、ヘブライ語のヒッティー *ḥittî* が特定の個人の民族を同定するための形容辞として使われているし、複数形のヒッティーム *ḥittîm*「ヘト人たち」が古代イスラエル人移住前のパレスチナの住人を記録した一覧に現われたりする。アーチボルド・セイスや彼の同時代の研究者たちがシリアとアナトリアの碑文が刻まれたモニュメントをヒッタイトによるものと同定できたのは、このような聖書における「ヘト人」が根拠となっていた（第1章を参照のこと）。ただし、この名称は単なる文学的慣習にすぎず、民族的・歴史的な重要性とは関係なく使われているのだと主張する研究者もいる。また、王国名である「ハッティ」とヘブライ語のヘト *ḥet* が似ているのは音声上の偶然の一致に過ぎないと考える研究者さえいる[2]。そうは言っても、ゴイムの王ティドアルの名にみられるように（創世記 14 章 1 節）、ヘブライ語聖書は古い伝統をいくらか残しているように思われる。ティドアルはアブラハムの時代に盟約を結んだ王の一人であり、その名前がヒッタイト王の名トゥドゥハリヤを思わせることから、彼をヒッタイトの王座に登位した三人ないし四人のトゥドゥハリヤの一人と同定しようとした研究者もいる[3]。個別的な言及について導き出される結論はどうであれ、より大きな問いは、古代イスラエル人がパレスチナに来て定住したとき、そこにアナトリアから来たヒッタイトの人々が住んでいたことを証明できるかどうかである。もしできないならば、聖書のヘト人とは誰なのか。最終章ではこれら二つの重要な問題について論じていく。

「ヘト人のすべての王」

前 1 千年紀前半の数百年間、すなわちヘブライ語聖書の最も古い章句が編まれたと考えられる時代、シリア北部とアナトリア南東部の新ヒッタイト諸都市は比較的平和な繁栄の時代にあった（図 2.9）。前 9 世紀半ば以降、青銅器時代の政治体制の崩壊後に再び新アッシリアの王たちは、帝国となる野望を抱き、西方に向かって諸地域の征服を推進し始めた。新アッシリアの王の年代記において、これら諸都市の支配地域は「ハッティ」と呼ばれ、その文化と歴史が後期青銅器時代のヒッタイト王国に由来すると明白に認識されていたことがわかる。サムエル記下 8 章 9–10 節によると、最南部にあった新ヒッタイトの王国ハマトの王トイは、息子ヨラム[4]が率いる使節団をダビデの下に派遣し、共通の敵であるアラム人に対する勝利を祝った。そのおよそ 100 年後には、アラム人が新ヒッタイトの人々と古代イスラエル人の両方と同盟を組んでいる。また、ハマトの王ウルヒリナは、アラム（ダマスクス）のハダド・イドリとイスラエルのアハブと共に、前 853 年にカルカルの戦いでシャルマネセル 3 世率いるアッシリア軍を打ち破るべく戦った。このように、ハマトと北イスラエル王国は、アッシリアに屈服し、帝国の属州となるまで、政治的・経済的・文化的な結びつきを維持していたことがわかる。

古代イスラエルがシリアの近隣諸勢力と良好な関係をもっていたことを示

すこれらの記述は、「ヘト人」に言及する一握りの聖書の章句と一致する。たとえば、列王記上では、ソロモンがエジプトから戦車を、キリキアからは馬を輸入して、それを「ヘト人やアラム人のすべての王」に輸出した（列王記上10章29節、同様の記述は歴代誌下1章17節にもある）と語られる。このヘト人の王たちとは、古代イスラエルが良好な交易関係をもっていたシリア北部の都市国家の支配者たちであった。また、聖書では軍事面での関係も示唆される。列王記下7章6節では、ソロモンの時代の後、約100年の間に起こった出来事を語る中で、サマリアを包囲していたアラム人が、戦車と軍馬が近づいていること、すなわちいかに大軍の音を聞きつけたかが記述されている。これが理由でアラム人たちは、古代イスラエルの王が自分たちと戦うためにヘト人の諸王やエジプトの諸王の力を借りたのだと思い、天幕を捨てて逃げ去った。この一節に出てくるヘトとエジプトとは、カデシュの戦い（前1275年）で対決し、その後同地域に持続的な平和をもたらした二つの超大国のことではないが、それでも彼らは二大国の鉄器時代における末裔であり、シリアの敵軍を脅かすほどの実力を保っていた[5]。最後に、この二国の外交的な結びつきは、ソロモンがファラオの娘など外国の妻の中に加えて、「ヘト人」の女たち（つまりシリア北部の「新ヒッタイト」の女たち）と外交上の政略結婚をした物語に反映されている（列王記上11章1節）。

また、聖書テキストは新ヒッタイト諸国家の支配領域の記憶も留めている。ヨシュア記1章4節では、古代イスラエルが約束の地の征服を開始するにあたり、ヤハウェはヨシュアに「荒れ野からレバノン山を越え、あの大河ユーフラテスまで、ヘト人の全地を含み、太陽の沈む大海に至るまでが、あなたたちの領土となる」と約束したと述べられる[6]。この記述は、私たちが知っている後期青銅器時代のヒッタイト文化を継承した諸都市の地理的な広がりとよく一致している[7]。その他にも「ヘト人の地」に対する言及は士師記1章26節にある。かつてルズと呼ばれた町ベテルを裏切った男は、「ヘト人の地に行って町を築き、それをルズと名付けた」という。ルズという名の町はアナトリアにもパレスチナにも知られていないが、（ヒッタイト時代にはキズワトナとして知られた領域である）キリキアに位置するヒッタイトの町ラワザンティヤとする説など、いくらかの同定が試みられている[8]。しかしながら、ベテルの男がヘト人の地へ行ったという事実は、必ずしもベテルがヘト人たちの住んでいた町であったことを意味せず[9]、この一節はパレスチナに住んだヘト人たちを探る試みにおいてはほとんど役に立たない。

まとめると、「パレスチナのヘト人」、すなわち古代イスラエル以前のカナンの住人を探求する上で、上に挙げた五つの節は除外して差し支えないだろう。なぜなら、これらの節は、のちの新ヒッタイトと、前9世紀以降の新ヒッタイトと北イスラエル王国の結びつきにかんしてわかっている事柄と一致しているからである。また、これらの五節は聖書にヘト人が登場する五つの事例についてのみ説明がつくのであり[10]、この他に簡単には説明のつかない節はたくさんある。

「民族表」

「ヘト人」と呼ばれる人々が聖書テキストに現れる文脈に最も共通している点は、彼らが、多かれ少なかれ標準化された、古代イスラエル人が移住する前のパレスチナに住んでいた民族のリストに登場することである。この民族表の例は申命記20章16–17節によく示されている。「あなたの神、主が嗣業として与えられる諸国の民に属する町々で息のある者は、一人も生かしておいてはならない。ヘト人、アモリ人、カナン人、ペリジ人、ヒビ人、エブス人は、あなたの神、主が命じられたように必ず滅ぼし尽くさねばならない」。[11] イタマル・ジンガーが指摘するように、聖書の著者たちにとってカナンの民族構成を記す用語には、ある程度は歴史的真実性があったに違いなく、そうでない限り使われなかったはずである[12]。ただし、民族表の歴史的背景を確かめるのは厄介な問題である。

この「諸民族」の起源が北方にあった可能性を指摘する説には長い系譜がある[13]。聖書以外の史料からは、後期青銅器時代末か初期鉄器時代、おおまかに言えば古代イスラエル人たちが移住した時代、北部レバントとシリアおよびその周辺地域に、少なくともこれらの「諸民族」の一つであるヒビ人がいたことがわかる。ヒビ人についてはルクソールにあるラメセス2世による征服地のリストの中で言及されている[14]。彼らはアナトリア南部のクエ（キリキア）と関係があった。その根拠となるのは二語の音声上の類似である(Quwe → *Ḫuwe →ヘブライ語 *ḥiwwî*)。アダナ近郊で見つかった象形文字ルウィ語・フェニキア語の2言語碑文では、フェニキア語の *Dnnym*（「ダヌナ」、すなわちキリキアの別名「アダナ」）がルウィ語の *Hiyawa* とされ、このルウィ語の *Hiywa* からおそらくヘブライ語の *ḥiwwî* が派生していることから、上の関連づけが立証されている[15]。

聖書の伝統によれば、エブス人はダビデによる征服（サムエル記下5章6–9節、歴代誌上11章4–9節）までエルサレムに居住し、そこを支配していたため（ヨシュア記15章63節）、彼らの名前は都市名にさえもなっていた[16]。前2千年紀エジプトのエル＝アマルナの書簡に登場するエルサレムの王はアブドゥ・ヘパというフリ語の名前であった。このことから、エブス人の集団すべてではなかったとしても、その支配層はフリ人であったことが示唆される[17]。また、ダビデに麦打ち場を売ったエブス人の名前「アラウナ」（後述を参照のこと）もフリ語であると思われる[18]。もしエブス人たち、あるいはその支配層がフリ人ならば、ヒビ人と同様に彼らもまた究極的には北方を起源としていたことになる[19]。しかしながら、これとは異なる同定を示す証拠が聖書以外から出てきた。マリの楔形文字書簡（前18世紀）にはヤブシウムとして知られるアモリ人部族についての言及があり、ことによると彼らがエブス人に同定されるかもしれない[20]。そうであれば、後期青銅器時代にエブス人がこの地域にいたことの証明になるだろう。

ペリジ人については聖書以外には確認されていない。しばしばカナン人と対になっており、カナン人とペリジ人はいずれも、大国対小国、あるいはセム系対非セム系を対比するように、より大きな諸国家の集合体を象徴的に表すのだと説明されてきた[21]。ましてや、ギルガシ人についてはほとんどいえることがない。彼らは、民族表にしか現れず、しかも時々にしか現れないからである。聖書以外では、「ギルギシ」（*grgš*）はウガリトとカルタゴ世界の人名に確認される[22]。聖書のギルガシ人を、前13世紀ヒッタイト文書に現れるアナトリア西部の町カルキサと結びつける試みや[23]、初期鉄器時代はじめドル近郊のパレスチナ北岸に沿って定住していたティエケル、すなわちテウクロイ（＝トロイア人）（ヘロドトス『歴史』第5巻122節、第7巻43節も参照せよ）の残党であるゲルギテス族と結びつける試みもある[24]。これらの説は確定的ではないが、完全に排除されるものでもない。

民族表の中でヘト人は、アモリ人・カナン人と順番が入れ変わるものの、たいてい初めから三番目までに挙げられる。この三集団はすべて、政治的であれ民族的であれ、大きな人口を抱える集団を表していたと考えられ、順番が入れ替え可能なのは、少なくとも聖書の著者たちの目には、それらが同格であったことを示している。楔形文字文書では、アムル「西」という語は、地理的にメソポタミア西部にあった国々を指すだけでなく、西に住み独自の言語を話し、独自の神々を崇拝した人々の民族的文化的呼称でもあった。前15世紀のある時期には、シリアのオロンテス渓谷上流域（一部はのちにハマトとなる領域と重なる）にアムル王国が建てられた。先述のように、この国の支配をめぐる争いがエジプトとヒッタイトの対立の中心となり、それが元でカデシュの戦いが起こったのであった。アムルは、ムワタリ2世による再征服後は青銅器時代末のヒッタイト帝国の崩壊まで、ヒッタイト王に忠実であり続けた[25]。聖書に登場する「アモリ人」は主に前イスラエル時代のカナンの住人を指して使われており、この言葉はおそらく時代によって異なるものを意味しただろうが、民族表の中では後期青銅器時代のアムルの人々を指している可能性がある。

地理的にはカナンという語（フリ語の *kinaḫḫu*「紫」から派生している）さえも明確には特定し難い。カナンには、ティルスやアルワド、ツムル、ビブロス、シドンなど、特にパレスチナ北部の沿岸の諸都市、および内陸のハツォルが含まれると考えられる[26]。領域としては、北端はアムルまでだが、時にウガリトを含むこともあったようである[27]。ナダヴ・ナアマン（Nadav Na’aman）は、後期青銅器時代におけるカナンとは、特にエジプトのアジア属州全体を指していたため、特定の政治的・地理的な存在であったと主張している[28]。一方で、「カナン」の地と同定される場所などなく、この語は今日と同様に古代でも曖昧で不正確に用いられていたのだと主張する者もいる[29]。しかしながら、カナンという名称の地が、おおよそ地中海沿岸東部に位置し、後期青銅器時代西アジアの政治と文化において主要な役割を果たしていたことはわかる[30]。

まとめると、データは不完全なものの、民族表が、ある程度青銅器時代末のレバント北部とシリアの民族的・政治的構成を反映していることはほぼ間違いない。「諸民族」の記憶が時代を経るにつれて薄れていったとしても、後期青銅器時代パレスチナの北に位置する地域の歴史を反映している点は確かである。この結論に基づき、次に聖書の中のヘト人たち、すなわちおそらくユダの山地に住み（民数記13章29節、ヨシュア記11章3節）、創世記によれば特にヘブロン（創世記23章）とベエル・シェバ（創世記26章34節と27章46節）と関係があった人々のことを説明しなければならない[31]。その答えを出すには、シリア・パレスチナのアッシリアとの戦いの話に立ち戻らなければならない。

「邪悪なヒッタイト人」

アッシリアのサルゴン2世は、前722年のサマリア征服に続き、シリア北部の新ヒッタイト諸王国に対して組織的な破壊を続けた。アッシリア軍は前720年にハマトを襲撃し、城塞を破壊した上、その住民を移住させ、代わりにアッシリアから人々を定住させている[32]。列王記下17章24節によると、ハマトの住民はサマリアへ捕囚された後、そこでヤハウェに加えて自分たちの神々も崇拝し続けた（列王記下17章29–34節）。次々にシリアの諸都市が陥落する中、ヒッタイト文化の最後の痕跡は消えていった[33]。そして前717年、カルケミシュの陥落をもって、ヒッタイトと呼ばれた人々は歴史上から姿を消したのである。サルゴン2世以降、民族呼称の「ヒッタイト」という語に政治的・歴史的な意味はなくなったものの、アッシリアの記録では、シリア北部を指す地理的呼称としてマート・ハッティ、すなわち「ヒッタイト人たちの国」という語が使用され続けた[34]。

サルゴン2世による征服はシリア・パレスチナの住民に大変な衝撃を与えた。前9世紀には北部でオムリ王朝が優勢となり[35]、前8世紀末のエルサレムは北部からの移住者の流入を経験している。まだ都市化が進んでいなかった南部に比べ、はるかに政治的商業的な接触をもっていた北部の移住者たちは、より国際的な感覚を身につけており、彼らはカナンの前任者らから受け継いだ生き生きとした文学伝統をもたらした[36]。

パレスチナの住人は、現地の文学伝統だけでなく、汎レバント的な書記伝統の一環として長らくメソポタミアとエジプトの偉大な文学に触れ続けていた。このことは、たとえば聖書の詩に表れており、それ以前からのカナンの詩と明らかに類似している[37]。アマルナ文書の中には、ファラオと青銅器時代エルサレムの（フリの）支配者たちの間で交わされた書簡がある[38]。アマルナ時代の王たちと同様、ダビデとソロモンもまた書記を抱えていたと思われる[39]。前12世紀から前9世紀までのイスラエルは、主として文字をもたない口承の社会だったので、文書には限定的な役割しかなく、主に行政目的で作成されていた。前12世紀のイズベット・ツァルタのアルファベット表や、前10世紀のテル・ザイトのアルファベット表[40]、その同時代のゲゼル暦、前10世紀に年代づけられるアラド出土の少数のオストラコン、前9世紀の一握りの記念碑文などが、この時代の同地域における数少ない文書の例である。限定的ではあるものの、公的に書記の訓練が行われていたことを例証するには十分である[41]。エジプトのウェンアメンの物語によれば、前11世紀ビブロスの支配者の書記たちが、書簡を遣り取りしたり、会計を行っていたと記されている[42]。ただし、200年前のファラオであるシェションク（聖書のシシャク）の遠征など、歴史上の事件を正確に記述できた（列王記上14章25–30節）ように、少なくとも前10世紀から、王の書記たちもある種の歴史記録を残していたと思われる[43]。碑文や文学作品には、パレスチナ北部で教育の伝統が存続していたことが示されている。これは、初期イスラエルの書記伝統が、行政上のインフラと同様、後期青銅器時代カナンの諸都市の伝統を受け継いでいたという説を裏づけている[44]。新しい考古学調査によって、北部の複数の谷において、後期青銅器時代から鉄器時代まで、文化がいかに連続していたのかがわかってきている[45]。口承にせよ、歴史記録という手段で伝えられたにせよ[46]、鉄器時代I期とII期の初期を通して古代イスラエル人がヒッタイトやその他の青銅器時代末の国家・民族集団の記憶を集合的にとどめていたと想定するのは理にかなっている。

上記のような文学伝統に加え、この激動の時代にはアッシリアの文化と宗教、特にアッシリア王の公式な修辞に強い影響を受けた。サルゴン2世の碑文では、カルケミシュとクムフ、グルグム、メリド、タバル、ハマトなどの新ヒッタイト諸国家の支配者たちが「邪悪なヒッタイト人」（*Ḫattě lemnī*）と呼ばれている[47]。パレスチナ北部からの新たな影響によって、新アッシリアの王碑文に特徴的な、様式化された文学慣習としてのヒッタイトにかんする修辞伝統が伝わった可能性がある[48]。

南部における書記制度の発展過程で、北部の伝承とアッシリアの文学が交わり、それは新たなイデオロギーへ向かっていった。聖書の中で民族表が現れる章句では、諸民族の征服と異民族間の結婚の禁止が中心的な関心事となっている[49]。異民族間の結婚禁止は、エゼキエルがエルサレムに対して警告する話の基礎をなしている。エゼキエルは「お前の父はアモリ人、母はヘト人である」と言い、エルサレムの起源がカナン人の地であることを思い起こさせている（エゼキエル書16章3節および16章45節も参照のこと）。エゼキエルは、ヘト人がその地域に暮らしていた時代のかすかな記憶を呼び覚まそうとしているのではない。警告は「お前は、自分の夫と息子たちを捨てた母の娘であり、自分の夫と息子たちを捨てた姉妹たちの一人である」（16章45節）という言葉に始まる。ここではエルサレムの罪深さを強調するための比喩として親族語が使われている。従来、「母親」をもち出してくるのは、ヘト人がエルサレムに住んでいた時代を暗示していると解釈されていたが、現在では比喩表現と解釈する方が好まれている[50]。民族間の結婚に対する懸念は父祖の物語にも表されている（創世記23章、26章34–35節、27章46節）[51]。その中では、エサウが両親の望みに反してヘト人ベエリの娘ユディトとヘト人エロンの娘バセマトを妻としている（創世記26章34–35節。創世記36章2節ではヘト人エロンの娘はアダであり、エサウの妻となっている）。

アブラハムがヘト人エフロンからマクペラの洞穴を購入する話では[52]、売り手のエフロンが代価なしで洞穴をすすんで引き渡そうとしたが、アブラハムは支払いを強く主張することで、この地に住むことを象徴的に正当化している。このモチーフは、ダビデがエブス人アラウナからエルサレムの麦打ち場を購入する話（サムエル記下24章24節、後述も参照のこと）や、ヤコブがハモルの息子たちであるヒビ人からシケムの土地の一部を買い取った話（創世記33章19節、ヨシュア記24章32節）とも酷似している[53]。現地民の民族性も、購入の行われた町も、偶然ではなく目的があって選ばれている。ヘブロンとシケム、エルサレムはすべて前イスラエル時代の主要都市であり、古代イスラエル人にとって、その買収はイスラエルの起源を語る物語に欠かせなかったのである[54]。父祖の物語は、ヘト人を、ヘブロン（創世記23章）とベエル・シェバ（創世記26章34節、27章46節）に位置づけている。これらの地域は、まさに民族表でもヘト人の故地と同定される領域であるユダの山地にあった（民数記13章29節、ヨシュア記11章3節）。これは、民族表の歴史的・地理的正確さを示す証拠ではなく、共有された文学伝統があったことを示す証拠である。二つの文学伝統の糸が交わったことで、エブス人とヒビ人、アモリ人などと共に、ヘト人は「新参者」の古代イスラエル人が征服すべき山地の住人を想像させる、便利な「他者」となった[55]。手短に言えば、ヘト人とそれに付随する諸集団は、古代イスラエル人が否定し、対抗する対象（「土着の」民族）となった。古代イスラエル人の集団的アイデンティティはそれに対抗する形で確立されたのである[56]。「カナン人」との結婚を否定したのは、「他者」を明確化する際に必要な要素であった[57]。最後に、父祖の物語に登場する「ヘト人たち」が皆アナトリアよりもむしろセム語の名前である点はよく指摘されるところであるが[58]、ヘト人が単に「他者」の例として物語に取り込まれているならば、これは驚くべきことではないだろう[59]。

アヒメレクとウリヤ

ヘト人と同定される人物は他にも二人いる。アヒメレク（サムエル記上26章6節）とウリヤ（サムエル記下11章）は、ダビデに仕える高位の役人であった。ウリヤは、ダビデのエリート戦士の核であった「ダビデの三十人部隊」の一人であり（サムエル記下23章39節と歴代誌上11章41節）、バト・シェバの夫として、聖書の中で非常に有名な話の主役になっている。物語は先述のような修辞には当てはまらないので、ここに登場するヘト人の存在については別の方法で説明しなければならない。ダビデがハマトの王たちと同盟を組んだことを踏まえると、可能性があるのは、アヒメレクとウリヤが新ヒッタイト諸王国から来たダビデの支援者とみられていたということである[60]。二人の名前はいずれもインド・ヨーロッパ系ではなく明らかにセム系の名前である（語の由来からすれば、アヒメレクは「我が兄弟は王である」であり、ウリヤは「ヤハウェは我が光なり」）。セム語名だからといって先述の解釈が問題になることはない。というのも、初期イスラエル時代において外国語名をイスラエル人の名前のように変えるのは珍しいことではなかったからである[61]。しかし、名前の由来にかんしてはもう一つの説がある。すなわち、ウリヤとはヒッタイト語／ルウィ語の要素*uri*「偉大な」とヘブライ語の「神の名前」であるYahという要素を組み合わせた名前であるというもので、ウリヤが新ヒッタイト出身であった可能性と上手く符合する[62]。構造としては、エルサレムに住み、イスラエルの神を崇拝していた（あるいは少なくとも敬意を払っていた）ルウィ人の名前（「ヤフは偉大なり」）であったと考えられる。

ウリヤの名前にかんする、さらに古い語源についての説では、セム語の形式の背後にフリ語の称号*ewri-*「主人」が隠れていると主張される[63]。この解釈が正しければ、ウリヤは聖書に登場する別の人物アラウナと関連づけられなければならない（サムエル記下24章16–25節）。アラウナにもフリ語の称号*ewri*「主人」の要素があることが明白である[64]。サムエル記下24章

23節のマソラ本文（MT）がアラウナを「王」と呼んでいることから、彼がエルサレムの最後のエブス人の王だったのかもしれないという説が生まれたが、これはマルティン・ルターと同じくらい古い説に感じられる[65]。その珍しい物語では、ダビデによる人口調査の後、ヤハウェによってもたらされた疫病がいかにしてエブス人のアラウナの麦打ち場で終息したかが語られている（サムエル記下24章16節と歴代誌上21章15–27節）。このとき、ダビデはヤハウェに対する捧げ物をする祭壇を築くために、アラウナから麦打ち場を買い取る交渉を行う。現地人から不動産を購入したのは、その奪取を象徴的に正当化するものである。これはこれまでにも見てきたモチーフであり、物語の文学的特性を示している。それでも麦打ち場の物語は、エルサレムの支配がカナン人からユダ人に移ったという歴史的情報の核心をついているのかもしれない[66]。新改訂標準訳聖書（NRSV）は、サムエル記下24章23節を「このすべてを、王よ、アラウナは王に与える（All this, O king, Araunah gives to the king)」と訳している［新共同訳ではなく原著のNRSV訳を日本語訳している］。しかし、もしその適切な訳が「このすべてを、王アラウナが王に与える」であり、旧来の秩序が新しい秩序に屈したことを象徴しているとすれば[67]、バト・シェバと結婚するためにウリヤを死に追いやったダビデの策略は、自らの支配を正当化する物語であったことになる。この場合、聖書の著者は外国人という他者性を明示するためだけにウリヤをヘト人と呼んだのかもしれない。つまり、外国人ならば誰でもよかったということである。あるいは、この物語の中心人物は新ヒッタイト諸国の出身者であるのが自然であると考えたのかもしれない。ただし、たとえウリヤが史実として新ヒッタイトの出身であったとしても、ヘト人とされることは歴史的というより文学的なニュアンスの方が強い。

結　　論

聖書のヘト人を後期青銅器時代のヒッタイト人と同一視できるかどうかという問いに対する答えは、「確かにそうだ」ということになる——しかし、アナトリアに住んでいた人々であったのかというと、そうではない。むしろ聖書の著者たちは、個々人の民族的帰属はどうあれ、北方で接しているヒッタイトが支配した領域に住み、もはやカナン人やアモリ人（つまりアムル国の民）とも見なされなくなっていた民族を念頭に置いていた。この考え方の出所は北イスラエル王国であったようであるが、そうであれば、これらの民族はユダの山地ではなく、むしろパレスチナ北部とシリアに住んでいた人々として想定されなければならない。民族表は、当初は新ヒッタイト諸都市がまだ栄えていた時代にまとめられたものなのかもしれない。おそらく最初の編纂時には、青銅器時代末の同地域、特にパレスチナ北部においてヒッタイトが果たした重要な役割を伝える口承や年代記、あるいはその両方が利用されたのだろう。

しかしながら、民族表は、主として、事実に即して古代イスラエル人の到来前のパレスチナにおける民族構成を説明しているわけではない[68]。前 8 世紀後半の南部の都市化に伴い、サマリアからの移民流入をきっかけにエルサレムで文学活動が盛んになったことで初めて、ヘト人がユダの山地に「入ってきた」のである。新ヒッタイト諸王国が消滅し、その住民が分散すると、エルサレムを拠点としていた聖書の著者たちは、ヒッタイトと呼ばれた歴史上の民族についての直接的な記憶がないために、アッシリアの慣習に影響を受けることになった。こうして「ヘト人」という語をたちまちレトリックの道具として使い始めたのである。この文学的な使用法は、型通りの民族表だけでなく、父祖の物語やエゼキエルの警告の中にまで広がった。聖書の章句がヘト人の国をユダの山地にあるとしたのもこのためである。この地域の大半は、前 701 年のセンナケリブの侵攻までは非定住地であったが、前 8 世紀末から前 7 世紀にかけて、民族としてのアイデンティティが確立されていく中で、重要性が増していった[69]。こう推論するならば、聖書の伝統がヘト人をユダの山地に位置づけている一方で、南北の交易路に通じるパレスチナにヒッタイトにかんする考古学的物証が乏しい（後述を参照のこと）という、地理的な不一致の理由もわかる。

しかしながら、聖書のヘト人をこのように説明できるからといって、文化の伝播という点で、パレスチナにおけるヒッタイトの存在をまったく考えに入れなくても良いということにはならない。次節で述べるように、考古学的にも文献学的にも、後期青銅器時代パレスチナでアナトリアの人々が重要な存在であったことを示す証拠がある。当時は「ヒッタイトとエジプトの平和」の時代であり、文化的伝統を共有する上では理想的な環境が整っていた。

接触の事例

先述のように、もし、シリア北部の新ヒッタイトについての少数の記述以外、聖書のヘト人が純粋に文学上の概念であったとすれば、彼らの存在を説明するのに、大規模な人口移動を示す考古学的証拠を求める必要はなくなる。とりわけ歴史上のいかなる時代にもヒッタイト人がパレスチナ南部に大きな人口を占めていたことを示す確かな証拠はないので、それは好都合なことである。

それでもやはり、歴史史料はこのような人口移動がありえたことを示唆している[70]。ヒッタイト文書には、シュッピルリウマ 1 世の治世前、エジプトと友好的な関係にあった時代に「ハッティの嵐の神がクルシュタマの人々をエジプト領へ連れて行った」という出来事が記録されている[71]。アナトリア北部のポントス山脈近くに位置する都市クルシュタマの住民は、エジプト領へ新たに移住させられていたようで、その移住先には当然パレスチナ南部も含まれていたことだろう。どの程度の規模の移住であったのか、傭兵として働く男だけが対象だったのか、あるいは家族全体が含まれたのかについてはわからない。しかし、前 15 世紀にクルシュタマからヒッタイトの人々が移住したことは、実際にそのような人口移動が確かにあったことを立証している。ただし、クルシュタマからの移民をもって、ヒッタイトの文化的要素が浸透したことを説明できるとは思えない。この事例はエジプトとアナトリアの間の外交書簡に時折言及される異民族の交換にすぎず、それはたいていカシュカの戦士とヌビア人との交換であった[72]。

現在、最も合理的で好まれている移住説は、青銅器時代末に起こった大惨事の結果、アナトリアからの移民が流入したと推測するものである（第 2 章を参照のこと）[73]。当時、カルケミシュなど、周辺地域ほどは大惨事による被害を受けなかったと思われるヒッタイトの地方都市の重要性が増していたし、明白にヒッタイトの特徴をもった新しい地方都市も建設され始めていた。これらの点から、考古学的には、人口が南の方へと押し寄せたことが推測できるかもしれない。最も注目すべきは、かつてはヒッタイトの人々がまったくいなかったハマトにヒッタイトの王朝が建てられたことである。象形文字ルウィ語や新しい土器の数々、ヒッタイトの建築様式、火葬を伴った埋葬の出現[74]、これらはすべて新しい集団がヒッタイトの地から到来したことを示すものと考えられてきた[75]。第2章で述べたように、これらの要素はむしろ新しく出現した文化的アイデンティティの兆候と理解すべきであるが、たとえ本当に大規模な人口移動が起こっていたとしても、それがハマトを越えて広がっていたことを示す考古学的証拠はない[76]。

イスラエルとヨルダン川を挟んだ地域で発見された埋葬甕（縁と首が取り除かれた甕が並んで置かれており、そこには焼かれていない遺体が納められていた）は、すべて後期青銅器時代から鉄器時代への移行期に年代比定される。それらはアナトリアに特有の埋葬法であると考えられていたので、考古学者たちの大変な関心の的になった[77]。この種の埋葬は、七つの遺跡（ケファル・イェホシュアとテル・エッサイディイェ、テル・ナミ、テル・ゼロール、テル・エル＝ファラ北、アゾル、メギド）にみられる。成人遺体の埋葬が二、三点見つかっているのはテル・エッサイディイェのみであるが、この種の埋葬法はアナトリアに限られた方法ではないし、副葬品も例外なく現地で製造されたものであった。したがって、これらの発見はそれ自体ではアナトリアの人々がパレスチナにいたことの証拠にはならない[78]。

さらに、古代イスラエル人に対するヒッタイトの影響は、法や宗教、文学、神話の分野にみられることから、教養のある支配層の間に文化交流があったと考えられる。傭兵であれ農民であれクルシュタマの人々や、飢餓に苦しむ国から逃れてきた貧しい難民をもって、パレスチナの知的営みを説明することはできない。言い換えれば、たとえ後期青銅器時代から鉄器時代の移行期にアナトリアからパレスチナへの大規模な人口移動があった可能性を肯定したところで、そのような集団が大きな文化的影響を与えたとは考えにくいのである。

一方、アナトリアとパレスチナ間の長い接触の歴史の中で、帝国崩壊前の80年近くの間続いた「ヒッタイトとエジプトの平和」の時代は、本書で述べた豊かで多様な性格をもつ文化的類似を最もよく説明できる時代である。ラメセス2世治世21年（前1258年）に締結された条約が、この牧歌的な時代の契機となった。条約では、領土の不可侵や、他国から攻撃を受けた際の相互援助、平和的かつ安全に王位が継承されることへの支援、自国からの逃亡者の引き渡しなどが約束された。条約締結の13年後、ラメセス2世とヒッタイト王女との結婚にあたっては、広範な準備が行われ、特使あるいは外交使節団が両宮廷を往来した。「とりわけ隊商は水路でレバント沿岸に停泊しながら旅することがあった。また、陸路ではレバノン谷あるいはダマスクス（ウピ）を通り、ベト・シェアンやメギド、アフェク、ヤッファ、ガザなど、パレスチナにおけるエジプトの主要な駐屯地を通る旅程もあった」。[79] 当然、この平和の時代の前後においても、高級品や新しい技術と共に、思想も東地中海周辺に伝わらなかったはずはない。しかし、特にヒッタイト帝国最後の50年間こそがパレスチナとの接触が強まった時代であり、アナトリアからの外交官だけでなく商人や職人、医師、兵士、召使い、楽師、儀礼の専門家の存在感も高まった。通り過ぎて行くだけの者もあれば、パレスチナにしばらく定住した者もいたかもしれない[80]。

このような接触の高まりを示す物的証拠として、メギドの王宮（後期青銅器末に年代比定されるVIIA層）にあった「宝物庫」の象牙の貯蔵場所からヒッタイトの象牙板が見つかっている。その象牙板は当時の都市民の嗜好をよく表している。メギドはヒッタイトとエジプト間の陸路における重要な要衝であった（図3.10）[81]。象牙板は、ヒッタイト様式で描かれた神とそのシンボルが装飾されたアナトリアの製品で、王宮外で活動していたエジプトの役人が購入したものであったのかもしれない。1976年夏のアフェクの発掘では、エジプト「総督の家」区域から、ヒッタイト王の印章が捺された封泥《ブッラ》の断片が見つかっている。ブッラは船荷に封をするために用いられた。このブッラは、ことによると、エジプト総督宛の、染められた羊毛の荷に封をしていたのかもしれない。この船荷については、その近くで見つかったウガリトからの書簡に言及されている[82]。どちらの品も、紛れもなくこの平和の時代におけるエジプト・ヒッタイトの外交上の接触と関連している。

この地域で商業を行う中で、ヒッタイトの人々は所々にその存在を示す物的証拠を残している。テル・エル＝ファラ南では、ヒッタイト製の私的な印章が2個見つかっており、それぞれザズワとアナという名前の人物が所持したものであった。また、メギドでも印章が1個見つかっており、それはアヌジティという名前の人物が所有していた。彼は「戦車操縦士」という称号をもつ外交使節であったと同定されている（図5.1）[83]。この種の印章は、所有者自らが身につけていたので、単に交易が行われていたこと以上の証拠になる。ヒッタイト時代のシリアで人気のあった印章つきの指輪は重要な港湾都市テル・ナミの墓地で見つかっており、それはフリ語でウシェという名の男の手を飾っていたようである。副葬品は、この人物がかなり重要な

図 5.1　このメギド出土のヒッタイト印章は、アヌジティという名前の外交使節が所有していたものであり、帝国末期の数十年間にエジプトとヒッタイトの間に活発な交流があったことを示している。*Across the Anatolian Plateau* (AASOR 57; Boston: ASOR, 2000), 146 より。

役人、おそらく神官であったことを示唆している[84]。彼は訪問先で不遇にも死したのだろうか、あるいはパレスチナの住民であったのだろうか。

種々の文化的要素が社会の間を伝わった過程がより良く理解されていけば、どの文化的な類似が、この平和の時代の知的交流の結果であったかがわかっていくであろう。それは、何世紀にもおよぶ、遠く、間接的な関係の結果としてもたらされた影響とはまったく異なるものであった。本書で筆者は、聖書のヘト人を説明するために民族移動は必要ないと主張してきた。「ヒッタイトとエジプトの平和」の時代、パレスチナ北部へとやって来たヒッタイトの人々は、その居住期間が長かろうと短かろうと、量的に十分であるし、より重要なのは質的にも、これまでわかっている文化伝達の程度を十分に説明できる。両地域の間には歴史を通じて重大な接触が続いていたことは確かである[85]。たとえば、前 720 年以降にサマリアに捕囚させられたハマト人が、ルウィの宗教的要素をイスラエルにもたらしたということもありえる[86]。このような捕囚の事例でも——移住者の大部分が最貧層というわけではなく、社会の全階層から構成されていたのだとしたら——実際に文化の伝達も起こりえる。しかし、どの時代よりも前13世紀後半こそが、時代の変わり目にあったパレスチナにおいて、新しい影響を吸収するに最適な時代であったのである。

あとがき

それでは、ヒッタイトの人々と彼らの世界について、どのような結論を出せるだろうか。これまで指摘してきたことは、ヒッタイト語は確認されているインド・ヨーロッパ語の中で最古の言語であり、そしてはからずも彼らはさまざまな民族の言語と伝統の保護者であったということであった。ヒッタイトの人々についての私たちの知識は、大いに、そして場合によっては完全に、彼らが書き残した文書に依拠している。また、本書ではヒッタイトの帝国としての野心についても指摘してきた。ヒッタイトは後期青銅器時代近東の政治舞台を牛耳り、その消滅後も数世紀にわたって同地域の政治と経済に余波を残した。これらは、私たちがヒッタイトの人々を研究・関心の対象とするのに然るべき十分な理由である。一方で、ヒッタイトという国は、集団としてのアイデンティティと一貫性の軸となる中央権力に統合された、真の多文化社会であったことも重要であろう。この点で、メソポタミアやエジプトと同格の世界大国の一つと認められながら、ヒッタイトには、それらの国々とは異なるイデオロギーがあったのだといえる[1]。ヒッタイト王国は、他国の主権を認め、現地の宗教や社会の慣習を尊重し、個人の法的権利の公正かつ公平な扱いを保証していた。そこにあったのは支配すべき世界を理解するための枠組みだけであった。

ヒッタイトの人々のことが歴史上の記憶から消え去るのは非常に早かった。そのため、私たちは彼らの遺産を探し求めなければならない。その遺産は、近代の西洋社会の文化的特徴にではなく、ヒッタイトに続く文明や西洋文明のより直接的なルーツとなる文明に与えた、永続的な影響に見出される。だからこそ――ことによると何よりこれが理由で――ヒッタイトの研究は進展されなければならないし、近年に急展開を見せ始めているのである。古代近東世界における主要な関与者として、ヒッタイト文明はこの地域の知的・宗教的・政治的分野に多大な貢献をしたことから、メソポタミアと並んで「西洋の祖先」の名に値する。本書において、筆者はヒッタイトの人々が聖書世界に与えた影響に焦点を当てることを重視してきた。その上で、最低限、次のことが言えるだろう。ヤギを用いた贖罪の儀礼の考え方は、キリスト教の伝統に受け継がれた。古代ギリシア人あるいは古代イスラエル人[2]を経由して、聖パウロの教義にしたがえば、キリストが人間の罪を贖ったという考えにつながったのである。古代アナトリアが古代ギリシア世界に与えた影響についての研究は新しい取り組みではあるものの、実に興味深い結果が出てきている。また最近では、エトルリア人の起源がアナトリアであったという説を支持するDNAの証拠が示されたことで、アナトリアがさらに注目されるようになった。これによって、アナトリアの人々と前ローマ時代のイタリア半島の住民との関連について、今後の調査に弾みがつくことだろう。

ヒッタイトの人々が聖書世界に影響を与えたと思われる経路は、これまでに復元された限りでも多岐にわたる。ヒッタイト語と聖書ヘブライ語に共通するいくつかの「文化関連語」には、「ワイン」（ヒッタイト語で *wiyanaš*、ヘブライ語で *yayin*）や、「ヘルメット」（ヒッタイト語では *kubahiš*、ヘブライ語では *kôba‘*）、「ゴマ」（ヒッタイト語で *šapšama*、ヘブライ語で *šumšôm*）、「釉」（ヒッタイト語で *zapzigi*、ヘブライ語で *sipsīgīm*）、「地」（ヒッタイト語で *tegan*、ヘブライ語で *dagān*）などがある。これらの語は、太古の近東におけるセム語話者とインド・ヨーロッパ語話者の関係性を示す証拠と考えて良いだろう[3]。また、交易を通じたアナトリアとパレスチナ間の交流は数世紀におよび、短い期間ではあるが前13世紀末のように非常に緊密に接触した時代もあったと思われる。したがって、何かしらの類似点があったとしても、それは隣り合う二つの文化が、似た状況に対して同様の対応をしたことの結果に過ぎないのかもしれない。たとえば、レビラト婚のように、法や社会の領域にみられる類似はこの範疇に入るだろう。

また、地域的な現象、つまり東地中海地域に共通する伝統として捉えられる類似もある。たとえば、列王記下4章32–35節でエリシャが病の子供を癒すために用いた手法や、契約や浄化の儀式で切断された動物の部位の間を通り過ぎるという行為はこれに当てはまるかもしれない。さらに、ヒッタイトとイスラエルが、同じメソポタミアの「楔形文字文化」の伝統の流れに属していた結果として生まれた類似もある。たとえば、子供のいない夫婦といった民間伝承のモチーフ（第3章を参照のこと）や、精霊ウィシュリヤンザに対する中期ヒッタイト語の呪文にみられるトポスなどである。後者の例では、自然の世界が神の降臨を準備するという言及がある（「神よ。あなたの前で川には橋が架けられるように。あなたの前で丘は平らになるように。山々は草木へと変わるように」[4]。これはイザヤ書 40 章 3–4 節に反映されている（「主のために、荒れ野に道を備え、私たちの神のために、荒れ地に広い道を通せ。谷はすべて身を起こし、山と丘は身を低くせよ。険しい道は平らに、狭い道は広い谷となれ」）。このことは二つの文明間で文学的遺産が共有されていたことを裏づけている。他にも、『ザルパ伝説』のようなヒッタイト独自の物語の要素さえも古代イスラエルの伝統に吸収された。聖書の著者たちは、これを最終的に伝えるべき新しいメッセージと聴衆に合うように修正したようにみえる。このようにして、ヒッタイトの人々は「西洋の」文学伝統の一部となったのである。

後期青銅器時代において、人と物の流れは、ヒッタイト王国の柔軟な国のあり方に促された[5]。また、シリアの属国は地理的に距離があったヒッタイト時代のアナトリアとレバントをつなぐ架け橋となった。往来可能な国境とゆるやかなネットワークに促され、多くの宗教・芸術・文学における考え方がその間を行き来したに違いない。さらに、後期青銅器時代、王宮を中心とする贈答品の交換網の中で高級品の交易が行われたが、それには職人や医師、兵士、召使い、書記、楽師、吟遊詩人、神官、儀礼の専門家などの訓練・教育を受けた人々も幅広く関与していた。ウガリト語やヘブライ語にヒッタイトの儀礼用語が借用されているのは、おそらく正にこのような人々の交流、この場合は宗教にかかわる人々の交流の結果であろう[6]。一方、美術上の影響は、ハツォルのライオンのように意図的に外来の様式を受容した結果もあれば、タアナクの祭儀台のようにヒッタイト美術にインスピレーションを受けたにすぎないと思われる場合もある。そのインスピレーションが交易の結果なのか、それとも職人が往来していた結果であったのかは判断しがたいところである。

犠牲の儀礼は、ヒッタイトの人々も古代イスラエル人も共通してフリ人からの影響を強く受けている。フリ人はパレスチナとアナトリアの間の広い地域に住んでいた。ヒッタイトとイスラエルの文化における犠牲には、フリの捧げ物にかんする豊富な語彙と共に、鳥の生贄や焼き尽くす捧げ物、血を用いた浄化といった要素が組み込まれた。

数世紀の間にアナトリアからパレスチナへ小規模な集団が複数回にわたって移住したかもしれないが、これまで着目されてきたことは、主にヒッタイト帝国の崩壊後にアナトリアからレバントへ民族移動があったのかどうかの可能性であった。ここで私たちは、シリア北部とアナトリア南東の新ヒッタイトの諸都市へ難民が押し寄せたという説と、レバント沿岸に起こった「海の民」の人口移動を区別しなければならない。(大規模であれ小規模であれ)ヒッタイトからの難民の流入は決して南のパレスチナまで到達しなかったが、アナトリア西部を出自とし、海岸沿いに住んでいた「海の民」(シキラやシェルデン、ペリシテ人)は、レバント南部に一定の文化を直接もたらした可能性が高い。おそらくペリシテ人と契約の箱の逸話で語られる賠償の捧げ物にヒッタイトとの類似があること(第4章を参照のこと)は、ほかならぬこの人口移動によるものだろう。

新ヒッタイト諸都市は、古い伝統を残し、それを古代イスラエル人に伝える役割も果たしたと考えられる。しかし、新ヒッタイトが後期青銅器時代の文化的所産を伝達する上で果たした役割は正確にはほとんどわかっていない。新ヒッタイトの諸都市は時間的にも空間的にも古代イスラエル人たちと隣接しており、また同様の政治的圧力を受けていたため、潜在的に古代イスラエル人たちにその慣習を伝える立場にあった。少なくとも一例、政治的国境を重視する慣習はそのようにして伝えられたようである。しかしながら、新ヒッタイトの諸都市が、宗教上の慣習など、他の分野で実際に後期青銅器時代アナトリアのヒッタイトとどれほど共通していたのかは定かではない。そのため、ヒッタイトの慣習がレバント南部へ伝わる上での、彼らの仲介者としての役割は推測の域を出ない。

最後に、筆者の見解では、ヒッタイトの直接的な影響は、非常によく知られている二つの類似に明白であると考えている。一つは、ダビデが権力に登りつめる物語が『ハットゥシリ3世の弁明』をモデルにしているということである。『ハットゥシリ3世の弁明』は前13世紀のイスラエル／パレスチナに広まっていたようである。もう一つの類似点は、ヒッタイトの条約——後期青銅器時代シリア北部において帝国支配の支柱であった——が、神と古代イスラエル人の契約のモデルとなったことである。後期青銅器時代から鉄器時代にかけてイスラエルでは、口承だけでなく書記伝統も続いていただろう。このことを踏まえると、盛んに条約が作られた時代から契約の形態としての聖書が出現する前8世紀末(あるいはそれ以降)のある時点までの数世紀間も、問題になるほどの大きな年代差ではない。

サイラス・ゴードン（Cyrus Gordon）は、1958年の論文で「ヒッタイトの古代イスラエルに対する貢献は、ここ何年かの間に間違いなく一層重要になってくるとみえる。エゼキエル書16章3節の『汝の父はアモリ人であり、汝の母はヘト人である』という言葉の完全な意味はいずれわかるだろう」と述べている[7]。現在は、ゴードンがこの論文で誤った試みをしており、聖書世界とヒッタイトの世界の比較に多くの誤りがあったことがわかっている。ただし、これまで見てきたように、より多くの有益な手がかりが、ゴードンの予想以上の、あらゆる期待の上を行く結果をもたらしたのであった。しかし最後に、何が重要であるかといえば、それは古代イスラエル人たちがヒッタイトの文化的要素を借用したかどうかということではない。重要なことは、ヒッタイト世界のより深い理解が、いかに私たちの聖書世界についての理解を深めるかどうかである。そしてまた、聖書世界のより深い理解が、いかに私たちのヒッタイトについての理解を深めるかどうかである。その答えは実に大いなるものとなるに違いない。

訳者注

1　古代近東の絶対年代については研究者の間で議論があり、意見の一致がみられない。そのため、主にメソポタミアの王名表をもとに相対年代が決められている。相対年代の中でも「高年代」「中年代」「低年代」という三つの可能性があるが、本文中にあるように、本書では中年代を採用している。中年代は、バビロニアのハンムラビ王の治世を前1792～1750年とするものであり、標準年代として受け入れられている。日本オリエント学会編『古代オリエント辞典』岩波書店、x頁を参照のこと。

2　本書では、日本語表記の慣例にしたがい、Hittite(s)について、古代アナトリアの王国の人々を指す場合は「ヒッタイト（人)」、聖書に現れる民族名としては「ヘト(人)」と表記している。なお、「ヒッタイト」という表記は、英語のHittiteという語の読みが採用されたものである。ヒッタイトの人々は自国を「ハッティの国」と呼んでおり、原著では「ハッティ Hatti」の語が使用されることがあるが、本書では混乱を避けるため、基本的には「ヒッタイト」と訳している。ただし、ヒッタイト王国成立以前のアナトリア中央の国などが想定される場合や、引用文中では原著にしたがって「ハッティ」と表記している。

第 1 章

1　当時テクシエは、このレリーフをアマゾンの人々とパフラゴニアの人々が出会った場面を描いていると考えた。また、テクシエの 1 年後にこの遺跡を訪れた William J. Hamilton はリュディア人とペルシア人との平和条約を描いたものだと考えていた。Johan de Roos, "Early Travellers to Boğazköy," in *Studio Historiae Ardens* (ed. Theo P. J. van den Hout and Johan de Roos; Leiden: Nederlands Historisch-Archaeologisch Instituut te Istanbul, 1995), 264 を参照のこと。

2　ヒッタイト再発見の歴史にかかわるその他の人物については、ibid., 261–269 を参照のこと。1864 年に訪れた Henry J. van Lennep によるスケッチの方がより正確である。

3　John Lewis [Johann Ludwig] Burckhardt, *Travels in Syria and the Holy Land* (London: Murray, 1822), 146–47.

4　1953 年の時点で、ライトが取ったこれらの型のうち一組は、イギリスのパレスチナ探査基金が、別の一組は王立アジア協会が所有している（R. D. Barnett, "Karatepe, the Key to the Hittite Hieroglyphs," *AnSt* 3 [1953]: 55.）。

5　この 2 通の書簡はアメンヘテプ 3 世とタルフンダラドゥの娘の政略結婚にかんする遣り取りであった。おそらく、タルフンダラドゥ側の書記たちは、当時の大国が外交語として使用していたアッカド語の教育を受けていなかったため、エジプトの書記もヒッタイト語で書簡を作成せざるをえなかったのだろう。注目すべきは、ヒッタイト語にかんするエジプトの書記の知識も完璧なものではなかったということである。Frank Starke, "Zur Deutung der Arzaua-Briefstelle VBoT 1, 25–27," *ZA* 71 (1982): 221–31 を参照のこと。

6　EA 31 および EA 32。J. A. Knudtzon, *Die Zwei Arzawa Briefe: Die ältesten Urkunden In Indogermanischer Sprache* (Leipzig: Hinrichs, 1902). クヌートソンの同僚で、卓越した言語学者であった Alf Torp と Sophus Bugge は、この結論を熱烈に支持し、1902 年に出版されたクヌートソンの著書に解説を寄稿している。また、クヌートソンはアルザワがアナトリアにあったに違いないという正しい結論に至っている（同書 p. 28）。

7　Petr Vavroušek, "Zur Geschichte der Lösung des hethitischen Problems," *ArOr* 47 (1979): 69.

8　これらの出来事についてのヴィンクラー自身の説明については、彼の死後に出版された *Nach Boghazköi!* (Leipzig: Hinrichs, 1914) を参照のこと。

9　出土地は記録されてはいたものの、後に失われたのだという指摘もある。Theo

van den Hout, “Another View of Hittite Literature,” in *Anatolia Antica: Studi in Memoria di Fiorella Imparati* (ed. Stefano De Martino and Franca Pecchioli Daddi; 2 vols.; Eothen 11; Firenze: LoGisma, 2002), 2:859 n. 5.

10 実際にはヒッタイトの都を正しく同定したのは Georges Perrot の功績である。彼は 1886 年の論文の中で都がカルケミシュではなくボアズキョイの可能性が高いと述べている。de Roos, “Early Travellers,” 269 を参照のこと。

11 ヴィンクラーの報告書には、彼が「楔形文字ヒッタイト語」の解読作業に費やした数年間についての言及も含まれている。1907 年 12 月 26 日付の絵葉書からは、ヴィンクラーはボアズキョイの粘土板に書かれている言語がインド・ヨーロッパ語であるに違いないとすでに気づいていたことがわかる（Horst Klengel, *Geschichte des hethitischen Reiches* [HdO 34; Leiden: Brill, 1999], 8 n.20）。ヒッタイト語を解読したフロズニーの最大のライバルであった Ernst Weidner は、フロズニーの研究に対する書評の中で、ヴィンクラーは亡くなる前に自身のノートを捨てたのだと述べている（*OLZ* [1920]: 114–20）。

12 ヒッタイト語の解読については、多くの有用な著書の中で詳説されている。特に以下の著書を参照のこと。Gary Beckman, “The Hittite Language and Its Decipherment,” *BCSMS* 31 (1996): 23–30; C. W. Ceram, *The Secret of the Hittites: The Discovery of an Ancient Empire* (New York: Knopf, 1956; repr., London: Phoenix, 2001); Johannes Friedrich, “Die bisherigen Ergebnisse der hethitischen Sprachforschung,” in *Stand und Aufgaben der Sprachwissenschaft* (Heidelberg: Winter, 1924), 304–18; Petr Vavroušek, “Zur Geschichte der Lösung des hethitischen Problems,” 67–77.

13 フロズニーが、この論文を発表したのは、彼の他にも研究者たちが同じ問題に熱心に取り組んでいたことに動機づけられてのことであった。しかし、彼のライバルであった Ernst Weidner は誤った方向に向かっていた。彼は *Studien zur hethitischen Sprachwissenschaft* (Leipzig: Hinrichs, 1917) の中で、ヒッタイト語がコーカサス諸語だという誤った結論に至っていたのである。

14 フロズニーは 1931 年にこの解読についての回顧録を書いている。“Le Hittite: Histoire et progrès de déchiffrement des textes,” *ArOr* 3 (1931): 272–95.

15 Ceram, *Secret of the Hittites*, 86.

16 Friedrich Hrozný, “Die Lösung des hethitischen Problems,” *MDOG* 56 (1915): 17–50; idem, *Die Sprache de Hethiter: Ihr Bau und ihre Zugehörigkeit zum indogermanischen Sprachstamm* (Leipzig: Hinrichs, 1917). フロズニーはまた、ヒッタイト語がインド・ヨーロッパ諸語の西方の語群（ケントゥム語群）に属しており、たとえばサンスクリットや古代ペルシア語よりもギリシア語やラテン語により近いと結論づけている。

17 E. O. Forrer, "The Hittites in Palestine I," *PEQ* (1936): 191–2. フロズニーは語の関係性についての個別例を挙げる中で多くの間違いを犯していたため、言語学者たちから研究そのものに批判の集中砲火を浴びてもおかしくなかった（Vavroušek, "Zur Geschichte der Lösung des hethitischen Problems," 72)。

18 Archibald Henry Sayce, *The Hittites: The Story of a Forgotten Empire* (2nd ed.; London: Religious Tract Society, 1890), 15.

19 J. David Hawkins and Anna Morpurgo-Davies, "Of Donkeys, Mules and Tarkondemos," in *Mír Curad: Studies in Honor of Calvert Watkins* (ed. Jay Jasanoff, H. Craig Melchert and Lisi Oliver; IBS 92; Innsbruck: Institut für Sprachwissenschaft der Universität Innsbruck, 1998), 243–60.

20 Leopold Messerschmidt, *Corpus Inscriptionum Hettiticarum* (4 parts; MVAeG 5/4–5, 7/3, 11/5; Berlin: Peiser, 1900–1906). part 1–2: 113–60 と、part 3 および part 4 を参照のこと。

21 Emil Forrer, "Die acht Sprachen der Boghazköi Inschriften," *Sitzungsberichte der Preussischen Akademie der Wissenschaften phil.-hist. Klasse* 53 (1919): 1029–41. この短い要約ではフォラーのヒッタイト学に対する貢献を十分に評価することができない。フォラーの見解についての面白い解説については Johannes Lehmann, *The Hittites: People of a Thousand Gods* (New York: Viking, 1975), 85–93 を参照のこと。

22 Piero Meriggi, "Sur le déchiffrement et la langue des hieroglyphs 'hittites,'" *RHA* 9 (1932): 1–57.

23 象形文字の解読おけるボッサートの貢献は *Šantaš und Kupapa* (MAOG 6.3; Leipzig: Harrassowittz, 1932) にまとめられている。

24 J. D. Hawkins, Anna Morpurgo-Davies, and Günter Neumann, *Hittite Hieroglyphs and Luwian: New Evidence for the Connection* (Göttingen: Vandenhoeck & Ruprecht, 1974), 148.

25 Güterbockの回顧録"Resurrecting the Hittites," in *CANE*, 2765–76を参照のこと。

26 列王記上 10 章 29 節と歴代誌下 1 章 17 節にあるように、ここはソロモン王が交易関係をもったのと同じ地域（キリキア）である。R. D. Barnett, "Karatepe, the key to the Hittite Hieroglyphs," 88 も参照のこと。

27 カラテペ碑文の最終校訂版は Halet Çambel, *CHLI* II である。

28 *Les hiéroglyphes hittites, Première partie, L'écriture* (Paris: CNRS, 1960).

29 *Hieroglyphisch-Hethitisches Glossar* (Wiesbaden: Harrassowitz, 1962).

30 *Hittite Hieroglyphs and Luwian*, 145–97.

31 H. Craig Melchert, "Language," in *The Luwians* (ed. H. Craig Melchert; HdO 1/68; Leiden: Brill, 2004), 171.

32 Annick Payne, “Writing Systems and Identity,” in *Anatolian Interfaces: Hittites, Greeks and Their Neighbors, Proceedings of an International Conference on Cross-Cultural Interaction, September 17-19, 2004, Emory University, Atlanta, GA* (ed. Billie Jean Collins, Mary Bachvarobva, and Ian C. Rutherford; Oxford: Oxbow, 2010), 117–22.

33 *KUB* シリーズの最初の数巻はほとんどエーロルフ自身が出版した。彼の行った作業の報告については Hans Gustav Güterbock, “Hans Ehelolf und das Berliner Boğazköy-Archiv,” *Das Altertum* 33 (1987): 114–20 を参照のこと。ベルリンのアーカイブの歴史については Horst Klengel, “Das Berliner Boğazköy-Archiv: Geschichte und Textedition,” in *Ägypten, Vorderasien, Turfan: Probleme der Edition und Bearbeitung altorientalischer Handschriften* (ed. Horst Klengel and Werner Sunderman; Berlin: Akademie, 1991), 73–81 を参照のこと。

34 1930 年代にトルコ歴史学会によって Hamit Z. Koşay の指揮下に発掘が開始され、現在は Aykut Çınaroğlu の下で再開され継続されている。

35 Stephen Lumsden, “Gavurkalesi: Investigations at a Hittite Sacred Place,” in *Recent Developments in Hittite Archaeology and History* (ed. K, Aslihan Yener and Hary A. Hoffner Jr; Winona Lake, Ind.: Eisenbrauns, 20002), 111–25 を参照のこと。

36 Barthel Hrouda, “Vorläufiger Bericht über die Ausgrabungsergebnisse auf dem Sirkelihöyük Südtürkei von 1992–1995,” *Kazı Sonuçları Toplantısı* 18 (1997): 291–312; H. Ehringhaus, “Hethitisches Felsrelief der Grossreichszeit Entdeckt,” *Antike Welt* 26/1 (1995): 66; idem, “Ein neues hethitisches Felsrelief am Sirkeli Höyük in der Çukurova,” *Antike Welt* 26/2 (1995): 118–19.

37 Trevor R. Bryce, “The Hittites—Discoveries and Ongoing Research,” *History Compass* (2004). オンラインでも有料で利用可能である：http://www.blackwell-compass.com/subject/history/article_view?highlight_query=Trevor+Bryce&type=std&slop=0&fuzzy=0.5&last_results=query%3DTrevor%2BBryce%26submit%3DGo%26content_types%3Dcja&parent=void&sortby=relevance&offset=0&article_id=hico_articles_bsl072.

38 Aygül Süel, “Ortaköy-Şapinuwa,” in Yener and Hoffner, *Recent Developments in Hittite Archaeology and History*, 157–65.

39 http://www.sirkeli-project.info/en/index.html を参照のこと。

40 Ali M. Dinçol, “Die Entdeckung des Felsmonuments in Hatip und ihre Auswirkungen über die historischen und geographischen Fragen des Hethiterreiches,” *TÜBA-AR* 1 (1998): 27–34.

41 Piotr Taracha, “Bull-Leaping on a Hittite Vase: New Light on Anatolian and

Minoan Religion," *Archeologia* 53 (2002): 7–20.

42 壁画の研究は現在進行中であり、これをミケーネの人々が描いたのか、あるいはアナトリアの人々が描いたのかという問題の解明に期待がかかっている。

43 John Garstang, *The Hittite Empire: Being a Survey of the History, Geography and Monuments of Hittite Asia Minor and Syria* (London: Constable, 1929), viii.

44 Sanna Aro, "Art and Architecture," in Melchert, *The Luwians,* 286 を参照のこと。

45 たとえば、近年シュッピルリウマ 1 世の長い 50 年の治世はその半分ほどに減らすべきだという提案もなされている。G. Wilhelm and J. Boese, "Absolute Chronologie und die hethitische Geschichte des 15. Und 14. Jahrhunderts v. Chr." *High, Middle or Low? Acts of an International Colloquium on Absolute Chronology Held at the University of Gothenburg, 20th–22nd August 1987* (ed. Paul Åström; Gothenberg: Åström, 1987), 74–117 を参照のこと。

46 Gary Beckman, "Hittite Chronology," *Akkakdica* 119–120 (2000): 20.

47 H. Gasche, J. A. Armstrong, S. W. Cole, and V. G. Gurzadyan, *Dating the Fall of Babylon: A Reappraisal of Second-Millennium Chronology* (Chicago: The Oriental Institute of the University of Chicago, 1998).

48 Beckman, "Hittite Chronology," 25 を参照のこと。

49 Ulf-Dietrich Schoop and Jürgen Seeher, "Absolute Chronologie in Boğazköy-Ḫattuša: Das Potential der Radiokarbondaten," in *Strukturierung und Datierung in der hethitischen Archäologie* (ed. D. P. Mielke, U-D. Schoop, and J. Seeher; BYZAS 4; Istanbul: Veröffentlichungen des Deutschen Archäologischen Instituts Istanbul, 2006), 53–75.

50 Colin Renfrew, "Kings, Tree Rings and the Old World," *Nature* 381 (1996): 733–34.

第 2 章

1 Ian Hodder, "Ethics and Archaeology: The Attempt at Çatalhöyük," *NEA* 65 (2002): 174–81.

2 イラク南部で見つかった、ナラム・シン治世に年代比定されるアラバスター製の石碑には貢物を運ぶ人々が描かれている。そこには、アナトリア様式の武器と、キリキアに特徴的な様式のデパス甕［両側に取手のついた甕］を運ぶ人がいる。これはナラム・シンが征服活動の過程でアナトリアまで到達した可能性を裏づける証拠となっている。Machteld Mellink, "An Akkadian Illustration of a Campaign in Cilicia," *Anatolia* 7 (1963): 101–15 を参照のこと。

3 Ann Gunter, “Animals in Anatolian Art,” in *A history of the Animal World in the Ancient Near East* (ed. Billie Jean Collins; HdO 1/64; Leiden: Brill, 2002), 83.

4 加えてわずかなヒッタイト語語彙がカネシュ出土の文書に現れる。Craig Melchert, “Indo-European Languages of Anatolia,” in *CANE*, 2152を参照のこと。

5 *Greater Anatolia and the Indo-Hittite Language Family: Papers Presented at a Colloquium Hosted by the University of Richmond, March 18–19, 2000* (ed. Robert Drews; Journal of Indo-European Studies Monographs 38; Washington, D. C.: Institute for the Study of Man, 2001) を参照のこと。

6 Melchert, “Prehistory,” in Melchert, *The Luwians*, 24.

7 Horst Klengel (*Geschichte des hethitischen Reiches*, 19および注)は、アルメニア西部のカラシャムブ出土の銀製ゴブレットから東方起源説を支持し、それによってインド・ヨーロッパ語話者が移住した年代を特定できると考えている。このゴブレットはのちのヒッタイト美術とも類似している。

8 Russell D. Gray and Quentin D. Atkinson, “Language-Tree Divergence Times Support the Anatolian Theory of Indo-European Origin,” *Nature* 426 (Novermber 2003): 435–39.

9 Gerd Steiner, “The Immigration of the First Indo-Europeans into Anatolia Reconsidered,” *JIES* 18 (1990): 185–214; J. Makkay, “Pottery Links between Late Neolithic Cultures of the NW Pontic and Anatolia, and the Origins of the Hittites,” *Anatolica* 19 (1993): 117–28; Bill Darden, “On the Question of the Anatolian Origin of Indo-Hittite,” in Drews, *Greater Anatolia and the Indo-Hittite Language Family*, 184–228 を参照のこと。

10 カールム・カネシュII層からは、エリシュムの印章が押された書簡が発見されている。

11 かねてからタウルス山脈に錫の産地があったにもかかわらず、青銅器時代中期のアナトリアに錫が輸入されなければならなかった点については、Aslihan Yener, *The Domestication of Metals* (CHANE 4; Leiden: Brill, 2000), 71–76 を参照のこと。

12 『サルゴン、戦いの王』。この文書の写しは後期青銅器時代に年代比定されている。アッカド王たちの物語は、少なくともアナトリアでは、早くもアッシリア植民地時代には流布していた。近年キュルテペで発見された書記学校の文書には、サルゴン王による反乱の鎮圧が記されている。これについては、Cahit Günbatti, “Kültepe’den Akadlı Sargon’a Ait Bir Tablet,” *Archivum Anatolicum* 3 (1997): 131–55を参照のこと。フリの預言書と呪術儀礼にみられる、神格化されたサルゴン王朝の王名表については、Annelies Kammenhuber, “Historisch-geographische Nachrichten aus der althurrischen Überlieferung, dem Altelamischen und den Inschriften der Könige von Akkad für die Zeit vor dem Einfall der Gutäer (ca. 2200/2136)”

Acta Antiqua Academiae Scientiarum Hungaricae 22 (1974): 157–60, 165–68 を参照のこと。また、アナトリアにおけるサルゴン伝説についての概説は、Gary Beckman, “Sargon and Naram-Sin in Ḫatti: Reflections of Mesopotamian Antiquity among the Hittites,” in Die Gegenwart des Altertums: Formen und Funktionen des Altertumsbezugs in den Hochkulturen der Alten Welt (ed. Dieter Kuhn and Helga Stahl; Heidelberg: Edition Forum, 2001), 85–91 を参照のこと。

13 *kārum* という語は、シュメール語の kar「波止場」から派生し、「(都市の) 港」や「交易地」、「商人コミュニティ」、「商業本部」を指すようになった。*wabartum* という語はアッカド語の *ubāru*「居留外国人」から派生している。カールムには、ブルシュハットゥムとドゥルフミト、ハフム、ハットゥシュ、フラマ、カネシュ、ニフリヤ、タウィニヤ、ウルス、ワフシュシャナ、ザルパが含まれた。ワバルトゥムには、バドナとハナクナク、カラフナ、ママ、シャラトゥワル、シャムハ、トゥフピア、ウラマ、ワシャニア、南ザルパがあった。

14 アリシャール・ホユック（古代名アンクワ）からは、古アッシリア時代の遺物と粘土板が見つかっているものの、文書中に交易拠点の一つとして言及されることはない。

15 ブルシュハットゥム（塩湖の南端）の支配者は、アナトリアで唯一「大公」(*ruba’um rabi‘um*) を名乗った支配者であった。その他の支配者たちは、単に公、あるいは従属的な地位のシャッル (*šarru*) としか呼ばれず、ブルシュハットゥムの特別な威信がうかがえる。ブルシュハットゥムは、アッシリア人たちが求めていた銀生産の大部分を統括していたがために重要であったのかもしれない。

16 部分的に残っている契約は2点見つかっている。一つはテル・レイラン出土のものである (Jesper Eidem, “An Old Assyrian Treaty from Tell Leilan,” in *Marchands, diplomates et empereurs: Études sur la Civilisation Mesopotamienne offerts à Paul Garelli* [ed. Dominique Charpin and Francis Joannès; Paris: Éditions Recherche sur les Civilisations, 1991], 185–207)。もう一つはキュルテペ出土のものであり、それにはいくつかの条項が残っている (Emin Bilgiç, “Ebla in Cappadocian Inscriptions,” in *Hittite and Other Anatolian and Near Eastern Studies in Honor of Sedat Alp* [ed. Heinrich Otten, H. Ertem, E. Akurgal, and A. Süel; Ankara: Türk Tarih Kurumu Basımevi, 1992], 61–66.)。

17 通行料を取る町を回避し、迂回して商品を密輸し、税を免れようとする試みは危険ではあったが、珍しいことではなく、実際に行われていた。

18 この書簡は、のちのヒッタイトにみられる対等関係と宗主関係を基礎とする体制が当時すでに発達していたことを明らかにしている。また、アナトリアの公 (*ruba’um*) が自律的にアッシリア人たちと外交交渉を行って、独自に属国を支配し、自由に他の君主と同盟を結んでいたことを示唆している。

19 Machteld J. Mellink, "Archaeology in Asia Minor," *AJA* 67 (1963): 175 を参照のこと。

20 Itamar Singer は、アニッタが国土を統一した時代のアナトリアは、地名や人名、神々、物質文化によって、異なる二つの民族文化圏に分けられるとし、その主要地域はハッティ人が多く住むハリュス川流域と、カネシュから東方に広がるヒッタイトの領域であったと指摘している（"Hittites and Hattians in Anatolia at the Beginning of the Second Millennium B.C.," *JIES* 9 [1981]: 119–34; idem, "Our God and Their God," in *Atti del II Congresso Internazionale die Hittitologia* [ed. Mauro Giorgieri, Onofrio Carruba, and Clelia Mora; Studia Mediterranea 9; Pavia: Gianni Iuculano, 1995], 343–49.)。この解釈が正しければ、ザルパ王とハットゥシュ王の連携はハッティ人が一致してヒッタイトの支配に抵抗したものと考えられる。

21 "Proclamation of Anitta of Kuššar". 訳は Harry A. Hoffner Jr.（*COS* 1.72: 183, §12）による。

22 Trevor Bryce, *The Kingdom of the Hittites* (2nd ed.; Oxford: Oxford University Press, 2005), 39.

23 Ibid., 39–40.

24 クシャラの位置については ibid., 36 とその注を参照のこと。

25 言語の変化は、個人や集団が社会的経済的権力を競う中で起こる、自己意識的で意図的な社会的戦略である。上位の人々の社会的流動の結果、必然的に下位の人間が指導者層の言語を受容することになる。そうでなければ言語を受容する動機がない。David Anthony, "Prehistoric Migration as Social Process," in *Migrations and Invasions in Archaeological Explanation* (ed. John Chapman and Helena Hamerow; BAR International Series 664; Oxford: BAR, 1997), 28 を参照のこと。

26 Melchert, "Prehistory," 15–22 は、ハッティ語がヒッタイト語とその社会制度に与えた影響を再評価している。

27 しかし、Ilya Yakubovich ("Luwian Migrations in Light of Linguistic Contacts," in Collins, Bachvarova, and Rutherford, *Anatolian Interfaces*) は、前２千年紀のルウィ語話者の本拠地がアナトリア中央（コンヤ平原）であると考えており、中期青銅器時代にルウィ語が西から東へ広がっていったとする一般的な見方を否定している。

28 Jörg Klinger, *Untersuchungen zur Rekonstruktion der hattischen Kultschicht* (StBoT 37; Wiesbaden: Harrassowitz, 1996), 122 と注 168 を参照のこと。そこでは Peter Neve, "Ein althethitischer Sammelfund aus der Unterstadt," in Kurt Bittel et al., *Boğazköy* (6 vols.; Berlin: de Gruyter, 1935–84), 6:89 と、Richard Beal, "The Predecessors of Ḫattušili I," in *Hittite Studies in Honor of Harry A. Hoffner*

Jr. on the Occasion of His 65th Birthday (ed. Gary Beckman, Richard Beal, and Gregory McMahon; Winona Lake, Ind.: Eisenbrauns, 2003), 25、さらに、Dietrich Sürenhagen, “Verwandtschaftsbeziehungen und Erbrecht im althethitischen Königshaus vor Telipinu—ein erneuter Erklärungsversuch,” *AoF* 25 (1998): 83 n.39 が引用されている。

29 「大神殿」については、Peter Neve, “The Great Temple in Boğazköy-Ḫattuša,” in *Across the Anatolian Plateau: Readings in the Archaeology of Ancient Turkey* (ed. David C. Hopkins; AASOR 57; Boston: American Schools of Oriental Research, 2002), 77–98 と Itamar Singer, “A City of Many Temples: Ḫattuša, Capital of the Hittites,” in *Sacred Space: Shrine, City, Land* (ed. Benjamin Z. Kedar and R. J. Zwi Werblowsky; Washington Square: New York University Press, 1998), 33–34 を参照のこと。

30 「上の町」の神殿の建造年代の改定については、Jürgen Seeher, “Chronology in Ḫattuša: New Approaches to an Old Problem,” *BYZAS* 4 (2006): 197–213 を参照のこと。「上の町」の神殿についての、より詳細な説明は Singer, “A City of Many Temples,” 36–40 を参照のこと。

31 A. M. Dinçol, B. Dinçol, J. David Hawkins, and Gernot Wilhelm, “The ‘Cruciform’ Seal from Boğazköy-Hattusa,” *IstMitt* 43 (1993), esp. 104–6 を参照のこと。Massimo Forlanini (“La nascita di un impero: Considerazioni sulla prima fase della storia hittita: Da Kaniš a Hattuša,” *Or* 73 [2004]: 363–89) は、この十字形印章に名前が現れるフジヤを、アニッタの敵であったザルパ王フジヤと関連づけようと試みた。Richard Beal（“Predecessors of Ḫattušili I,” 31–32）は、フジヤはヒッタイト王朝の創始者であり、ハットゥシリ 1 世の祖父は供物リスト *KUB* 36.121 + *KUB* 11.7 + *KUB* 36.122 に言及されるトゥドゥハリヤあるいは PU・シャルマであったという説を提唱している。しかし、多くのヒッタイト学者は、供物リストに挙げられる二人の名前は正しい位置に現れているわけではなく、古王国時代の歴史とは関係がないと考えている。

32 また、ハットゥシリ 1 世は数十年前にアッシリア人たちの交易が途絶えて以来、深刻なまでに入手困難な状況になっていた錫の新しい産地を求めていたのかもしれない（Bryce, *Kingdom of the Hittites*, 82）。

33 ハットゥシリ 1 世の将軍たちはウルシュを包囲した。この都市はアッシュルへ向かう古い交易路にあったので、その包囲は供給路を確保するための作戦の一環であったのかもしれない（ibid., 82–83）。

34 シャナフイッタは、王族の内の反逆者として語られるパパフディルマフなる人物の支配下にあった都市である。

35 Mirjo Salvini, “Una Lettera di Hattusili relativa alla spedizione contro Hahhum,”

SMEA 34 (1995): 61–80.

36 テルカ（ユーフラテス川中流域のマリ王国の一部）出土の史料には、ハッテ／ハットゥ軍との衝突について言及がある。この史料も、ハットゥシリ1世治世のヒッタイトが、これまで想定されていた以上に、ユーフラテス川を越えた地域と深く関わっていたことを示している。また、この遺跡からは、古王国時代のヒッタイトの印章も発見されている。Itamar Singer, review of Horst Klengel, *Geschichte des hethitischen Reiches*, *BiOr* 57 (2000): 638–39; Klengel, *Geschichte des hethitischen Reiches*, 66 を参照のこと。

37 Bryce, *Kingdom of the Hittites*, 99.

38 Harry A. Hoffner Jr. との私信による。

39 ルウィヤ（アルザワ）からの逃亡者返還にかんする規定が示すように、古王国時代の支配者たちもおそらく西部領域との外交関係を構築していた。Harry A. Hoffner Jr., *The Laws of the Hittites: A Critical Edition* (DMOA 23; Leiden: Brill, 1997), 31–32, 180–81 (§§22–23) を参照のこと。

40 このトゥドゥハリヤを、1世とするか2世とするかは、王朝の初期にトゥドゥハリヤという名前の王が存在したかを認めるかどうかによる（注31を参照のこと）。混乱を避けるために多くのヒッタイト学者はトゥドゥハリヤ1／2世と表記しているが、本書では簡素化してトゥドゥハリヤ2世と表記している。

41 Heinrich Otten, “Ein Siegelabdruck Duthalijas I. (?),” *AA* (2000): 375–76 を参照のこと。ある印章にはカントゥジリという名前があるが、この人物はトゥドゥハリヤ2世の父であり、トゥドゥハリヤ2世の共謀者の1人として名前の挙がっているカントゥジリと同定されるだろう。

42 Bryce, *Kingdom of the Hittites*, 122.

43 この時代の歴史については Jacques Freu, “La ‘révolution dynastique’ du Grand Roi de Hatti Tuthalia I,” *Hethitica* 13 (1996): 17–38; idem, “Le grand roi Tutḫaliya, fils de Kantuzzili,” in *Mélanges offerts au professeur René Lebrun* (ed. Michel Mazoyer and Olivier Casabonne; 2 vols.; Collection Kubaba, Série Antiquité 5–6; Paris: L’Harmattan, 2004), 1:271–304 を参照のこと。

44 マシャトータピッカ書簡がトゥドゥハリヤ2世とアルヌワンダ1世治世に年代比定されることについては Jörg Klinger, “Das Corpus der Maşat-Briefe und seine Beziehungen zu den Texten aus Hattusa,” *ZA* 85 (1995): 74–108 を参照のこと。しかし、Bryce, *Kingdom of the Hittites*, 145 は、これらの資料をアルヌワンダ1世の後継者であるトゥドゥハリヤ3世の治世とする年代にしたがっている（同書、p. 425 n. 25 の文献を参照のこと）。

45 当時の西域の状況を理解するうえで主な史料となるのは、いわゆる『マドゥワッタの非難』である。この文書は、ヒッタイト王アルヌワンダ1世がマドゥワッタへ宛てた書簡であり、アルヌワンダ1世とその義理の父にあたるトゥドゥハリヤ2世の治世に起こった出来事が記されている。翻訳については Gary Beckman, *Hittite Diplomatic Texts* (2nd ed.: SBLWAW 7; Atlanta: Scholars Press, 1999), 153–60 を参照のこと。

46 Bryce, *Kingdom of the Hittites*, 130.

47 アルヌワンダ1世は、ユーフラテス川上流の町パフワの支配者ミタに対しても、非難しているが、こちらの方がより厳しい論調に思われる。Bryce, *Kingdom of the Hittites*, 143–44; Klengel, *Geschichte des hethitischen Reiches*, 124; Beckman, *Hittite Diplomatic Texts*, 160–66 を参照のこと。

48 Bryce, *Kingdom of the Hittites*, 138.

49 このトゥドゥハリヤ3世はシュッピルリウマ1世の父親として封泥に現れる。Klengel, *Geschichte des hethitischen Reiches*, 129 [B1] を参照のこと。トゥドゥハリヤ3世以外にも、未確定のハットゥシリ（2世）という王の名が「アレッポ条約」に挙がっているが、彼を王統のどこに位置づけるべきかという問題がある。この点については、Bryce, *Kingdom of the Hittites*, 141; Klengel, *Geschichte des hethitischen Reiches*, 125–26 を参照のこと。

50 ハットゥシリ3世（治世およそ前1267〜1236年）によって編纂された文書 *KBo* 6.28 + *KUB* 26.48 (*CTH* 88) obv. 6–15。

51 EA 31. 訳は Volkert Haas in William Moran（*The Amarna Letters* (Baltimore: Johns Hopkins University Press, 1992), 101）による。ただし、Haas が *egai-* を「粉砕された」と訳するのに対して、「麻痺している」とした点については、Jaan Puhvel, *HED* 2:257, *eka-* の項目を参照のこと。

52 シャムハはハットゥシャの東に位置し、ハリュス川流域のマラティア方面にあるトルコの都市シヴァス地方にあった。ここは、トゥドゥハリヤ2世がキズワトナの「夜の女神」の祭儀を導入した都市でもある。古王国時代のテリピヌ治世には、すでに王室の倉庫を備える地域拠点として主要な行政の中心地となっていた。さらに、シャムハは数々の都市のイシュタル神や複数の嵐の神、山の神と川の神と括られる神々、アレッポの男神と女神なども祀る神殿施設を抱える一大宗教都市でもあった。

53 Bryce, *Kingdom of the Hittites*, 159.

54 『シュッピルリウマの事績』では、単に *dahamunzu*「王の妻」と呼ばれるだけであり、すべての研究者がアンケセナーメンとの同定を認めているわけではない。

55 『シュッピルリウマの事績』(“Deeds of Šuppiluliuma”)。訳は Harry A. Hoffner Jr. (*COS* 1.74:190) による。

56 Ibid.

57 アイがこの事件に無関係であったことについては、Bryce, *Kingdom of the*

Hittites, 183 を参照のこと。シュッピルリウマ1世からアイへの書簡（*KUB* 19.20 + *KBo* 12.23+154/s; *CTH* 154）には、自分はその件に責任がないと主張するアイの言葉が引用されている。Theo P. J. van den Hout, “Der Falke und das Kücken: Der neue Pharao und der hethitische Prinze?” *ZA* 84 (1994): 60–88 も参照のこと。

58 『ムルシリ2世の10年の年代記』(Ten-Year Annals of Mursili II), *KBo* 3.4 (*CTH* 61) I 10–15.

59 彼らの地位は、小国の王というよりも、むしろ領主程度であった（J. David Hawkins, “Tarkasnawa King of Mira,” *AnSt* 48 (198): 15 と Susanne Heinhold-Krahmer, *Arzawa: Untersuchungen zu seiner Geschichte nach den hethitischen Quellen* (THeth 8; Heidelberg: Winter 1977), 127–29.)。

60 Bryce, *Kingdom of the Hittites*, 203.

61 シリアにおけるテリピヌの（「アレッポの嵐の神」の「大神官」としての）宗教的・司法的役割は、シャリ・クシュフの軍事的役割と対比される。Ibid., 187–88 を参照のこと。

62 Itamar Singer, *Hittite Prayers* (SBLWAW 11; Atlanta: Society of Biblical Literature, 2002), 75.

63 『ムルシリ2世のタワタンナに対する非難』(“Mursili’s Accusations against Tawananna”)（*CTH* 70)。訳は Singer（*Hittite Prayers*, 76 (no. 17, §4’)）による。

64 この条約では、ヒッタイトの町クルシュタマの住民をエジプト領に定住させることが取り決められた。この点については、第5章を参照のこと。

65 ミラとマシャの支配者は、それぞれマシュフイルワと É.GAL.PAP という人物であった。ミラでは、ムルシリ2世は市民にマシュフイルワの引き渡しを強制し、マシュフイルワの養子クパンタ・クルンタを王とした。

66 ピヤマラドゥは野心的なアルザワの王侯であったと考えられる（Hawkins, “Tarkasanawa King of Mira,” 17.)。マナパ・タルフンダの書簡の、これに関連する部分の解釈がいかに困難であるかについては、Trevor Bryce, *The Trojans and Their Neighbors* (New York: Routledge, 2006), 184–85 に説明されている。

67 タルフンタッシャという王国があった地域はおおよそわかっているものの、都の正確な位置はいまだ議論されている（Stefano de Martino, “Ura and the Boundaries of Tarhuntašša,” *AoF* 26 [1999]: 291–300; Ali M. Dinçol, Jak Yakar, Belkıs Dinçol, and Avia Taffer, “The Borders of the Appanage Kingdom of Tarhuntašša: A Geographical and Archaeological Assessment,” *Anatolica* 26 [2000]: 1–29.)。都市には王家の文書館や歴史・宗教文書が眠っているに違いなく、ムワタリ2世の治世は現在でも非常に謎に包まれた時代である。

68 『ハットゥシリ3世の弁明』(“Apology of Ḫattušili III”)。訳は van den Hout（*COS* 1.77:200, §6）による。

69 Itamar Singer は、アクエンアテンが新都にアケトアテンを選んだことと比較している (“From Hattuša to Tarhuntašša: Some Thoughts on Muwatalli’s Reign,” in *Acts of the IIIrd International Congress of Hittitology. Çorum, September 16–22, 1996* [ed. S. Alp and A. Süel; Ankara: Uyum Ajans, 1998], 535–41)。

70 Singer, “From Hattuša to Tarhuntašša,” 特に 539 がこの説を主張している。

71 史料上には残ってはいないが、戦いの描写からはそのような経緯が示唆されると思われる。

72 『ハットゥシリ 3 世の弁明』。訳は van den Hout（*COS* 1.77:202, §9）による。

73 Itamar Singer にしたがい、ダヌヘパをムルシリ 2 世ではなくムワタリ 2 世の治世の王妃としている。彼の主張については、”Danuḫepa and Kurunta,” *Anatolia Antica: Studi in Memoria di Fiorella Imparati* (ed. Stefano De Martino and Franca Pecchioli Daddi; Eothen 11; Firenze: LoGisma editore, 2002), 739–51 を参照のこと。

74 Ibid., 746. また、Itamar Singer, “The Fate of Hattusa during the Period of Tarhuntassa’s Supremacy,” in *Kulturgeschichten: Altorientalistische Studien für Vokert Haas zum 65. Geburtstag* (ed. Thomas Richter, Doris Prechel, and Jörg Klinger; Saarbrücken: Saarbrücker Druckerei, 2001), 403 も参照のこと。

75 『ハットゥシリ 3 世の弁明』。訳は van den Hout（*COS* 1.77:202, §10a）による。

76 *KUB* 21.15 (*CTH* 85.I.B) i 11–12.

77 マシュトゥリはヒッタイトの内戦でムルシリ 3 世ではなくハットゥシリ 3 世に味方した。皮肉にも、のちにハットゥシリ 3 世の息子で後継者のトゥドゥハリヤ 4 世は、自身はマシュトゥリがウルヒ・テシュブに反旗を翻したことに恩恵を受けているにもかかわらず、忠誠の誓いを破った悪い臣下の例として引き合いに出している。

78 *KUB* 23.102 (*CTH* 171) i 1–19. Beckman, *Hittite Diplomatic Texts*, 146–47 (no. 24A). 一般的に、この書簡は、ハットゥシリ 3 世ではなくムルシリ 3 世（ウルヒ・テシュブ）だという説が受け入れられているが、Theo P. J. van den Hout, “Khattushili III, King of the Hittites,” in *CANE*, 1114–15 は、これに反対の立場である。外交の上で「兄弟」という用語が使われる意義については、Trevor R. Bryce, *Letters of the Great Kings of the Ancient Near East: The Royal Correspondence of the Late Bronze Age* (London: Routledge, 2003), 74–78 を参照のこと。

79 *KBo* 1.14 (*CTH* 173) rev. 11’–19’ (§5). 訳は Beckman（*Hittite Diplomatic Texts*, 149 (no. 24B)）による。

80 『ハットゥシリ 3 世の弁明』。訳は van den Hout（*COS* 1.77:202, §10）による。

81 Ibid.

82 Ibid.

83 『ハットゥシリ 3 世の弁明』。訳は van den Hout（*COS* 1.77:204, §12b）による。

84 *KUB* 21.37 (*CTH* 85.2). Alfonso Archi, “The Propaganda of Ḫattušiliš III,” *SMEA* 14 (1971): 203–8 の編集による。この文書についての議論は、Singer, “The Fate of Hattusa,” 399–402 を参照のこと。

85 Klengel (*Geschichte des hethitischen Reiches*, 232) は、ウルヒ・テシュブがバビロニアに向かおうとする前にアヒヤワ王の支援を得ようとして失敗した可能性に言及している。

86 ウルヒ・テシュブは、A.AB.BA *tapuša*「海のそば／海を越えた／海沿いの」場所に送られたとされる（Apology §11）。それはアナトリア西部のミラ、あるいはシリアのウガリトやアムル、キプロス島であったという説が提唱されている。

87 アムルの場合では、ハットゥシリ 3 世の息子ネリッカイリがベンテシナの娘を妻とした。これはアムルとヒッタイトの間で二度行われた政略結婚の一つである。三度目の結婚はトゥドゥハリヤ 4 世治世に行われた。

88 ラメセス 2 世からの書簡に記されている（*KBo* 8.14 [*CTH* 163] obv. 10’; Elmar Edel, *Umschriften und Übersetzungen* (vol. 1 of *Die ägyptisch-hethitische Korrespondenz aus Boghazköy in babylonischer und hethitischer Sprache*; Abhandlungen der Rheinisch-Westphälischen Akademie der Wissenschaften 77; Opladen: Westdeutscher Verlag, 1994), 24–25, [no.5] を参照）。ここでラメセス 2 世はアッシリア王の言葉を引用している。このアッシリア王はシャルマネセル 1 世であった可能性もある（Bryce, *Kingdom of the Hittites*, 466 n. 49）。

89 *KBo* 1.24 + *KUB* 3.23 + *KUB* 3.84 obv. 12–13; Edel, *ÄHK*, 74–75 (no. 28).

90 マッシャナウジの年齢については、Trevor Bryce, *Letters of the Great Kings*, 115 を参照のこと。

91 *KUB* 21.38 (*CTH* 176) obv. 8’–12’. Singer, “From Hattuša to Tarhuntašša,” 537–38 を参照のこと。[*arha a*]*rnuwan* という補いついて、筆者は、Singer による「取り払われる」あるいは「移転される」という訳ではなく「枯渇する」と訳している。その他の点は、Beckman, *Hittite Diplomatic Texts*, 132 (no. 22E) の訳にしたがっている。

92 *KUB* 21.6 (+) 6a (*CTH* 82). O. R. Gurney, “The Annals of Hattusilis III,” *AnSt* 47 (1997): 127–39 を参照のこと。

93 Hawkins (“Tarkasnawa King of Mira,” 17) は、ピヤマラドゥの心中にあった王国はミラ国であっただろうと主張している。ウルヒ・テシュブを支持したことから、当時、同国の王クパンタ・クルンタの権威は失墜していた。

94 イヤランダは、古典期のカリアにおけるアリンダ（デミルジ・ダレシ）である。ラメセス 2 世からハットゥシリ 3 世への書簡でイヤランダに対する大勝利に言及があることから、タワガラワ書簡を送ったヒッタイト王はハットゥシリ3世であったことが証明されている（*KBo* 28.28; Edel, *ÄHK*, 188–189 [no. 80]）。Itamar Singer, “New Evidence on the End of the Hittite Empire,” in *The Sea Peoples and Their World: A Reassessment* (ed. Eliezer D. Oren; Philadelphia: The University Museum, 2000), 25を参照のこと。

95 Bronze Tablet ii 35–36, 43–44 (§§13, 14)に基づく。ただし、同文書中にトゥドゥハリヤ4世の兄弟の名前は挙げられていない。その兄弟を（クルンタではなく）ネリッカイリと同定する説は、Fiorella Imparati,“Apology of Ḫattušili III or Designation of his Successor?” in *Studio Historiae Ardens: Ancient Near Eastern Studies Presented to Philo H. J. Houwink ten Cate on the Occasion of His 65th Birthday* (ed. Theo P. J. van den Hout and Johan de Roos; Leiden: Nederlands Instituut voor het Nabije Oosten, 1995), 151–53を参照のこと。ヘシュニと同定する説については、Nicoletta Tani, “More about the Hesni Conspiracy,” *AoF* 28 (2001): 160–62を参照のこと。

この兄弟がネリッカイリであったならば、彼はのちの時代も政府内で重要な役割を果たし続けたことになるため、いっそう不可解である。ネリッカイリが後継者を示すトゥフカンティ *Tuhkanti* 職に（再）任用されたのは、トゥドゥハリヤ4世が治世の中で王家の者に王位継承の期待を持たせ、懐柔を図ったことを示すかもしれない。Bryce, *Kingdom of the Hittites*, 302および後述を参照のこと。

96 ハットゥシリ3世の最初の妻については、一例として van den Hout, “Khattushili III, King of the Hittites,” 1109–11を参照のこと。

97 ウルヒ・テシュブとクルンタの正確な関係性については、Bryce, “The Secession of Tarhuntassa,” in *Tabularia Hethaeorum: Hethitologische Beitruage Silvin Košak zum 65. Geburtstag* (ed. Detlev Groddek and Marina Zorman; DBH 25; Wiesbaden: Harrassowitz, 2007), 119を参照のこと。

98 ことによると、これは、Bryce（*Kingdom of the Hittites*, 244–45, 269）が主張するように、都の政治的陰謀からクルンタを守るためであったかもしれないし、Singer（“Danuḫepa and Kurunta,” 746–47）が主張するように、王妃ダヌヘパにかかわるスキャンダルの結果であったかもしれない。

99 Bryceは、“The Secession of Tarhuntassa,” 126で、トゥドゥハリヤ4世はクルンタよりおよそ10歳年下であったと想定している。

100 Bronze Tablet ii 43–52 (§14). 訳はBeckman（*Hittite Diplomatic Texts*, 118 (no. 18C)）による。

101 クルンタという名前は、ウルミ・テシュブという人物の即位名であり、両者が同一人物であったと推測されることがある。しかし、現在のところ、二人が同一人物であるという説を裏づける確たる証拠はない。クルンタの条約とウルミ・テシュブの条約が締結された時代順については、Beckman, *Hittite Diplomatic Texts*, 107–8 にまとめられている。

102 いわゆるミラワタ書簡に語られる出来事については、Itamar Singer, “Western Anatolia in the Thirteenth Century B.C. according to the Hittite Sources,” *AnSt* 33 (1983): 214–16 を参照のこと。この書簡の受取人がタルカスナワであったという点については、Hawkins, “Tarkasnawa King of Mira,” 19 を参照のこと。

103 *KUB* 3.73 (*CTH* 216) 10'–11'. A. Hagenbuchner, *Die Korrespondenz der Hethiter 2. Teil* (THeth 16; Heidelberg: Winter, 1989), 275–77 (no. 202) の編集による。

104 S. Lackenbacher, “Nouveaux documents d’Ugarit, I: Une lettre royale,” *RA* 76 (1982): 141–56.

105 *KBo* 4.14 (*CTH* 123) ii 7–11. 訳は Singer（“The Battle of Niḫriya and the End of the Hittite Empire,” *ZA* 75 (1985): 110）による。

106 ウルテヌ文書庫で見つかった書簡からは、カルケミシュ王がウガリト王を叱責せざるをえない状況になっていたことがわかる。Singer, “New Evidence on the End of the Hittite Empire,” 21–22.

107 古典期のラレンデ／カラマン。Massimo Forlanini, “Uda, un cas probable d’homonymie,” *Hethitica* 10 (1990): 120–21; Singer, “Great Kings of Tarhuntassa,” 71 n. 31.

108 Massimo Poetto, *L’iscrizione luvio-geroglifica di Yalburt* (Studia Mediterranea 8; Pavia: Gianni Iuculano Editore, 1993), 75–84. Singer, “New Evidence on the End of the Hittite Empire,” 26; Trevor R. Bryce, “History,” in Melchert, *The Luwians*, 109 も参照のこと。

109 Madduwatta Indictment §30. 訳は Beckman, *Hittite Diplomatic Texts*, 160 (no. 27) による。

110 Bryce, *Kingdom of the Hittites*, 322.

111 Nicoletta Tani, “More about the ‘Hešni Conspiracy,’” 154–64; Bryce, *Kingdom of the Hittites*, 299–300 も参照のこと。この陰謀は公判記録に残っている。*KUB* 31.68 (*CTH* 297.8) を参照のこと。

112 *KUB* 26.1 (*CTH* 255.2) i 9–29; ed. Einar von Schuler, *Hethitische Dienstanweisungen für höhere Hof- und Staatsbeamte* (Osnabrück: Biblio-Verlag, 1967), 9.

113 Singer, “Great Kings of Tarḫuntašša,” 63–71.

114 Clelia Mora, “On Some Clauses in the Kurunta Treaty and the Political Scenery at the End of the Hittite Empire,” in Beckman, Beal, and McMahon, *Hittite Studies in Honor of Harry A. Hoffner Jr.*, 289–96 の主張による。

115 Bronze Tablet §18.

116 Bryce, “The Secession of Tarhuntassa,” 124–26.

117 Singer, “New Evidence on the End of the Hittite Empire,” 26 にしたがう。Hawkins (“Tarkasnawa King of Mira,” 20–21) は、帝国最末期、西方の属王、おそらくミラ王パルフイッタと、同時代のトゥドゥハリヤ 4 世の後継者シュッピルリウマ 2 世がほとんど対等な地位にあった可能性を指摘している。この説は書簡冒頭の挨拶文の特徴に基づいている。*KBo* 18.18 (*CTH* 186.4), edited by Hagenbuchner, *Die Korrespondenz der Hethiter*, 316–18 (no. 215). これに対する反対意見については、Theo P. J. van den Hout, “Zur Geschichte des jüngeren hethitischen Reiches,” in Wilhelm, *Akten des IV. Internationalen Kongresses*, 218–20 と Bryce, *Kingdom of the Hittites*, 319–21 を参照のこと。

118 トゥドゥハリヤ 4 世のヤルブルト碑文（コンヤ北西）が、タルフンタッシャの支配領域であったコンヤ南部にある、クルンタのハティプ碑文から国境を越えて真向かいに設置されていることは偶然ではないだろう（Singer, “Great Kings of Tarḫuntašša,” 65）。ヤルブルト碑文は、そこに記述されている出来事が起こった場所の近くで発見されているわけではなく、何らかの声明のために設置されたものであるかもしれない。

119 *KUB* 3.67; *KUB* 3.66; Edel, *ÄHK*, 170–73 (nos. 71, 72) も参照のこと。

120 *KBo* 12.58 + 13.162 (*CTH* 385.9) obv. 2–11; Joost Hazenbos, *The Organization of the Anatolian Local Cults during the Thirteenth Century B.C.* (CM 21; Leiden: Brill, 2003), 12 を参照のこと。

121 Franca Pecchioli Daddi, “The System of Government at the Time of Tutḫaliya IV,” in *The Life and Times of Ḫattušili III and Tutḫaliya IV* (ed. Theo P. J. van den Hout; PIHANS 103; Leiden: NINO, 2006), 117–30.

122 Singer, “The Battle of Niḫriya,” 120.

123 Singer, review of Klengel, *Geschichte des hethitischen Reiches*, 642, with bibliography.

124 *KBo* 12.38 (*CTH* 121) は、シュッピルリウマ 2 世とその父トゥドゥハリヤ 4 世によるキプロス征服に言及している。トゥドゥハリヤ 4 世による征服活動を記録した最初の部分は、元々トゥドゥハリヤ 4 世の像に記された象形文字碑文を楔形文字で書き写したもので、その死後、シュッピルリウマ 2 世によって追記されている。シュッピルリウマ 2 世本人による後半部分についても、現在はほとんど読めなくなっているニシャンタシュの象形文字碑文の写しとなっている。

125 *KUB* 3.34 (*CTH* 165) rev. 15–17; Edel, *ÄHK*, 182–85 (no. 78); Klengel, “‘Hungerjahre’ in Hatti,” *AoF* 1 (1974): 167 with n. 13.

126 カルナク碑文。James Henry Breasted, *Ancient Records of Egypt* (5 vols.; repr. of 1906 Chicago edition; London: Histories and Mysteries of Man, 1988), 3:244, §580.

127 RS 20.212; Jean Nougayrol, *Ugaritica V* (Paris: Guethner, 1968): 105–7, no. 33. 食糧難を解決するための穀物入手の取り組みについては、Itamar Singer, “A Political History of Ugarit,” in *Handbook of Ugaritic Studies* (ed. Wilfred G. E. Watson and Nicolas Wyatt; HdO 1/39; Leiden: Brill, 1999), 715–19 も参照のこと。

128 Klengel, *Geschichte des hethitischen Reiches*, 311.

129 ズドゥブルク碑文に記載されている、ニシャンタシュ碑文後の出来事の年代については、Singer, “Great Kings of Tarḫuntašša,” 67 を参照のこと。H. Craig Melchert は、この碑文にタルフンタッシャの征服が語られているとする解釈に問題提起している（“Tarḫuntašša in the SÜDBURG Hieroglyphic Inscription,” in Yener and Hoffner, *Recent Developments in Hittite Archaeology and History*, 137–43.）。

130 Singer, “New Evidence on the End of the Hittite Empire,” 27.

131 RS 34.139; F. Malbran-Labat, “Lettres,” in Pierre Bordreuil et al., *Une bibliothèque au sud de la ville* (RSO 7; Paris: Éditions Recherche sur les Civilisations, 1991): 41–42, no. 14; Singer, “Great Kings of Tarḫuntašša,” 66, 68.

132 ハルタプの生きた時代を後期青銅器時代とする説については、Singer, “Great Kings of Tarḫuntašša,” 68–71 を参照のこと。トゥドゥハリヤ４世によるタルフンタッシャ征服とその王朝の存続にかかわる問題については活発に議論されているが、本書では現状の分析に基づいて、著者が最もありそうだと考える説明を行っている。

133 Anna Margherita Jasink, “Šuppiluliuma and Hartapu: Two ‘Great Kings’ in Conflict?” in *Akten des IV. Internationalen Kongresses für Hethitologie Würzburg, 4.–8. Oktober 1999* (ed. Gernot Wilhelm; StBoT 45; Wiesbaden: Harrassowitz, 2001), 235–40. H. Craig Melchert, “Tarḫuntašša in the SÜDBURG Hieroglyphic Inscription,” 137–43 も参照せよ。Melchert は、碑文に征服記録があるとは考えず、先祖に犯した罪を罰するために、タルフンタッシャという都市を解体し、住民を移住させたことを記録しているのだと考えている。

134 Bryce, “The Secession of Tarhuntassa,” 127.

135 Singer, “Great Kings of Tarḫuntašša,” 67 は、「石室 1」は未完であるという説を提唱している。

136 Singer, review of Klengel, *Geschichte des hethitischen Reiches*, 642.

137 Carlo Zaccagnini, “War and Famine at Emar,” *Or* 64 (1995): 93 with n. 2.

138 当時アヒヤワ人／ミケーネのギリシア人（第５章ルウィ語の *Hiyawa* も参照のこと）がキリキアに定住していた可能性については、Jak Yakar, “Anatolian Civilization Following the Disintegration of the Hittite Empire: An Archaeological

Appraisal," *Tel Aviv* 20 (1993):3–28 を参照のこと。

139 Itamar Singer, "The Origin of the Sea Peoples and Their Settlement on the Coast of Canaan," in *Society and Economy in the Eastern Mediterranean, ca. 1500–1200 BC* (ed. Michael Heltzer and Edward Lipiński; OLA 23; Leuven: Peeters, 1988), 239–50 を参照のこと。また、シェルデンとシェケレシュの人々は西に進み、それぞれサルディニアとシチリアに定住した。

140 Bryce, *Kingdom of the Hittites*, 338–39; Singer, "Origin of the Sea Peoples," 243–44.

141 Itamar Singer, "Western Anatolia in the Thirteenth Century B.C. according to the Hittite Sources," *AnSt* 33 (1983): 217.

142 Bryce, *Kingdom of the Hittites*, 335.

143 RS 34.129, Malbran-Labat "Lettres," 38–39, no. 12.

144 RS 20.238 ll. 19–25; Nougayrol, *Ugaritica V*, 87–90, no. 24. ただし、Singer はウガリト王の述べた不満が事実ではなかった可能性を指摘している（Singer, "A Political History of Ugarit," 721.)。

145 ウガリトの崩壊時期は、前 1197 年から前 1192 年まで在位したエジプト王サプタハの治世に、ある役人からアンムラピに送られた書簡（RS 86.2230）から算出される（Singer, "New Evidence on the End of the Hittite Empire," 24)。

146 Singer, "Dating the End of the Hittite Empire," *Hethitica* 8 (1987): 413–21; idem, "Origin of the Sea-Peoples," 240.

147 エラムがアラム人によって陥落した説については、Singer, "New Evidence on the End of the Hittite Empire," 25; idem, "Dating the End of the Hittite Empire," 418–19 を参照のこと。

148 訳は John A. Wilson（*ANET*, 262）による。William F. Edgerton and John A. Wilson, *Historical Records of Ramses III: The Texts in Medinet Habu* (SAOC 12; 2 vols; Chicago: University of Chicago Press, 1936), pl. 46 も参照せよ。

149 カシュカはハリュス川流域内の他の遺跡の破壊も行ったと考えられる。アラジャ・ホユックやアリシャール・ホユック、マシャト、クシャクル、またハリュス川流域の西側にあるカラオーランなどである。アナトリア東部のリダル・ホユックとティレ・ホユック、ノルシュンテペなどの遺跡は、別の現地民集団によって破壊されただろう。Yakar によれば、コーカサスあるいはヴァン湖地域からやってきた牧畜民によるものであったという（Yakar 1993:23)。

150 Yakar, "Anatolian Civilization Following the Disintegration," 3 によると、押し寄せた移民の中に大多数のアナトリアの住民がいたことを示す証拠はない。大部分の農民たちはおそらく混乱が収まるとすぐに村に戻り、新たな政治勢力を受け入れたと考えられる。

151 ラメセス2世は広くカルケミシュ領の損失を語っているのかもしれない。たとえば、Bryce, “History,” 88を参照のこと。
152 同じく副王の座が置かれたアレッポでも少なくとも一時期はヒッタイト人の子孫による支配が続いていただろう（Sanna Aro, “Art and Architecture,” in Melchert, *The Luwians*, 298）。しかし、現代も都市の下に埋まっているため、考古学者らがこの古代都市の調査する機会がなく、この点については今後の解明が期待される。
153 古典期にもアナトリア南部にルウィ語の地名や固有名詞が残っていることが、この説を裏づける指標となっている。Bryce, “History,” 101–2を参照のこと。
154 タバルを構成したいくつかの国々の都は、今日のクルルとケメルヒサル、そしておそらくニイデに位置していた可能性が高い。
155 後期青銅器時代のキズワトナに相当するが、それほど広域ではなかった。
156 J. David Hawkins, “Karkamish and Karatepe: Neo-Hittite City-States in North Syria,” in *CANE*, 1299.
157 J. David Hawkins, *CHLI* I, 1:41.
158 Maya Vasileva, “King Midas in Southeastern Anatolia,” in Collins, Bachvarova, and Rutherford, *Anatolian Interfaces* を参照のこと。
159 Stefania Mazzoni, “Syria and the Periodization of the Iron Age: A Cross-Cultural Perspective,” in *Essays on Syria in the Iron Age* (ed. Guy Bunnens; ANES 7; Leuven: Peeters, 2000), 32. ウガリトとアララハ、エマルがその後再び定住されなかった点は極めて例外的である。
160 新たに建設された都市は、サムアルとアジタワンティヤ、グザナ（テル・ハラフ）、ハダトゥ（アルスラン・タシュ）である。再建された都市は、ハマとティル・バルシプ、アレッポ（?）、ダマスクス（?）である。新たに重要性を帯びるようになった都市は、アルパドとタイナト、ハタリッカ（テル・アフィス）、サクチャギョズである。Horst Klengel, “The ‘Crisis Years’ and the New Political System in Early Iron Age Syria: Some Introductory Remarks,” in Bunnens, *Essays on Syria in the Iron Age*, 28を参照のこと。
161 Ibid., 26.
162 これをアラムの影響と考えることについては、ibid., 28を参照のこと。
163 鉄器時代シリア北部にルウィ系都市国家が出現したことを文化選択としてみる考え方については、Guy Bunnens, “Syria in the Iron Age: Problems of Definition,” in Bunnens, *Essays on Syria in the Iron Age*, 17を参照のこと。
164 Trevor Bryceは、鉄器時代のムタルがムワタリ2世の直系の子孫と言えなくもないと推測している（“The Secession of Tarhuntassa,” 127–28）。
165 KARATEPE 1 §§XXXII–XLIII. 訳はJ. David Hawkins（*CHLI* I, 1:52–54）による。

166 カルケミシュ美術様式の模倣については、Mazzoni, “Syria and the Periodization of the Iron Age,” 38 を参照のこと。それらの建築がスヒ 2 世やカトゥワによるものであった点については、Hawkins, “Karkamish and Karatepe,” 1302; Aro, “Art and Architecture,” 299 を参照のこと。

167 KARKAMIS A15b §§18–22. 訳は J. David Hawkins（*CHLI* I, 1:131）による。また、文字の同定については、同書 p. 133 を参照のこと。

168 Bryce (“History,” 125) は、連続した定住が確認できるリュキアとラフ・キリキアには象形文字碑文が見つかっていないことを踏まえ、象形文字の採用はこの文字を使った人々がアイデンティティを創出しようとしたことの表れであったという可能性を指摘している。

169 Hawkins, “Karkamish and Karatepe,” 1297.

170 サムアルのバル・ラキブの石碑には、蝶番で連結された二つ折りの書板、すなわち木製の書板をもった書記が描かれている。しかし、この書記が何語を書いているのかはわかっていない。

171 複数の鉛片は、かつてタバル王国の一部であった現在のクルルから出土した。これら小さな文字資料は、アッシュル出土の、ことによると前 8 世紀に作成された 6 通の書簡から補足される。Hawkins, “Scripts and Texts,” in Melchert, *The Luwians*, 151 and pl. III.c を参照のこと。

172 Theo P. J. van den Hout (“Institutions, Vernaculars, Publics: The Case of Second-Millennium Anatolia,” in *Margins of Writing, Origins of Cultures* [ed. Seth L. Sanders; Chicago: The Oriental Institute of the University of Chicago, 2006], 237) は、特にヒッタイト中心部では疫病によって多くの住民が死亡し、言語話者の比率がルウィ語話者に偏るようになったという説を提唱している。

173 シリア北部（エマルとウガリト、テル・アフィス、ハマ）でルウィ語の要素が現れることについては、Mazzoni, “Syria and the Periodization of the Iron Age,” 34 n. 13 を参照のこと。Bryce, “History,” 127 も参照せよ。

174 Singer は、初期鉄器時代において埋葬地を標す石柱に銘記・装飾する傾向があったことから、埋葬碑の連続性を見出している。Singer, “The Hittites and the Bible Revisited,” in *“I Will Speak the Riddle of Ancient Times”: Archaelogical and Historical Studies in Honor of Amihai Mazar on the Occasion of His Sixtieth Birthday* (ed. Aren M. Maeir and Pierre de Miroschedji; Winona Lake, Ind.: Eisenbrauns, 2006), 742.

175 Dominik Bonatz, “Syro-Hittite Funerary Monuments: A Phenomenon of Tradition or Innovation?” in Bunnens, *Essays on Syria in the Iron Age*, 193–202.

176 Ibid., 207, 210.

177 Ibid., 193.

178 Piotr A. Bienkowski, "Some Remarks on the Practice of Cremation," *Levant* 14 (1982) 80–89; Mazzoni, "Syria and the Periodization of the Iron Age," 35.

179 Bienkowski, "Some Remarks on the Practice of Cremation," 83–84, 87 を参照のこと。彼は、鉄器時代の火葬は均質ではなく多様な方法があったことを示しており、これは火葬が常にヒッタイトの人々を起源とする考え方と矛盾すると指摘している。

180 Manfred Hutter, "Aspects of Luwian Religion," in Melchert, *The Luwians*, 276–77.

181 KARATEPE 1 §§LI–LIII. 訳は J. David Hawkins, *CHLI* I, 1:55 による。

182 タバルの宗教については、Hutter, "Aspects of Luwian Religion," 270–75 を参照のこと。フェニキアとアラムの影響下にあった諸都市におけるパンテオンの移り変わりについては、Herbert Niehr, "Religiöse Wechselbeziehungen zwischen Syrien und Anatolien," in *Brückenland Anatolien?* (ed. Hartmut Blum, Betina Faist, Peter Pfälzner, and Anne-Maria Wittke; Tübingen: Attempto, 2002), 339–62 を参照のこと。

183 Mazzoni, "Syria and the Periodization of the Iron Age," 36.

184 一例として、Paul Zimansky, "The 'Hittites' at 'Ain Dara," in Yener and Hoffner, *Recent Developments in Hittite Archaeology and History*, 179 を参照のこと。前2千年紀の最後200年間に建てられたとされるアイン・ダラの神殿は、シリアの宗教建築（3区画からなる様式）とアナトリアの装飾（門に配置されるライオン）が融合している。しかし、Zimansky は、アナトリアの趣向がその他の点で社会全体に浸透していたことを示す証拠はないと主張する。神殿で崇拝されていたのはどのような神だったかはわからないが、ヒッタイトの神であった可能性は低く、美術的な残響からだけで、ルウィ人やヒッタイト人がここや他の新ヒッタイトの都市で住民の多数を占めたとは推測できない。

第3章

1 *KUB* 17.20 (*CTH* 492) ii 1–16; Volkert Haas, *Geschichte der hethitischen Religion* (HdO 1/15; Leiden: Brill, 1994), 258 を参照のこと。

2 Yoram Cohen, "The Image of the 'Other' and Hittite Historiography," in *Historiography in the Cuneiform World* (ed. Tzvi Abusch et al.; Bethesda, Md.: CDL), 113–29; idem, *Taboos and Prohibitions in Hittite Society: A Study of the Hittite Expression* natta āra *("Not Permitted")* (THeth 24; Heidelberg: Universitätsverlag, Winter, 2002) を参照のこと。

3 *KBo* 10.2 (*CTH* 4) ii 17–19（ヒッタイト語）、*KBo* 10.1 obv. 34–36（アッカド語）。

4 *KUB* 1.16 (*CTH* 6) ii 39.

5 『ハットゥシリ 1 世の二言語併記の王令』("Bilingual Edict of Ḫattušili")。訳は Gary Beckman (*COS* 2.15:234, §10) による。

6 Ibid., §22.

7 タバルナはラバルナとも表記される。ラバルナは標準的な王の称号である（後述を参照のこと）。

8 *KBo* 10.2 (*CTH* 4) iii 15–20.

9 *KBo* 3.23 (*CTH* 24) iv 7'–10'; Alfonso Archi, "L'humanité des Hittites," in *Florilegium Anatolicum: Mélanges offerts à Emmanuel Laroche* (Paris: de Boccard, 1979), 41–42 を参照のこと。

10 *IBoT* 1.30 (*CTH* 821) 2–8. 訳は Gary Beckman（"Royal Ideology and State Administration in Hittite Anatolia," *CANE*, 530）による。

11 *KUB* 29.1 (*CTH* 414) i 23–24.

12 訳は Singer（*Hittite Prayers*, 56 (no. 9)）による。

13 Ibid., 41 (no. 5).

14 Ibid., 58–59 (no. 11).

15 あるパラー語の呪文には、王の聖別は神々の責務であったことが暗示されている。聖別に言及するフリ語とヒッタイト語の文章のリストについては、Ilya Yakubovich, "Were Hittite Kings Divinely Anointed? A Palaic Invocation to the Sun-God and Its Significance for Hittite Religion," *JANER* 5 (2005): 122–37 を参照のこと。

16 *KUB* 35.165 obv. 21–23 and *KUB* 32.17: 7'–9' (*CTH* 751); Yakubovich, "Were Hittite Kings Divinely Anointed," 121 による翻訳。

17 古代近東の文明ではヒッタイト人と古代イスラエル人のみが王の聖別を行っている。イスラエル人は、王権観とおそらく王権を象徴する装飾品については、近隣のメソポタミアやエジプト（サムエル記上 8 章 19–20 節）に倣っていたが、前 2 千年紀のフリ人もしくは前 1 千年紀の新ヒッタイト諸国を通じて、ヒッタイト世界における聖別の概念が採り入れられた可能性は検討されなければならない。Yakubovich, "Were Hittite Kings Divinely Anointed," 135 を参照のこと。

18 ヒッタイト法第 173a条。訳は Harry A. Hoffner Jr. in Martha T. Roth, *Law Collections from Mesopotamia and Asia Minor* (2nd ed.; SBLWAW 6; Atlanta: Scholars Press, 1997), 234 による。

19 アラジャ・ホユックの墓に表れるように、王と「太陽神」の結びつきは、初期青銅器時代に遡ることができる。この点については、Beckman, "'My Sun-God': Reflections of Mesopotamian Conceptions of Kingship among the Hittites," in

Ideologies as Intercultural Phenomena (ed. Antonio C. D. Panaino and Giovanni Pettinato; Melammu Symposia 3; Milan: Associazione Culturale Mimesis, 2002), 38 を参照のこと。

20 Theo van den Hout, “Tutḫalija IV. und die Ikonographie hethitischer Großkönige des 13. Jhs.,” *BiOr* 52 (1995): 545–73; Beckman, “My Sun-God,” 37–43.「上の町」におけるトゥドゥハリヤ 4 世の建設事業は、かつて考えられていたほど大規模ではなかったとしても、アッシリアのトゥクルティ・ニヌルタ 1 世の建築事業を真似て行った可能性がある。ことによると、両者は新たなイデオロギーに沿った事業を競い合っていたのかもしれない。Singer, “A City of Many Temples,” 42、トゥクルティ・ニヌルタ 1 世については、Peter Machinist, “Literature as Politics: The Tukulti-Ninurta Epic and the Bible,” *CBQ* 28 (1976): 455–82 を参照のこと。

21 *KUB* 57.63 (*CTH* 385.10) ii 12–15 と、その複写 *KUB* 57.60。訳は Singer（*Hittite Prayers*, 26 (no. 3, §7’)）による。

22 Beckman, “My Sun-God,” 40–41 with n. 45.

23 ハットゥシリ 1 世の姉／妹はタワナンナであった。ハットゥシリ 1 世の王令（*CTH* 5）では、彼女とその子孫たちの追放が宣言されている可能性がある。Bryce, *Kingdom of the Hittites*, 93–94 を参照のこと。

24 *KBo* 15.10 + *KBo* 20.42 (*CTH* 443); Klengel, *Geschichte des hethitischen Reiches*, 111 n. 118 を参照のこと。

25 ヘンティの末路については Bryce, *Kingdom of the Hittites*, 159–60 を参照のこと。

26 *KUB* 22.70 (*CTH* 566). Gary Beckman が翻訳した “Excerpt from an Oracle Report” (COS 1.78:204–6) を参照のこと。この文書がトゥドゥハリヤ 4 世治世のものであるかどうかは不明である。

27 Pecchioli Daddi, “System of Government,” 122.

28 Itamar Singer, “Takuḫlinu and Ḫaya: Two Governors in the Ugarit Letter from Tel Aphek,” *TA* 10 (1983): 10–11.

29 *KUB* 3.34 (*CTH* 165); Singer, “Takuḫlinu and Ḫaya,” 5 を参照のこと。

30 Itamar Singer, “The Title ‘Great Princess’ in the Hittite Empire,” *UF* 23 (1992): 335.

31 Thilo Rehren, Edgar B. Pusch, and Anja Herold, “Qantir-Piramesses and the Organisation of the Egyptian Glass Industry,” in *The Social Context of Technological Change: Egypt and the Near East, 1650–1550 BC* (ed. Andrew J. Shortland; Oxford: Oxbow, 2001), 227.

32 Gary Beckman, “Hittite Provincial Administration in Anatolia and Syria: The View from Maşat and Emar,” in *Atti del II Congresso Internazionale di Hittitologia* (ed. Onofrio Carruba, Mauro Giorgieri, and Clelia Mora; Studia Mediter-

ranea 9; Pavia: Gianni Iuculano Editore, 1995), 23.

33 Trevor R. Bryce, *Life and Society in the Hittite World* (Oxford: Oxford University Press, 2002), 17.

34 訳は Beckman（*Hittite Diplomatic Texts*, 60 (no. 8)）による。

35 Richard H. Beal, "Hittite Military Organization," *CANE*, 546–47.

36 Roger Matthews, "Landscapes of Terror and Control: Imperial Impacts in Paphlagonia," *NEA* 67 (2005): 200–211.

37 『第一の兵士の誓い』（"The First Soldiers' Oath"）。訳は Billie Jean Collins (*COS* 1.66:166, §7) による。

38 Nili Wazana, "Border Descriptions and Cultural Barriers," in Wilhelm, *Akten des IV. Internationalen Kongresses*, 700–706. 新ヒッタイト時代の境界碑はなんと現地で作られていた。また、新アッシリアがこの戦略を他の前線では用いなかった点は注目に値する。

39 Bryce, *Kingdom of the Hittites*, 217–18.

40 Pecchioli Daddi, "System of Government," 117–28 を参照のこと。

41 この補説は Joshua A. Berman, "God's Alliance with Man," Azure 25 (2006): 79–113 を参照した。その中ではこのテーマを扱った先行研究が挙げられている。オンラインでは http://azure.org.il/article.php?id=131（要登録）に掲載されている他、*Created Equal: How the Bible Broke with Ancient Political Thought* (Oxford, 2008) にも掲載されている。本書では、Berman の用いた「君主 sovereign」と「従属者 subordinate」という用語にしたがっている。筆者は、Berman の見解とは異なり、ヒッタイトの条約を文化間の現象と捉えるべきだと考えている。時間的に連続しないというだけで、ヒッタイトと古代イスラエルの直接の影響関係を否定することは、青銅器時代末のシリアにおけるヒッタイト帝国の役割や、新ヒッタイト諸王国にみられるヒッタイト文明の要素の連続性までをも無視することになるからである。エジプトには条約はなく、一方的な誓いしかないし、アッシリアもエジプトと同じく他国の主権は認めていなかった。これを踏まえると、ヒッタイトの条約が近東世界全体で当然の政治的言説であったとはいえないのである。

42 Berman, "God's Alliance with Man," 85.

43 関連する聖書の章句は次の通りである。歴史序文：出エジプト記 20 章 1–2 節、申命記 1 章 6 節 –3 章 29 節、ヨシュア記 24 章 2–13 節。条項：出エジプト記 20 章 2–17 節、レビ記 1–25 章、申命記 12–26 章、ヨシュア記 24 章 14–25 節。配置：出エジプト記 24 章 3–4 節、7–8 節、申命記 10 章 1–5 節、27 章 2–3 節、31 章 10–13 節、24–26 節、ヨシュア記 8 章 30–32 節、24 章 26 節。証人：申命記 4 章 26 節、31 章 19–22 節、26–28 節、32 章 39–43 節、46 節、ヨシュア記 24 章 22 節、26–28 節。呪いと祝福：レビ記 26 章 1–13 節（祝福）、14–33 節（呪い）、申命記

28章1–68節、ヨシュア記24章20節。

44 Edward L. Greenstein, "On the Genesis of Biblical Prose Narrative," *Prooftexts* 8 (1988): 350.

45 Berman, "God's Alliance with Man," 88.

46 出エジプト記24章7節。出エジプト記19章8節と24章3節、申命記5章24節、ヨシュア記24章16–18節も参照のこと。

47 Nili Wazana, "Border Descriptions and Cultural Barriers," 697.

48 Moshe Weinfeld, *Deuteronomy and the Deuteronomistic School* (Oxford: Clarendon, 1972), 72.

49 このような概念は新ヒッタイトを経由して古代イスラエルにもたらされたのだと考えられる。新ヒッタイトは、国境を政治的駆け引きの道具に使う方法を後期青銅器時代アナトリアのヒッタイトから受け継いでいたのである。Wazana, "Border Descriptions and Cultural Barriers," 710を参照のこと。

50 Singer, "A Political History of Ugarit," 656–57.

51 Bryce, *Life and Society*, 89.

52 Hoffner in Roth, *Law Collections*, 217のヒッタイト法の翻訳を参照のこと。

53 Gary Beckman, "The City and the Country in Ḫatti," in *Landwirtschaft im Alten Orient: Ausgewählte Vorträge der XLI. Rencontre Assyriologique Internationale, Berlin, 4.–8.7.1994* (ed. Horst Klengel and Johannes Renger; Berliner Beiträge zum Vorderen Orient 18; Berlin: Reimer, 1999), 165–69.

54 Ibid., 168; Itamar Singer, *The Hittite KI.LAM Festival* (StBoT 27; Wiesbaden: Harrassowitz, 1983), 62–63.

55 Jürgen Seeher, "Getriedelagerung in unterirdischen Großspeichern: Zur Methode und ihrer Anwendung im 2. Jahrtausend v.Chr. am Beispiel der Befunde in Ḫattuša," *SMEA* 42 (2000): 261–301; idem, "Die Ausgrabungen in Boğazköy-Ḫattuša 1999," *AA* (2000): 356–67.

56 Beckman, "Royal Ideology and State Administration," 538を参照のこと。

57 *HKM* 52:10–18による。Beckman, Provincial Administration, 26を参照のこと。

58 Bryce, *Life and Society*, 75.

59 『国境駐屯軍司令官の訓戒』("Instructions to Commanders of Border Garrisons")。訳はGregory McMahon (*COS* 1.84:224, §39')による。

60 Jörg Klinger, "Fremde und Außenseiter in Ḫatti," in *Aussenseiter und Randgruppen: Beiträge zu einer Sozialgeschichte des Alten Orients* (ed. Volkert Haas; Konstanz: Universitätsverlag, 1992), 196–97.

61 『ムルシリ2世の10年の年代記』。訳はRichard H. Beal (*COS* 2.16:86, Year 4)による。

62 Harry A. Hoffner Jr., "Legal and Social Institutions of Hittite Anatolia," *CANE*, 565 を参照のこと。

63 Bryce, *Life and Society*, 121–23 の議論を参照のこと。

64 テリピヌは『テリピヌの宣言』（*CTH* 19, §49）でそのように宣言している。訳は Hoffner（in Roth, *Law Collections*, 237）による。

65 これより前に作成された法典が実在したのか、また参照された判決の先例は口承されていたのかどうかについてはわかっていない。この点については、一例として Itamar Singer, review of Harry A. Hoffner Jr., *The Laws of the Hittites*, *JNES* 60 (2001): 289 を参照のこと。

66 訳は Harry A. Hoffner Jr.（*The Laws of the Hittites: A Critical Edition* (DMOA 23; Leiden: Brill, 1997), 17）による。

67 訳は Hoffner（*The Laws of the Hittites*, 156）による。

68 Beckman, *Hittite Diplomatic Texts*, 31 (no. 3, §25).

69 フッカナとの条約で使われているヒッタイト語表現「許されない」（ナッタ・アーラ *natta āra*）と、ヒッタイト法に現れる、この表現の姉妹語「禁じられた行い」（フルケル *hurkel*）は、聖書の「忌むべき行為」（*tô'ēbâ*）に相当する（レビ記 18 章 11 節、20 章 17 節、エゼキエル書 22 章 11 節）。この語はフッカナの条約で説明されることと似た性行為の禁止を述べる際に使われている。Cohen, *Taboos and Prohibitions in Hittite Society*, 93–94 の議論を参照のこと。

70 *KBo* 22.1 (*CTH* 272) rev. 21'–31'. 訳は Hoffner（"Legal and Social Institutions," 561）による。

71 『国境駐屯軍司令官の訓戒』。訳は McMahon（*COS* 1.84:224, §38'）による。

72 Ibid., *COS* 1.84:224, §35'.

73 *KUB* 13.3 (*CTH* 265) §§8–9.

74 Harry A. Hoffner Jr., "The Treatment and Long-Term Use of Persons Captured in Battle according to the Masat Texts," in Yener and Hoffner, *Recent Developments in Hittite Archaeology and History*, 68–69.

75 訳は Hoffner（*The Laws of the Hittites*, 101–2）による。

76 Bryce, *Life and Society*, 131–32.

77 Hoffner, *The Laws of the Hittites*, 140–41. ただし、数字は 10 から 30 に修正している。Ibid., 220 を参照のこと。

78 Gary Beckman, "Herding and Herdsmen in Hittite Culture," in *Documentum Asiae Minoris Antiquae: Festschrift für Heinrich Otten zum 75. Geburtstag* (ed. Erich Neu and Christel Rüster; Wiesbaden: Harrassowitz, 1988), 38–39.

79 R. M. Boehmer, *Die Reliefkeramik von Boğazköy* (Berlin: Mann, 1983), *passim*; Jeanny Vorys Canby, "Jewelry and Personal Arts in Anatolia," *CANE*, 1679.

80 ヒッタイトの彫刻については、最新の研究として Ali Dinçol and Belkis Dinçol, “Große, Prinzen, Herren: Die Spitzen der Reichsadministration im Spiegel ihrer Siegel,” in *Die Hethiter und ihr Reich: Das Volk der 1000 Götter* (Stuttgart: Theiss, 2002), 82–87; Ali Dinçol, “‘Tabarna-’ und ‘Ädikula’-Siegel: Die Siegel hethitischer Großkönige und Großköniginnen,” in *Die Hethiter und ihr Reich*, 88–93 を参照のこと。

81 Jürgen Seeher, “Chronology in Ḫattuša: New Approaches to an Old Problem,” in *Structuring and Dating in Hittite Archaeology* (ed. Dirk Paul Mielke, Ulf-Dietrich Schoop, Jürgen Seeher; BYZAS 4; Istanbul: Deutsches Archaeologisches Institut, 2006), 207.

82 古くは、Jeanny Vorys Canby, “The Sculptors of the Hittite Capital,” *OrAnt* 15 (1976): 39; Kutlu Emre, “Felsreliefs, Stelen, Orthostaten: Großplastik als monumentale Form staatlicher und rleigiöser Repräsentation,” in *Die Hethiter und ihr Reich*, 219; Kay Kohlmeyer, “Anatolian Architectural Decorations, Statuary, and Stelae,” *CANE*, 2643 を参照のこと。

83 Seeher (“Chronology in Ḫattuša,” 210) は、オルタキョイの建物Dの入り口にある槍と弓を持った男性像のレリーフを、帝国時代以前のもの（すなわち、前アラジャ期のレリーフ。Aygül Süel and Mustafa Süel, “Ortaköy-Šapinuva,” *Arkeo-Atlas* 3 [2004]: 60）と述べている。

84 ムワタリ2世の図像の隣にはすでに古代に損なわれたもう一つのレリーフがある。それは彼の息子ムルシリ3世（ウルヒ・テシュブ）であったのかもしれない。

85 Hans G. Güterbock, “Gedanken über ein Hethitisches Königssiegel aus Boğazköy,” *IstMitt* 43 (1993): 113–14. クワラムワという名の人物はムルシリ2世の年代記に現れる。J. David Hawkins, “Kuwatnamuwa,” *RlA* 6 (1983): 398 を参照のこと。

86 Peter Neve, *Ḫattuša: Stadt der Götter und Tempel* (Mainz: von Zabern, 1992), Abb. 112–119 を参照のこと。

87 Canby, “The Sculptors of the Hittite Capital,” 40.

88 Jeanny Vorys Canby, “The Walters Gallery Cappadocian Tablet and the Sphinx in Anatolia in the Second Millennium B.C.” *JNES* 34 (1975): 244.

89 トゥドゥハリヤ 2世治世の年代比定は Singer, review of Klengel, *Geschichte des hethitischen Reiches*, 639、トゥドゥハリヤ3世治世の年代比定は Hans G. Güterbock and T. Kendall, “A Hittite Silver Vessel in the Form of a Fist,” in *The Ages of Homer* (ed. Jane B. Carter and Sarah P. Morris; Austin: University of Texas Press, 1995), 57 を参照のこと。他にもアンカラ博物館所蔵の銀製の鉢がこの時代の遺物である可能性がある。鉢には象形文字碑文が刻まれており、ヒッ

タイト人のアスマヤから（カルケミシュの？）マザカルフハ王への贈り物だとわかっている。この鉢が、「ラバルナ」であるトゥドゥハリヤがタルウィザ（＝タルイサ／トロイア？）を打ち破った年に作成された点は注目すべきである。J. David Hawkins, “A Hieroglyphic Luwian Inscription on a Silver Bowl in the Museum of Anatolian Civilizations, Ankara,” *Studia Troica* 15 [2005]: 193–204 を参照のこと。もし、この碑文がトゥドゥハリヤ１／２世によるアシュワ遠征に言及しているのであれば、印章以外で現存する最も古い象形文字ルウィ語の碑文である。

90 Canby, “Jewelry and Personal Arts in Anatolia,” 1679.

91 この同定については、J. David Hawkins, “The Storm-God Seal of Mursili III,” in Beckman, Beal, and McMahon, *Hittite Studies in Honor of Harry A. Hoffner Jr.*, 169–75 を参照のこと。

92 Israel Finkelstein and Baruch Brandl, “A Group of Metal Objects from Shiloh,” *Israel Museum Journal* 4 (1985): 17–26; Israel Finkelstein, Shelomoh Bunimovitz, and Zvi Lederman, *Shiloh: The Archaeology of a Biblical Site* (Tel Aviv: Tel Aviv University Institute of Archaeology, 1993), 243–45.

93 Singer, “The Hittites and the Bible Revisited,” 739.

94 Canby, “Jewelry and Personal Arts in Anatolia,” 1679.

95 テル・バラータ（古代名シケム）の中期青銅器時代 IIB 層に確認される、聖所の建造物の中庭の構造がハットゥシャの神殿と類似するという説（G. Ernest Wright, *Shechem: The Biography of a Biblical City* [New York: McGraw-Hill, 1965], 107）や、ボアズキョイとテル・エッサイディイェの水道施設を対比する見方（Jonathan Tubb, “Sea Peoples in the Jordan Valley,” in *The Sea Peoples and Their World: A Reassessment* [ed. Eliezer D. Oren; University Museum Monograph 108; Philadelphia: University Museum, University of Pennsylvania, 2000], 182）は説得力に欠ける。

96 Pirhiya Beck, “The Cult-Stands from Taanach: Aspects of the Iconographic Tradition of Early Iron Age Cult Objects in Palestine,” in *From Nomadism to Monarchy: Archaeological and Historical Aspects of Early Israel* (ed. Israel Finkelstein and Nadav Na’aman; Jerusalem, Israel Exploration Society, 1994), 352–81, figs. 1, 2, and 8.

97 Beck, “The Cult-Stands from Taanach,” 357, figs. 3 and 4.

98 Beck, “The Cult-Stands from Taanach,” 357–59 and figs. 5, 6, 7. メスケネ（古代名エマル）やテル・フレイ、その他ユーフラテス川中流域の遺跡から出土した、後期青銅器時代の塔の形をした品々の様式はこれと非常に近い。この点については、Singer, “The Hittites and the Bible Revisited,” 740 および注 96 を参照のこと。

99 Hans Gustav Güterbock, “Hittite Historiography: A Survey,” in *History, Histori-*

ography and Interpretation: Studies in Biblical and Cuneiform Literatures (ed. Hayim Tadmor and Moshe Weinfeld; Jerusalem: Magnes, 1983), 24–25; Jörg Klinger, “Wer lehrte die Hethiter das Schreiben? Zur Paläographie früher Texte in akkadischer Sprache aus Boğazköy,” in Alp and Süel, *Acts of the IIIrd International Congress of Hittitology*, 365–75.

100 van den Hout, “Another View of Hittite Literature,” 864–65.

101 Beckman, “Mesopotamians and Mesopotamian Learning at Ḫattuša,” *JCS* 35 (1983): 97–114; Alfonso Archi, “Hittite and Hurrian Literatures: An Overview,” *CANE*, 2367 を参照のこと。

102 近年出版されたキュルテペ（古代名カネシュ）出土の書記学校の文書には、アッカドの王サルゴンによる反乱鎮圧が記されている。Gary Beckman, “Sargon and Naram-Sin in Hatti: Reflections of Mesopotamian Antiquity among the Hittites,” in Kuhn and Stahl, *Die Gegenwart des Altertums*, 88 を参照のこと。

103 前 14 世紀のファラオであるアクエンアテン治世時の都エル＝アマルナで見つかっている同様の文書はヒッタイト版を元にした可能性がある。

104 *CTH* 311. 同じ物語を記したハットゥシャ出土のアッカド語角柱碑文（*KBo* 19.98 (*CTH* 819)）については、Joan Goodnick Westenholz, *Legends of the Kings of Akkade* (Winona Lake, Ind.: Eisenbrauns, 1997), 280–93 を参照のこと。

105 アッカドの王サルゴンのアナトリアでの活動は、すでに古バビロニア時代のメソポタミアで知られていた物語の構成要素であったことから、ヒッタイトによる創作ではない。Amir Gilan, “Hittite Ethnicity? Constructions of Identity in Hittite Literature,” in Collins, Bachvarova, and Rutherford, *Anatolian Interfaces* を参照のこと。

106 Gilan, “Hittite Ethnicity?”; Beckman, “Sargon and Naram-Sin in Hatti,” 89.

107 Gilan, “Hittite Ethnicity?”

108 Gary Beckman, “The Siege of Uršu Text (*CTH* 7) and Old Hittite Historiography,” *JCS* 47 (1995): 32.

109 Jörg Klinger, “Historiographie als Paradigma: Die Quellen zur hethitischen Geschichte und ihre Deutung,” in Wilhelm, *Akten des IV. Internationalen Kongresses*, 272–91 を参照のこと。

110 たとえば、van den Hout, “Institutions, Vernaculars, Publics,” 221 を参照のこと。

111 『ハットゥシリ 1 世の二言語併記の王令』。訳は Beckman (*COS* 2.15:81, §20) による。

112 Beckman, “The Siege of Uršu Text,” 31.

113 *KBo* 1.11 (*CTH* 7) rev. 10–11. 訳は Beckman（“The Siege of Uršu Text,” 26）による。

114 Amir Gilan, “Bread, Wine and Partridges—A Note on the Palace Anecdotes (*CTH* 8),” in Groddek and Zorman, *Tabularia Hethaeorum*, 299–304.

115 Fiorella Imparati, “Apology of Ḫattušili III or Designation of his Successor?” in *Studio Historiae Ardens: Ancient Near Eastern Studies Presented to Philo H. J. Houwinkten Cate on the Occasion of His 65th Birthday* (ed. Theo P. J. van den Hout and Johan de Roos; Leiden: NINO, 1995), 143–58.

116 たとえば、Harry A. Hoffner Jr., “Propaganda and Political Justification in Hittite Historiography,” in *Unity and Diversity: Essays in the History, Literature, and Religion of the Ancient Near East* (ed. Hans Goedicke and J. J. M. Roberts; Baltimore: Johns Hopkins University Press, 1975) 49–62; P. Kyle McCarter, “The Apology of David,” *JBL* 99 (1980): 489–504 を参照のこと。

117『ハットゥシリ 3 世の弁明』。訳は Theo van den Hout (*COS* 1.77:201, §7) による。

118 Harry A. Hoffner Jr., “A Hittite Analogue to the David and Goliath Contest of Champions?” *CBQ* 30 (1968): 220–25.

119 この神話は政治色が強く、二都市間で繰り広げられた抗争の起源を神話として説明しようとしたのかもしれない。Itamar Singer (“Some Thoughts on Translated and Original Hittite Literature,” *IOS* 15 [1995]: 124 n. 6) は、士師記 19–21 章のギブアの暴行についても勝者の側の政治目的に沿った物語であると指摘している。

120 両者の全体的な比較については、Matitiahu Tsevat, “Two Old Testament Stories and Their Hittite Analogues,” *JAOS* 103 (1983): 326 を参照のこと。

121 Singer, “Hittites and the Bible Revisited,” 753 を参照のこと。Singer は、アップ（あるいはアブ）とは愛称で、西セム語の名前アブラ(ハ)ムに似ていることにも触れている。Itamar Singer, “Some Thoughts,” 124–25 も参照のこと。

122 Bryce, *Life and Society*, 221.

123 訳は Harry A. Hoffner Jr.（*Hittite Myths* (2nd ed.; SBLWAW 2; Atlanta: Scholars Press, 1998), 15）による。

124 Hoffner (ibid., 40–42) は、『クマルビの歌』・『LAMMA の歌』・『「銀」の歌』・『ヘダンムの歌』・『ウリクンミの歌』の順を提唱している。また、他にも歌があった可能性が指摘されている。ハッジ山の祭儀との関連で演じられた『王権の歌』（Ian Charles Rutherford, “The Song of the Sea [ŠA A.AB.BA SÌR]: Thoughts on *KUB* 45.63,” in Wilhelm, *Akten des IV. Internationalen Kongresses für Hethitologie*, 599）や、同じくハッジ山と関連する『海の歌』（Rutherford, “The Song of the Sea,” 598–609）、フリ語の『油の歌』（Yakubovich, “Were Hittite Kings Divinely Anointed,” 134）などである。

125 ルウィ語碑文 TELL AHMAR 1, §2 には、(DEUS.BONUS) Ku-pá$^{?}$+ra/i-ma-sa$_5$ とある。Hawkins は、この碑文で呼びかけられているクパルマスという神名は、のちの時代に変形したルウィ語のクマルビであるという説を提唱している（*CHLI* L1, 240–41）。

126 この場合は、コップを作った銅細工師がその製作者を呪うという寓話である。イザヤ書29章16節と45章9節とエレミヤ書18章6節、ローマ人への手紙9章20–21節にみられる陶工と粘土のトポスと比較されたい（Harry A. Hoffner Jr., “Hittite-Israelite Cultural Parallels,” *COS* 3: xxxiii）。

127 Hoffner (*Hittite Myths*, 76) は、これを、ヤハウェの安息年からの回復を守らなかった人々の罪ゆえにユダの破壊と捕囚が行われたとする歴代誌下36章17–21節の考え方と比較している。贖罪と負債の免除について同様の考え方は、モーセ五書にもあるといえるかもしれない。

128 Volkert Haas and Ilse Wegner, “Baugrube und Fundament,” *IstMitt* 43 (1993): 57.

129 Singer, *Hittite Prayers*, 13. および nos. 1–3 を参照のこと。

130 Itamar Singer, “Kantuzili the Priest and the Birth of Hittite Personal Prayer,” in *Silva Anatolica: Anatolian Studies Presented to Maciej Popko on the Occasion of His 65th Birthday* (ed. Piotr Taracha; Warsaw: Agade, 2002), 301–13.

131 *CTH* 312–314, 792.I, 793–795; Singer, *Hittite Prayers*, 3 を参照のこと。

132 Singer, *Hittite Prayers*, 7.

133 Ibid., 40.

134 Singer, *Hittite Prayers*, 35 (no. 4b, §26”).

135 Ibid., 52 (no. 8, §7).

136 Ibid. ヨブ記とメソポタミアにおける『義人受難の詩』と比較されたい。

137 Singer, *Hittite Prayers*, 59 (no. 11, §8). 出エジプト記20章5節および申命記5章9節を参照せよ。 また、エゼキエル書18章の悪人の父と義人の息子というモチーフは、ムルシリ2世によるミラ王クパンタ・クルンタとの条約に通じる（John B. Geyer, “Ezekiel 18 and a Hittite Treaty of Mursilis II,” *JSOT* 12 (1979): 31–46.）。

138 Singer, *Hittite Prayers*, 32 (no. 4a, §5).

第4章

1 *sankunni* の祭儀における役割全般（男女いずれも）については、*CHD* Š/1 中の *sankunni* の項目を、ヒッタイト社会における男性神官と女性神官の役割については、Ada Taggar-Cohen, *Hittite Priesthood* (THeth 26; Heidelberg: Universitätsverlag, 2006) を参照のこと。

2 Jörg Klinger, “Zum ‘Priestertum’ im hethitischen Anatolien,” *Hethitica* 15 (2002): 93–111を参照のこと。

3 Ada Taggar-Cohen, “The EZEN *pulaš* (a Hittite Installation Rite of a New Priest) in Light of the Installation of the ^{d}IM priestess in Emar,” *JANER* 2 (2002): 126–59.

4 Hans G. Güterbock, “The Hittite Temple according to Written Sources,” *Le temple et le culte* (CRRAI 20; Istanbul: Nederlands Historisch-Archaeologisch Instituut, 1975), 129–32.

5 『神官と神殿の職員に対する訓戒』(“Instructions to Priests and Temple Officials”)。訳はGregory McMahon (*COS* 1.83:219, §10) による。

6 民数記3章6–7節、32節、38節、16章9節、18章2–4節、26–28節、列王記下10章24節にまとめられている。

7 Jacob Milgrom, “The Shared Custody of the Tabernacle and a Hittite Analogy,” *JAOS* 90 (1970): 207.

8 Maciej Popko, “Zur Topographie von Ḫattuša: Tempel auf Büyükkale,” in Beckman, Beal, and McMahon, *Hittite Studies in Honor of Harry A. Hoffner Jr.*, 315–23.

9 AT 454 ii 7–10; Oliver R. Gurney, “A Hittite Divination Text,” in *The Alalakh Tablets* (ed. D. J. Wiseman; London: The British Institute of Archaeology at Ankara, 1953), 116–18.

10 Gilan, “Hittite Ethnicity?”; Ian Rutherford, “The Dance of the Wolf-Men of Ankuwa: Networks, Amphictionies and Pilgrimage in Hittite Religion,” paper delivered at the 5th International Congress of Hittitology, Corum, 4 September 2002.

11 Haas, *Geschichte der hethitischen Religion*, 848–75.

12 この比較については、Matitiahu Tsevat, “Two Old Testament Stories and Their Hittite Analogues,” *JAOS* 103 (1983): 321–26を参照のこと。ヒッタイト文書については、Heinrich Otten, “Kampf von König und Gottheit in Einem Hethitischen Ritualtext,” *BagMitt* 7 (1974): 139–42; René Lebrun, “Textes religieux hittites de la fin de l’empire,” *Hethitica* 2 (1977): 116–42を参照のこと。

13 『ニネヴェのイシュタルに対する儀礼と祈祷』(“Ritual and Prayer to Ishtar of Nineveh”)。訳はBillie Jean Collins (*COS* 1.65:164, §§4–7) による。

14 *KBo* 15.33 (*CTH* 330) iii 9–14.

15 レビ記1章4節、3章2節、8節、13節、4章4節、24節、29節、33節。David P. Wright, “The Gesture of Hand Placement in the Hebrew Bible and in Hittite Literature,” *JAOS* 106 (1986): 433–46を参照のこと。

16 『家の浄化—家内の神々に対する儀礼』(“Purifying a House: A Ritual for the

Infernal Deities")。訳は Billie Jean Collins（*COS* 1.68:170, §34）による。

17 訳は Gary Beckman（"Plague Prayers of Muršili II," (*COS* 1.60: 159)）による。

18 ヒッタイトの占いの詳細な研究については、Richard H. Beal, "Hittite Oracles," *Magic and Divination in the Ancient World* (ed. Leda Ciralo and Jonathan Seidel; Leiden: Brill-Styx, 2002), 57–81 を参照のこと。

19 Gary Beckman, "The Tongue Is a Bridge: Communication between Humans and Gods in Hittite Anatolia," *ArOr* 67 (1999): 526.

20 *KUB* 5.1 (*CTH* 561) I 32–33. 訳は Gary Beckman（"The Tongue Is a Bridge," 530）による。

21 Harry A. Hoffner Jr., "Second Millennium Antecedents to the Hebrew *'ôb*," *JBL* 86 (1967): 385–401 は、ヒッタイト語のアピ *api*-「穴」とサムエル記上 28 章に現れるヘブライ語の *'ôb*「口寄せ」が関係する可能性を指摘する。一方、Frederick H. Cryer, *Divination in Ancient Israel and Its Near Eastern Environment* (JSOT-Sup 142; Sheffield: JSOT Press, 1994), 260 n. 1; Brian B. Schmidt, *Israel's Beneficent Dead: Ancestor Cult and Necromancy in Ancient Israelite Religion and Tradition* (Winona Lake, Ind.: Eisenbrauns, 1996), 151 は、*api* = *'ôb* に反対の立場をとっている。

22 これは、神々、特に母神による人間創造の逆である。文書の著者はこの皮肉を理解しており、「ハンナハンナが川岸から子供たちを取り上げるように、人間である私は、川岸の『太古の神々』を呼び出すために来た。『地の太陽女神』は『門』を開いてください。そして、『太古の神々』と『地の太陽（女）神』を『地』から上らせてください」と記している。『家の浄化—家内の神々に対する儀礼』。訳は Collins (*COS* 1.68:169, §12) による。

23 *KBo* 2.6 (*CTH* 569) ii 55–56. 訳は Theo van den Hout（*Purity of Kingship: An Edition of CTH 569 and Related Hittite Oracle Inquiries of Tuthaliya IV* (DMOA 25; Leiden: Brill, 1998), 204–5）による。死者との接触については Theo van den Hout, "Death as a Privilege: The Hittite Royal Funerary Ritual," in *Hidden Futures: Death and Immortality in Ancient Egypt, Anatolia, the Classical, Biblical and Arabic-Islamic World*, (ed. Jan M. Bremmer, Theo van den Hout, and Rudolph Peters; Amsterdam: Amsterdam University Press, 1994), 44–48; Giuseppe del Monte, "Il terrore dei morti," *Annali dell'Istituto Universitario Orientale di Napoli* 33 (1973): 373–85; Alfonso Archi, "Il dio Zawalli: Sul culto dei morti presso gli Ittiti," *AoF* 6 (1979): 81–94; Heinrich Otten, *Hethitische Totenrituale* (Institut für Orientforschung, Veröffentlichung 37; Berlin: Akademie-Verlag: 1958), 143–44 を参照のこと。

24 『リフジナの嵐の神』("The Storm God at Liḫzina")。訳は Billie Jean Collins (*COS*

1.69:172, §4'–5') による。

25 Volkert Haas, "Ein hurritischer Blutritus und die Deponierung der Ritualrückstände nach hethitischen Quellen," in *Religionsgeschichtliche Beziehungen zwischen Kleinasien, Nordsyrien und dem Alten Testament* (ed. Bernd Janowski, Klaus Koch, and Gernot Wilhelm; OBO 129; Fribourg: Universitätsverlag, 1993), 77–83. Singer, ("Hittites and the Bible Revisited," 750) は、ギリシア神話のパンドラの箱と比較している。

26 Harry A. Hoffner Jr., "Hittite *tarpiš* and the Hebrew Teraphim," *JNES* 27 (1968), 61–68.

27 H. Rouillard and J. Tropper, "*TRPYM*, rituels de guérison et culte des ancêtres d'après 1 Samuel XIX 11–17 et les textes parallèles d'Assur et de Nuzi," *VT* 37 (1987): 340–61; F. Josephson ("Anatolien *tarpa/i*, etc.," in *Florilegium Anatolicum*, 181) は、ヒッタイト語の *tarpalli*-「身代わり」から派生していると考える。

28 *KBo* 23.4:5――*KUB* 33.66 (*CTH* 331) に接合する粘土板断片――では、一連の類似する「悪いもの」が列挙される中で、*tarpi* は *hinkan*「病、疫病、死」と言い換えられている。このことは、精霊タルピの役割が占いより死や破壊と強く結びついていたことを示唆している。ホフナーの解釈に対するその他の反論については、Rouillard and Tropper, "*TRPYM*, rituels de uérison et culte des ancêtres," 360–61; Otto Loretz, "Nekromantie und Totenevokation in Mesopotamien, Ugarit und Israel," in Janowski, Klaus, and Wilhelm, *Religiongeschichtliche Beziehungen*, 303; Cryer, *Divination in Ancient Israel*, 272 n. 2 を参照のこと。

29 Singer, *Hittite Prayers*, 9 を参照のこと。

30 訳は ibid., 86 (no. 20, §1) による。

31 Ibid., nos. 8, 9.

32 ムルシリ 2 世の場合では書記が代理しており、このことは祈りが神官に朗唱されたのではなく、書記が読み上げていたことを示している。

33 *HKM* 81: 5.

34 Itamar Singer, "The Thousand Gods of Hatti: The Limits of an Expanding Pantheon," *IOS* 14 (1994): 81. ヒッタイト文書に現れるすべての神々のリストについては Ben H. L. van Gessel による 3 巻本 *Onomasticon of the Hittite Pantheon* (HdO 1/33; Leiden: Brill, 1998–2001) を参照のこと。

35 『ムルシリ 2 世の第三ペスト祈祷』("Mursili's Third Plague Prayer," *CTH* 378. III)。訳は Singer（*Hittite Prayers*, 57 (no. 10)）による。

36 訳は Hoffner（*Hittite Myths*, 15）による。

37 訳は ibid., 21 による。このヒッタイトの神話の題材はレビ記 26 章 26 節に「あなたたちは食べても満腹することはない」という呪いの文言として現れる（ミカ書6章14–15節も参照のこと）。この題材は、新ヒッタイトの碑文（たとえば ÇIFTLIK §§15–16 [*CHLI* I/2, 449]; SULTANHAN §36 [*CHLI* I/2, 467]）に確認されるように、新ヒッタイトを通じてイスラエルに伝わった可能性がある。Manfred Hutter, "Widerspiegelungen religiöser Vorstellungen der Luwier im Alten Testament," in *Die Außenwirkung des späthethitischen Kulturraumes: Güteraustausch–Kulturkontakt–Kulturtransfer: Akten der zweiten Forschungstagung des Graduiertenkollegs "Anatolien und seine Nachbarn" der Eberhard-Karls-Universität Tübingen (20. bis 22. November 2003)* (ed. Mirko Novák, Friedhelm Prayon, and Anne-Maria Wittke; Münster: Ugarit-Verlag, 2004), 432–34 を参照のこと。

38 訳は Hoffner（*Hittite Myths*, 17–18）による。

39 Gernot Wilhelm, *The Hurrians* (trans. from the German by Jennifer Barnes; Warminster: Aris & Phillips, 1989), 72.

40 『「夜の女神」の新神殿建造』（"Establishing a New Temple for the Goddess of the Night"）。訳は Billie Jean Collins (*COS* 1.70:176, §32) による。

41 *KBo* 5.1 (*CTH* 476) i 25–27. 訳は Gary Beckman（"Blood in Hittite Ritual," *JCS* 63 (2011): 101）による。

42 フリの「血の儀礼」とレビ記14章の詳細な比較は、Haas, "Ein hurritischer Blutritus," 67–77 を参照のこと。また、レビ記14章とフリ・ヒッタイトの儀礼で杉の枝と緋糸が使われることについては同論文 p. 69 も参照のこと。Hoffner, "Hittite-Israelite Cultural Parallels," *COS* 3:xxx を参照せよ。Ida Zatelli, "The Origin of the Biblical Scapegoat Ritual: The Evidence of Two Eblaite Texts," *VT* 48 (1998): 254–63、特に p. 260 も参照のこと。

43 Hutter, "Aspects of Luwian Religion," 253.

44 喩えについてのヒッタイトと聖書世界の比較は、David P. Wright, "Analogy in Biblical and Hittite Ritual," in Janowski, Koch, and Wilhelm, *Religionsgeschichtliche Beziehungen*, 473–506 を参照のこと。

45 『第一の兵士の誓い』（"First Soldiers' Oath"）。訳は Billie Jean Collins (*COS* 1.66:166, §9) による。申命記22章5節が異性の服装を禁止していることと比較されたい。これは兵士の誓いにあるような、男らしさを回復させる儀礼を禁じているのだと理解されるべきである。James C. Moyer, "Hittite and Israelite Cultic Practices: A Selected Comparison," in *Scripture in Context II: More Essays on the Comparative Method* (ed. William Hallo, James C. Moyer, and Leo G. Perdue; Winona Lake, Ind.: Eisenbrauns, 1983), 29 を参照のこと。

46 *KUB* 43.23 (*CTH* 820) rev 19'–22'.

47 *KUB* 17.10 (*CTH* 324) iii 13–20. 訳は Hoffner（*Hittite Myths*, 16–17）による。
48 *KBo* 12.126 (*CTH* 402) i 16–19.
49 Wright, "Analogy in Biblical and Hittite Ritual," 503.
50 *KUB* 55.20 + *KUB* 9.4 + Bo 7125 + Bo 8057 (*CTH* 760) ii 1–22。訳は Gary Beckman（"The Hittite 'Ritual of the Ox' (*CTH* 760.I.2–3)," *Or* 59 (1990): 45）による。
51 エリシャの奇跡がメソポタミアよりもルウィの習慣に近いという主張については、Hutter, "Widerspiegelungen religiöser Vorstellungen der Luwier," 434–37 とその注を参照のこと。
52 *KUB* 17.28 (*CTH* 730) iv 44–55.
53 同様のマリの儀礼については、M. Sasson, "Isaiah LXVI 3–4a," *VT* 26 (1976): 199–207 を参照のこと。
54 仔犬や仔豚は不浄であった。レビ記 11 章 7 節、27 節および申命記 14 章 8 節を参照のこと。
55 訳は Jared L. Miller（*Studies in the Origins, Development and Interpretation of the Kizzuwatna Rituals* (StBoT 46; Wiesbaden: Harrassowitz, 2004), 74）による。
56 Ibid. を参照のこと。
57 *KUB* 24.5 + *KUB* 9.13 (*CTH* 419) obv. 20'–24'. Yakubovich, "Were Hittite Kings Divinely Anointed," 124 による翻訳に修正を加えている。van den Hout, "Death as a Privilege," 41 も参照のこと。
58 いずれも儀礼結果が残っていないため、すべての王の身代わりの儀礼が、身代わりを解き放つことで完了したのかどうかはわからない。しかし、メソポタミアと比較するならば、場合によっては、この新しい「王」の死が必要であった可能性はある。
59 Miller (*Studies in the Origins*, 464–68) は、贖罪のヤギの儀式はアルザワに起源があるとし、西はギリシアへ、東はキズワトナ、そしてレバントへと広がったのだと主張する。Hutter "Aspects of Luwian Religion," 236 を参照せよ。Hutter は、二つの異なる贖罪のヤギの伝統があったと考えている。レビ記 16 章が、キズワトナの伝統よりはるかにアルザワの伝統に近いということについては、いまだ適切な説明ができない。ギリシアの犯罪者を使った贖罪のヤギの儀礼についてはストラボン『地理誌』第 10 巻 2 章 9 節を参照のこと。さらにアルザワの贖罪のヤギの儀礼については、*COS* 1.62:161 および 1.63:162 を参照のこと。
60 *KUB* 9.32 (*CTH* 394) i 4–32.
61 聖書とヒッタイトの贖罪のヤギの儀式についての詳論は、David P. Wright, *The Disposal of Impurity: Elimination Rites in the Bible and in Hittite and Mesopotamian Literature* (SBLDS 101; Atlanta: Scholars Press, 1987), 15–74 を参照の

こと。

62 Wright (“The Gesture of Hand Placement,” 433–46) は、アロンが贖罪のヤギに両手を置いたことには、アシェラの儀礼で軍司令官たちが雄牛に片手を置いたこととは異なる目的があったと指摘している。レビ記16章のアロンの行為は、儀礼の中心となるヤギに罪を向けるためであって、ヒッタイトの贖罪のヤギの儀式のように生贄の所有者を同定するためのものではなかった。Zatelli (“The Origin of the Biblical Scapegoat Ritual,” 262) は、（不浄の転嫁そのものの議論ではないが）聖書の儀式におけるこの要素は、より後の時代に導入されたものであったとしている。

63 Theodore J. Lewis and Raymond Westbrook, “Who Led the Scapegoat in Leviticus 16:21?” Annual Meeting of the Society of Biblical Literature, Washington, D.C., 20 November 2006 における口頭発表［その後 *Journal of Biblical Literature* にて刊行されている Theodore J. Lewis and Raymond Westbrook, “Who Led the Scapegoat in Leviticus 16:21?”, *JBL* (2008): 417–422］。

64 Hoffner, “Hittite-Israelite Cultural Parallels,” *COS* 3:xxxii.

65 Singer, “Hittites and the Bible Revisited,” 749 を参照のこと。

66 Bernd Janowski and Gernot Wilhelm, “Der Bock, der die Sünden hinausträgt: Zur Religionsgeschichte des Azazel-Ritus Lev 16,10.21f,” in Janowski, Koch, and Wilhelm, *Religionsgeschichtliche Beziehungen*, 152–58. 別の観点として、Manfred Görg, “‘Asaselologen’ unter sich—eine neue Runde?” *BN* 80 (1995): 25–31; Henrik Pfeiffer, “Bemerkungen zur Ritualgeschichte von Lev 16,” in Richter, Prechel, and Klinger, *Kulturgeschichten*, 313–26 を参照のこと。

67 *KUB* 27.67 (*CTH* 391) iii 38–47, 52–54.

68 John B. Geyer, “Mice and Rites in 1 Samuel V–VI,” *VT* 31 (1981): 293–304 は、マソラ本文と七十人訳聖書の違いを明らかにし、原典に現れる疫病（腫れ物）と捧げ物（金のねずみ）は一つだけであったと復元している。

69 Itamar Singer, “Towards the Image of Dagon the God of the Philistines,” Syria 69 (1992): 431–49; idem, “Semitic *dagān* and Indo-European $*d^{h}e\hat{g}^{h}om$: Related Words?” in *The Asia Minor Connexion: Studies on the Pre-Greek Languages in Memory of Charles Carter* (ed. Yoël L. Arbeitman; Leuven: Peeters, 2000), 221–32 の議論を参照のこと。彼は、セム語とインド・ヨーロッパ語のダガンを結びつけているが、ペリシテのダゴンとは区別はしていない。

70 Hutter, “Widerspiegelungen religiöser Vorstellungen der Luwier,” 437–39. すでにペリシテのパンテオンにはアナトリアの神が含まれている。すなわち、女神 *ptgyh* はアフロディテの形容辞ペラギア *pelagía* と同定されているのである。また、ねずみと疫病の結びつきにかんして、ねずみが小アジアのギリシアの疫病の神アポロ・スミンテウスを象徴する聖なる動物であった点は注目すべきである。

71 *KUB* 29.7 + *KBo* 21.41 (*CTH* 480) rev 48–57; edited by René Lebrun, *Samuha Foyer Religieux de l'Empire Hittite* (Louvain-la-neuve: Université Catholique de Louvain, 1976), 124, 131–32.

72 訳は Hoffner（*The Laws of the Hittites*, 52–53）による。

73 Hoffner（*The Laws of the Hittites*, 107）による翻訳にしたがう。

74 訳は Telipinu's Proclamation, §50; Hoffner（in Roth, *Law Collections*, 237–38）による。

75 『ムルシリ２世のタワタンナに対する非難』(*CTH* 70)。訳は Singer（*Hittite Prayers*, 76 (no. 17)）による。

76 訳は Hoffner（*Hittite Myths*, 64）による。

77 *KUB* 57.66 (*CTH* 670) iii 16. Haas, *Geschichte der hethitischen Religion*, 107 および注 8 を参照のこと。

78 『ムルシリ２世のアリンナの太陽女神に対する祈祷（*CTH* 376.A, §4)』、Singer, *Hittite Prayers*, 51 および『ムワタリ２世の神々の集会に対する祈祷（*CTH* 381 §66)』、Singer, *Hittite Prayers*, 91 を参照のこと。

79 *KUB* 29.1 (*CTH* 414).

80 Bo 3617 (*CTH* 433) i 8'–14' with dupls. この文書については、Heinrich Otten and Jana Siegelová, "Die hethitischen Gulš-Gottheiten und die Erschaffung der Menschen," *AfO* 23 (1970): 32–38 を参照のこと。

81 『マシュティッガによる家族の口論に対する儀礼』("Mastigga's Ritual for Domestic Quarrel")（*CTH* 404)。訳は Miller（*Studies in the Origins*, 106）による。

82 『不死の人の魂の旅』("The Voyage of the Immortal Human Soul")（*CTH* 457.6, §4)。訳は Hoffner（*Hittite Myths*, 34 (no. 11)）による。

83 *CTH* 42; Beckman, *Hittite Diplomatic Texts*, 33 を参照のこと。

84 "Bilingual Edict of Ḫattušili," Gary Beckman (*COS* 2.15:81, §23) を参照のこと。

85 *KBo* 15.2 (*CTH* 421) rev. 14'–19' およびその複製。van den Hout, "Death as a Privilege," 46 を参照のこと。

86 *KUB* 30.24 (*CTH* 450) ii 1–4. 訳は Gary Beckman（"Herding and Herdsmen in Hittite Culture," in Neu and Rüster, *Documentum Asiae Minoris Antiquae*, 44）による。

87 ヘクルと「石の家」についての議論は、Theo van den Hout, "Tombs and Memorials: The (Divine) Stone-House and Ḫegur Reconsidered," in Yener and Hoffner, *Recent Developments in Hittite Archaeology and History*, 73–91 を参照のこと。

88 ガヴルカレシについては、Stephen Lumsden, "Gavurkalesi: Investigations at a Hittite Sacred Place," in Yener and Hoffner, *Recent Developments in Hittite Ar-*

chaeology and History, 111–25 を参照のこと。

89 Bryce, *Life and Society*, 56.

第 5 章

1 近年ヒッタイト学の視点からの研究を牽引しているのは、Harry A. Hoffner Jr., “The Hittites and Hurrians,” in *Peoples of Old Testament Times* (ed. D. J. Wiseman; Oxford: Clarendon, 1973), 196–228; idem, “Some Contributions of Hittitology to Old Testament Study,” *TynBul* 20 (1969): 27–55 である。その後 Hoffner の研究は、Gregory McMahon, “Hittites in the OT,” *ABD* 3:231–33 や Bryce, *The Kingdom of the Hittites*, 355–56 による議論に大きな影響を与えている。また、René Lebrun, “Hittites et Hourrites en Palestine-Canaan,” *Transeu* 15 (1998): 153–63 も参照のこと。Singer, “The Hittites and the Bible Revisited,” 723–56 による再評価は、近年で最も説得的な研究である。

2 Hoffner, “The Hittites and Hurrians,” 214 (および McMahon, “Hittites in the OT,” 3:233) が主張したが、Tomoo Ishida, “The Structure and Historical Implications of the Lists of Pre-Israelite Nations,” *Bib* 60 (1979): 469 n. 17 は、これに反論している。

3 この同定についての議論とそれに対する反論については、Singer, “The Hittites and the Bible Revisited,” 729–30 を参照のこと。ゴイーム（国々）が前 2 千年紀のアナトリアあるいはシリア北部の新ヒッタイトの国々を指す可能性については、これまでにさまざまな議論がある。ウガリトの人名 *tdǵl* がティドアルと音声上類似している点については、Manfred Dietrich and Oswald Loretz, “Die Soziale Struktur von Alalah und Ugarit. 1. Die Berufsbezeichnungen mit der hurritischen Endung *-huli*,” *WO* 3 (1966): 201 を参照のこと。

4 この節の内容と一致する歴代誌上 18 章 10 節では、息子の名前がハドラムとなっており、神の名を頂く名前に変わっている。フリ語に起源をもつ名前トイについては、前 13 世紀エマル（現メスケネ）ではフリ語の形タヘ *Taḫ’e* であったとみられている (*CHLI* I, 2: 400 と n. 30 を参照のこと)。近年、「アレッポの嵐の神」の神殿における発掘でタウタ Tauta（＝トイ Toi ？）という名の王の碑文が発見されている。タウタの王国はハマトを含むシリア北部の広い地域を含んでいた。

5 この一節がハマトのみを指しているとする説については、Hutter, “Widerspiegelungen religiöser Vorstellungen der Luwier,” 431 を参照のこと。

6 Robert G. Boling (*Joshua* [AB 6; Garden City, N.Y.: Doubleday, 1982], 122–23) は、Oliver R. Gurney (*The Hittites* [4th ed.; New York: Penguin, 1990], 60) にし

たがい、「ヘト人の全地」という表現は、のちの時代の著者が新ヒッタイトを念頭につけた注釈であると見ている。一方 Aharon Kempinski (“Hittites in the Bible: What Does Archaeology Say?” *BAR* 5/5 [1979]: 43) は、「ヘト人の全地」という表現は、ヒッタイト帝国についての古くからの伝統を踏まえているものの、前 13 世紀ヒッタイトの地理的な理解は曖昧であったことを示していると考えている。John Van Seters (“The Terms ‘Amorite’ and ‘Hittite’ in the Old Testament,” *VT* 22 [1972]: 79–80) は、この一節がアッシリアあるいはバビロニアの慣例を反映しているという説を提唱している（この点については本文中で後述する）。

7 カラフ出土のアダド・ニラリ 3 世の碑文と比較されたい。「私はユーフラテス川岸からハッティの地とアムルの地全土、ティルスの地、シドンの地、イスラエルの地、エドムの地、ペリシテの地、遠く西方の海まで征服した」（訳は K. Lawson Younger, *COS* 1.214G:276 による）。

8 Benjamin Mazar, “The Early Israelite Settlement in the Hill Country,” *BASOR* 241 (1981): 78.

9 Contra Mazar, “The Early Israelite Settlement,” 78; Emil O. Forrer, “The Hittites in Palestine,” *PEQ* 69 (1937): 200.

10 McMahon (“Hittites in the OT,” 3:232) は、聖書において男性形複数の形 *ḫittîm* が使われて「ヘト人」という用語が現れるのは 5 例のみであると指摘する。Mordechai Cogan, “Locating māt Ḫatti in Neo-Assyrian Inscriptions,” in *Aharon Kempinski Memorial Volume: Studies in Archaeology and Related Disciplines* (ed. Eliezer D. Oren and Shmuel Ahituv; Beer Sheva: Ben-Gurion University of the Negev, 2002), 90 も参照のこと。

11 このような前イスラエルの民族表は 27 例あり、民族の数は 2 から 12 までの幅がある。Ishida が同定したように (“The Lists of Pre-Israelite Nations,” 474)、この民族表の事例数にはユディト記 5 章 16 節と第 1 エズラ書 8 章 69 節の外典（第二正典）の章句（ヘト人は後者にのみに現れる）は含まれない。Ishida はまた、ヒビ人とカナン人を挙げるサムエル記下 24 章 6 節を含めないが、カナン人とペリジ人のみを挙げる四節は含めている（創世記 13 章 7 節、34 章 30 節、出エジプト記 23 章 23 節、士師記 1 章 4–5 節）。民族表にヘト人が現れる例は以下の通りである。創世記 10 章 15–18 節、15 章 19–21 節、出エジプト記 3 章 8 節、17 章、13 章 5 節、23 章 23 節、28 章、33 章 2 節、34 章 11 節、民数記 13 章 29 節、申命記 7 章 1 節、20 章 16–17 説、ヨシュア記 3 章 10 節、9 章 1–2 節、11 章 3 節、12 章 8 節、24 章 11 節、士師記 3 章 5–6 節、列王記上 9 章 20–21 節、歴代誌上 1 章 13–16 節、歴代誌下 8 章 7–8 節、エズラ記 9 章 1–3 節、ネヘミヤ記 9 章 8 節、第 1 エズラ書 8 章 69 節。

12 Singer, “The Hittites and the Bible Revisited,” 755.

13　参考文献一覧は ibid., 735 および注 66 と注 67 を参照のこと。

14　*ḫwt*; Manfred Görg, "Ḫiwwiter im 13. Jahrhundert v. Chr.," *UF* 8 (1976): 53–55 を参照のこと。

15　George E. Mendenhall, *The Tenth Generation: The Origins of the Biblical Tradition* (Baltimore: Johns Hopkins University Press, 1973), 154. ルウィ語・フェニキア語二言語碑文については、Recai Tekoğlu in Ismet Ipek, Kazim Tosun, Recai Tekoğlu, and André Lemaire, "La bilingue royale louvito-phénicienne de Çineköy," in *Comptes rendus des scéances de l'année 2000* (Paris: Académie des inscriptions et belles-lettres, 2000), 981–84 を参照のこと。その解説については、Hutter, "Widerspiegelungen religiöser Vorstellungen der Luwier," 426 と注 4; Singer "The Hittites and the Bible Revisited," 735 を参照のこと。また、Görg, "Ḫiwwiter im 13. Jahrhundert v. Chr.," 53–55 は、さらにヒビ人の北方起源説を論証している。Othniel Margalith, "The Hivites," *ZAW* 100 (1988): 60–70 は、ヒビ人とアカイア人との同定を試みている。聖書によれば、ヒビ人はギベオンから北はヘルモン山にかけての北中部の地に住んでいた（David W. Baker, "Hivites," *ABD* 3:234）。

16　Edwin C. Hostetter, *Nations Mightier and More Numerous: The Biblical View of Palestine's Pre-Israelite Peoples* (North Richland, Tex.: BIBAL, 1995), 77. エブスとエルサレムを同一視する説への反論は、Stephen A. Reed, "Jebus," *ABD* 3:653 を参照のこと。

17　アブドゥ・ヘパはエルサレムの王であったが、彼がエブス人であったという確証はない。エブス人がフリ人であったとする説については、Hoffner, "The Hittites and Hurrians," 225 を参照のこと。

18　David Carr, *Writing on the Table of the Heart: Origins of Scripture and Literature* (Oxford: Oxford University Press, 2005), 117 によれば、ダビデの書記シェワの名はフリ語ではなくエジプト語が変化した名前である。

19　後期青銅器時代のヒッタイト人の同時代人で、かつては敵対したフリ人はヒッタイトとパレスチナの間に広がる地域一帯に暮らしていた。聖書に言及される特定の集団をフリ人と同定するのは難しいものの、フリ人たちが前 2 千年紀後半にパレスチナにたどり着いて、鉄器時代 I 期までその存在が確認される点を無視する研究者はほとんどいない。パレスチナにおけるフリ人については、Hoffner, "Hittites and Hurrians," 221–26; Mendenhall, *The Tenth Generation*, 158; John C. L. Gibson, "Observations on Some Important Ethnic Terms in the Pentateuch," *JNES* 20 (1961): 227–29; Ephraim A. Speiser, "The Hurrian Participation in the Civilizations of Mesopotamia, Syria and Palestine," *CHM* 1 (1953): 311–27 を参照のこと。

20 Edward Lipinski, *Itineraria Phoenicia* (OLA 127; Leuven: Peeters, 2004), 502. 彼はエブス人とフリ人の同定を否定し、ヤブシとはアモリ人の氏族名か、エルサレムに定住していた部族名であったという説を提唱している。

21 Ishida, “The Lists of Pre-Israelite Nations,” 479–80. ペリジ人については Nadav Na’aman, “Canaanites and Perizzites,” *BN* 45 (1988): 42–47; Hostetter, *Nations Mightier and More Numerous*, 80–83 も参照のこと。

22 Mendenhall, *The Tenth Generation*, 145. また Hostetter, *Nations Mightier and More Numerous*, 62–66 の議論も参照のこと。

23 F.-M. Abel, *Géographie de la Palestine* (2 vols.; Paris: Gabalda, 1933–38), 1:325.

24 John Pairman Brown, “The Mediterranean Seer and Shamanism,” *ZAW* 93 (1981): 399. Hostetter, *Nations Mightier and More Numerous*, 64–65 も参照のこと。

25 Itamar Singer, “A Concise History of Amurru,” in Shlomo Izre’el, *Amurru Akkadian: A Linguistic Study* (2 vols.; HSS 40–41; Atlanta: Scholars Press, 1991), 2:135–95 を参照のこと。

26 Gibson, “Observations on Some Important Ethnic Terms,” 217–20.

27 A. R. Millard, “The Canaanites,” in Wiseman, *Peoples of Old Testament Times*, 30.

28 Nadav Na’aman, “Four Notes on the Size of Late Bronze Age Canaan,” *BASOR* 313 (1999): 31–37 とその参考文献を参照のこと。

29 Niels Peter Lemche (*The Canaanites and Their Land: The Tradition of the Canaanites* [JSOTSup 110; Sheffield: JSOT Press, 1991], 52) は、「古代西アジアの書記は、常に自身の社会や国家に属さない人物を『カナン人』と呼んでおり、カナンとは異国を指していたのだ」と結論づけている。

30 前 15 世紀ヒッタイトの祈りに現れるキナッハ、すなわち「カナン」の地名については、Hubert Cancik, “ ‘Das ganze Land Ḫet’: ‘Hethiter’ und die luwischen Staaten in der Bibel,” in *Die Hethiter und ihr Reich: Das Volk der 1000 Götter*, 31 を参照のこと。また、この地名が現れる文書は *RGTC* VI の Kinaḫḫa の項目に列挙されている。

31 後期青銅器時代エルサレム南部の山地は非常に人口の少ない地域であった。Israel Finkelstein (“The Rise of Jerusalem and Judah: The Missing Link,” in *Jerusalem in Bible and Archaeology: The First Temple Period* [ed. Andrew G. Vaughn and Ann E. Killebrew; SBLSymS 18; Atlanta: Society of Biblical Literature, 2003], 86–87) は、後期青銅器時代のエルサレム支配下の領域には、ほんの 1,500 人の定住民ほどの人口しかなかったと試算している。

32 アッシリア人たちが、新ヒッタイトのハマトの城塞を破壊したものの、占領せずにいたこと（*CHLI* I, 2: 402）は、彼らがここを同地方の中心都市としなかったことを暗示している。

33 アラム語で刻まれたザクルの碑文はハマトの崩壊を「アナトリアの」王朝の終わりと位置づけている。Horst Klengel, *Syria 3000 to 300 B.C.: A Handbook of Political History* (Berlin: Akademie-Verlag, 1992), 213; J. David Hawkins, “Hamath,” *RlA* 4 (1972–75): 68b を参照のこと。このように、サルゴン2世の征服により、ハマトでルウィ語が失われたことをもって、前8世紀半ばから始まったヒッタイト文化の痕跡が失われるプロセスが完了したのであった。

34 Cogan, “Locating *māt Ḫatti*,” 86–92 は、他の研究者に反し、楔形文字文書では「ハッティ」と「アムル」という語が同じ意味の広がりをもって使われていたとは考えていない。

35 たとえば、Finkelstein, “The Rise of Jerusalem and Judah,” 81–101 を参照のこと。

36 William M. Schniedewind, “Jerusalem, the Late Judaean Monarchy, and the Composition of Biblical Texts,” in Vaughn and Killebrew, *Jerusalem in Bible and Archaeology*, 375–93.

37 William M. Schniedewind, *How the Bible Became a Book* (Cambridge: Cambridge University Press, 2004), 47 を参照のこと。また、後期青銅器時代パレスチナにおけるメソポタミアとエジプトの書記制度の影響についてはCarr, *Writing on the Tablet of the Heart*, 3章および4章も参照のこと。

38 EA 286–290.

39 たとえば、Schniedewind, *How the Bible Became a Book*, 59–60 を参照のこと。

40 Ron E. Tappy, P. Kyle McCarter, Marilyn J. Lundberg, and Bruce Zuckerman, “An Abecedary of the Mid-Tenth Century B.C.E. from the Judaean Shephelah,” *BASOR* 344 (2006): 5–46.

41 Christopher A. Rollston, “Scribal Education in Ancient Israel: The Old Hebrew Epigraphic Evidence,” *BASOR* 344 (2006): 47–74; Schniedewind, *How the Bible Became a Book*, 61; Carr, *Writing on the Tablet of the Heart*, 123, 163.

42 Benjamin Mazar, *The Early Biblical Period: Historical Studies* (Jerusalem: Israel Exploation Society, 1986), 133.

43 Schniedewind, *How the Bible Became a Book*, 19–20.

44 後期青銅器時代から鉄器時代にかけてのイスラエルにおける書記伝統の連続性についてはibid., 20, 47–49, 52, 56–57 を参照のこと。

45 Finkelstein, “The Rise of Jerusalem and Judah,” 90; Robert D. Miller II, *Chieftains of the Highland Clans: A History of Israel in the 12th and 11th centuries B.C.* (Grand Rapids: Eerdmans, 2005).

46 申命記主義的歴史家が、年代記的文書、ことによると記念碑に記される銘文をもとにした文書に依拠していた可能性については、Carr, *Writing on the Tablet of the Heart*, 142 を参照のこと。

47 Van Seters, "The Terms 'Amorite' and 'Hittite,'" 67; Cogan, "Locating *māt Ḫatti*," 89; J. David Hawkins, "Hatti" *RlA* 4 (1972–75): 154b.

48 記録文書と対照的なアッシリアの年代記の様式の特徴については、Cogan, "Locating *māt Ḫatti*," 86 を参照のこと。列王記下 17 章 24 節にしたがえば、北イスラエル王国から逃れた人々の中にサマリアに捕囚されたハマト人が含まれていたかもしれない点は注目すべきである（本文中の後述も参照のこと）。

49 征服を主題とするのは、たとえば、申命記 7 章 1–4 節、20 章 17 節、ヨシュア記 24 章 11–12 節、出エジプト記 3 章 8 節、17 節、23 章 23 節、33 章 2 節、34 章 11 節、エズラ記 9 章 1 節である。民族間の結婚については、たとえば、申命記 7 章 1–4 節、エズラ記 9 章 1–2 節である。Van Seters ("The Terms 'Amorite' and 'Hittite,'" 67–72) による、民族表の修辞的な特徴についての説明は説得的であるが、「ヘト」と「アモリ」という呼称が地理的に曖昧に使用されていることのみにアッシリアの影響を見出している点は注意されたい。

50 Van Seters, "The Terms 'Amorite' and 'Hittite,'" 80 に主張されている。もう一方の解釈については、たとえば、Anton Jirku, "Eine hethitische Ansiedlung in Jerusalem zur Zeit von El-Amarna," *ZDPV* 43 (1920): 58–59; Nicolas Wyatt, "'Araunah the Jebusite' and the Throne of David," *ST* 39 (1985): 42 を参照のこと。

51 Van Seters, "The Terms 'Amorite' and 'Hittite,'" 68. 父祖の物語とその歴史性については、P. Kyle McCarter, "The Patriarchal Age: Abraham, Isaac and Jacob," in *Ancient Israel: From Abraham to the Roman Destruction of the Temple* (ed. Hershel Shanks; Washington, D.C.: Biblical Archaeology Society, 1999), 1–31 を参照のこと。

52 半世紀前にはアブラハムがマクペラの洞穴を購入する話に後期青銅器時代ヒッタイトの法慣習の要素が「浸透している」とする説があったが、これは完全に反証されている。Manfred R. Lehmann, "Abraham's Purchase of Machpelah and Hittite Law," *BASOR* 129 (1953): 15–18; Gene M. Tucker, "The Legal Background of Genesis 23," *JBL* 85 (1966): 77–84; Hoffner, "Some Contributions of Hittitology," 33–37 による反駁を参照のこと。しかし、Raymond Westbrook, *Property and the Family in Biblical Law* (JSOTSup 113; Sheffield: JSOT Press, 1991), 24–35 は、洞穴を購入する話は後期青銅器時代の慣習を反映しているため、この物語は祭司文書ができた前 6 世紀より、はるかに古い時代のものであると主張している。

53 Benjamin Mazar, "The Historical Background of the Book of Genesis," *JNES* 28 (1969): 82; Gene M. Tucker, "The Legal Backgrouond of Genesis 23," 78;

John Van Seters, *Abraham in History and Tradition* (New Haven, Conn.: Yale University Press, 1975), 98–99 を参照のこと。Nadav Na'aman (The 'Conquest of Canaan' in the Book of Joshua and in History," in Finkelstein and Na'aman, *From Nomadism to Monarchy*, 274–77) はヨシュア記9章のギブオンの話とも比較している。

54 鉄器時代のヘブロンの重要性については、Finkelstein, "The Rise of Jerusalem and Judah," 89 および注47を参照のこと。

55 このように、古代イスラエル人たちは、その歴史の中で自分たちをよそ者とすることで、移住先に以前から住んでいた人々によって汚されていないことを示そうとしたのである。Peter Machinist, "Outsiders or Insiders: The Biblical View of Emergent Israel and Its Contexts," in *The Other in Jewish Thought and History: Constructions of Jewish Culture and Identity* (ed. Laurence J. Silberstein and Robert L. Cohn; New York: New York University Press, 1994), 49.

56 ヘブライ語聖書における「他者」としてのカナン人たちについては、Robert L. Cohn ("Before Israel: The Canaanites as Other in the Biblical Tradition," 74–90) と Peter Machinist ("Outsiders or Insiders," 35–60) in Silberstein and Cohn, *The Other in Jewish Thought and History* を参照のこと。創世記10章の民族表は、誰が「他者」であるのか、すなわち誰が全カナンの「親族」であるのかを決める手段となっている（創世記10章15–19節）。この点については、E. Theodore Mullen Jr., *Ethnic Myths and Pentateuchal Foundations: A New Approach to the Formation of the Pentateuch* (SemeiaSt 35; Atlanta: Scholars Press, 1997), 119–20 を参照のこと。

57 Cohn, "Before Israel," 82–83 を参照のこと。

58 たとえば、Hoffner, "The Hittites and Hurrians," 214。

59 つまり、Lemche が言うところの「ある種の歴史の捏造」である（The Canaanites and Their Land, 86）。サルゴン2世の年代記の前711年の記述において、なぜ反乱分子のペリシテ人アシュドドがヒッタイト人とされているのかはよくわからないままである。ヨシュア記11章22節によれば、巨人族アナクは、ヘブロンと山地から追われた後、アシュドドとガザ、ガトのペリシテ人の諸都市に住み続けた。「アナク」という呼称は、アナクの息子たちシェシャイとアヒマン、タルマイの名前と同様、セム語ではないと考えられる（民数記13章22節、ヨシュア記15章14節、士師記1章10節）。申命記1章28節は、アモリ人をアナク人の子孫と同定している。アナク人もヘト人やアモリ人、ヒビ人のように「他者」なのである。K. Lawson Younger, *COS* 2.118A: 294 の翻訳を参照のこと。サルゴン2世の年代記の全編については、Andreas Fuchs, *Die Inschriften Sargons II. aus Khorsabad* (Göttingen: Cuvillier, 1994) を参照のこと。Aharon Kempinski, "Some Philistine

Names from the Kingdom of Gaza," *IEJ* 37 (1987): 20–24 は、テル・ジェメ出土の陶片に見つかった名前の分析に基づいて、ペリシテ人がアナトリアからきた可能性を示している。Van Seters, "The Terms 'Amorite' and 'Hittite,'" 74–75 の全体の議論を参照のこと。ペリシテ人とその他の「海の民」のアナトリア起源説については、Itamar Singer, "The Origin of the Sea Peoples and Their Settlement on the Coast of Canaan," in Heltzer and Lipiński, *Society and Economy in the Eastern Mediterranean*, 239–50 を参照のこと。

60 Gibson ("Observations on Some Important Ethnic Terms," 226) は、アヒメレクとウリヤは新ヒッタイトの出身者であったと示唆している。Van Seters ("The Terms 'Amorite' and 'Hittite,'" 80) は、「ヘト」という語は彼らが非イスラエルであることを伝えるために使用されたにすぎないという。Richard H. Beal ("The Hittites after the Empire's Fall," *Biblical Illustrator* [Fall 1983]: 81) は、ウリヤはヒッタイト帝国崩壊後にアナトリアから来た難民の子孫であった可能性が高いと主張している。また、Mazar (*The Early Biblical Period*, 129, 136–37) は、ウリヤはエルサレムのエブス人貴族の出身であったと考える。

61 Mazar, *The Early Biblical Period*, 135. アッシリア文書の中ではペリシテ人の王の中にもセム系の名前をもつ者がいる。たとえば、Kempinski, "Some Philistine Names," 24 を参照のこと。エジプトからヒッタイトへ忠誠を翻したアムルにおいて、王族がセム語からフリ語名に変えたことと比較されたい（Singer, "A Concise History of Amurru," 2:182)。名前は、民族性や宗教と同じぐらい政治的な都合に左右されるように思われる。サルゴン 2 世が邪悪なヒッタイト人と呼んだハマトの最後の王イルビディも、ヤウビディとも呼ばれた。Abraham Malamat ("Aspects of the Foreign Policies of David and Solomon," *JNES* 22 [1963]: 7) は、この王の名前からハマト人がヤハウェ信仰に改宗したのだと主張している。Stephanie Dalley, "Yahweh in Hamath in the 8th Century BC: Cuneiform Material and Historical Deductions," *VT* 40 (1990): 27–32 も参照のこと。その説は Ziony Zevit, "Yahweh Worship and Worshippers in 8th-Century Syria," *VT* 41 (1991): 363–66 でも支持されている。ただし、改名が政略にすぎない可能性があることを今一度指摘しておく。

62 Yoël L. Arbeitman, "Luwio-Semitic and Hurrio/Mitannio-Semitic *Mischname*-Theophores in the Bible, on Crete, and at Troy," Scripta Mediterranea 3 (1982): 50.

63 M. Vieyra, "Parallèle hurrite au nom d'Urie 'le Hittite,'" *RHA* 5/35 (1939): 113–14. ウリヤの妻バト・シェバ Bathsheba の名前も、後ろの要素にヘバ Heba というフリ語の神の名が含まれているかもしれない。ヘパトはフリの神々の最高女神であった。Wyatt, "Araunah the Jebusite," 42 を参照のこと。

64 この名前は、オルナン（歴代誌上21章）、あるいはその他の異形アワルナやアランヤ、アラウナと綴られることもある（Richard D. Nelson, “Araunah,” ABD 1:353）。*’wrn* と綴られる同じ名前はウガリト文書に現れる（Hoffner, “The Hittites and Hurrians,” 225）。フリ語では、*’wrnh* は音位交換で *’rwnh* となる。あるいは、その名前はヒッタイト語の *arawanni-*「高貴な、自由な」から派生しているのかもしれない（Haiim B. Rosen, “Arawna: Nom hittite?” *VT* [1955]: 318–20）。また、Wolfgang Feiler, “Hurritische Namen im Alten Testament,” *ZA* 45 (1939): 222–25 も参照のこと。

65 McCarter, *II Samuel* (AB 9; Garden City, N.Y.: Doubleday, 1984), 512.

66 ただし、Werner Fuss, “II Samuel 24,” *ZAW* 74 (1962): 145–64 と比較されたい。

67 Wyatt, “Araunah the Jebusite,” 39–53. この節の翻訳については、McCarter, *II Samuel*, 508 を参照のこと。

68 筆者は Niels Peter Lemche, *The Canaanites and Their Land*, 84 に賛同している。ただし筆者は、これら諸民族の歴史的アイデンティティを議論することに意味はないとする Lemche の主張は受け入れていない。Lemche は、諸民族が「前2千年紀イスラエルの地の実際の歴史に寄与することはほとんど何もない」とするが、それは彼が正に批判している他の研究者らと同じような前提に立っているからである。

69 Schniedewind, “Jerusalem, the Late Judaean Monarchy,” 381–82; Israel Finkelstein, “The Archaeology of the Days of Manasseh,” in *Scripture and Other Artifacts: Essays on the Bible and Archaeology in Honor of Philip J. King* (ed. Michael D. Coogan, J. Cheryl Exum, and Lawrence E. Stager; Louisville: Westminster John Knox, 1994), 173–75.

70 古代近東世界における大規模な人口移動には、捕囚という形で強制された移住もある。トゥクルティ・ニヌルタ1世は治世後期の二つの碑文で、即位年にユーフラテス川の向こう側から28,800人のヒッタイト人を捕囚してきたと主張している (J. David Hawkins, “The Political Geography of North Syria and Southeast Anatolia in the Neo-Assyrian Period,” in *Neo-Assyrian Geography* [ed. Mario Liverani; Rome: Università di Roma, 1995], 87; Singer, “The Battle of Niḫriya,” 100–123)。この数字には誇張があるかもしれないが、ヒッタイト帝国崩壊前でも、かつてのヒッタイトの国々の住民たちが別の場所に移住させられたことはありえる。前8世紀末ハマト人のサマリアへの捕囚については、本文中の後述を参照のこと。

71 『クルシュタマ条約』についてはいくつかの文書に言及されている。ここでは『ムルシリ2世の第二ペスト祈祷』(the Second Plague Prayer of Mursili II. 訳は Singer, *Hittite Prayers*, 58 (§4) による）から引用している。

72 EA 31:15–16; Emil O. Forrer, *Forschungen* (Berlin: self-published, 1926), 2:21–22; *ÄHK*, 294; Singer, "The Hittites and the Bible Revisited," 731, 734 に引用されている。

73 たとえば、Mazar, "The Early Israelite Settlement," 75–85; Kempinski, "Hittites in the Bible," 39–41; Na'aman, "The 'Conquest of Canaan,'" 218–81 を参照のこと。

74 ハマトの骨壷墓地はアッシリアによる都市の破壊後も前700年まで廃れることはなかった (Marie-Louise Buhl, "Hamath," *ABD* 3:35)。これは、ハマト人が象形文字ルウィ語を捨てても火葬は止めなかったことを意味している（新ヒッタイト時代とアラム時代の間のハマトにおける宗教の連続性については Dalley, "Yahweh in Hamath," 27–28 を参照のこと）。このように、ハマト人が強制移住させられたイスラエルにおいて火葬が行われなかったことは、偶然見つかっていないか、あるいはハマト人が捕囚の際に埋葬方法を変えたことを示す証拠である。後者の説は、Singer ("The Hittites and the Bible Revisited," 740) の注意喚起と符合する。Singer は、移民集団の文化受容において、埋葬習慣は付加圧力の対象となるのだという。

75 Buhl, "Hamath," *ABD* 3:34.

76 パレスチナにおける火葬を示す限定的な証拠についての論評は、Garth Gilmour, "Aegean Influence in Late Bronze Age Funerary Practices in the Southern Levant," in *The Archaeology of Death in the Ancient Near East* (ed. Stuart Campbell and Anthony Green; Oxbow Monograph 51; Oxford: Oxbow, 1995), 167–69 を参照のこと。Gilmour はこれまでに発見されている少数の火葬墓には別の解釈ができると主張する。前11世紀（初期鉄器時代I層）アゾルで発見された、二人の遺体を納めた単一の火葬墓はフェニキア人のものとされてきた (Singer, "The Hittites and the Bible Revisited," 742)。また、1976年にアンマン空港近くで発掘された珍しい前13世紀末の構造物は異国の人々のための葬儀施設と解釈された（異国風のミケーネの輸入品で満たされていたため）が、それはヒッタイトの存在を示す証拠にはならない（Larry G. Herr, *The Amman Airport Excavations*, 1976 [AASOR 48; Philadelphia: American Schools of Oriental Research], 1983; idem, "The Amman Airport Structure and the Geopolitics of Ancient Transjordan," *BA* 46 [1983]: 223–29）。

77 Jonathan Tubb, "Sea Peoples in the Jordan Valley," in *The Sea Peoples and Their World: A Reassessment* (ed. Eliezer D. Oren; Philadelphia: The University Museum, 2000), 186; Garth Gilmour, "Foreign Burials in Late Bronze Age Palestine," *NEA* 65 (2002): 117. 二つのピトスの埋葬法についての再評価は、Itamar Singer, "On a Hittite Burial," in Oren and Ahituv, *Aharon Kempinski*

Memorial Volume, *54–*58 とその参考文献、および idem, “The Hittites and the Bible Revisited,” 740–43 を参照のこと。

78 テル・ゼロールの甕墓はすべて子供のものであり、その埋葬法は成人とは異なるため、ここから民族性を判断することは有効ではない。

79 Singer, “The Hittites and the Bible Revisited,” 733.

80 Ibid. を参照のこと。

81 この見方は、Itamar Singer, “The Political Status of Megiddo VIIA,” *TA* 15–16 (1988–1989): 101–12 によるが、Amihai Mazar, “Megiddo in the Thirteenth–Eleventh Centuries BCE: A Review of Some Recent Studies,” in Oren and Ahituv, *Aharon Kempinski Memorial Volume*, 270–71 には否定されている。

82 Singer, “The Hittites and the Bible Revisited,” 738 n. 78 がこの説を唱えている。

83 Itamar Singer, “A Hittite Seal from Megiddo,” *BA* 58 (1995): 91.

84 Itamar Singer, “A Hittite Signet Ring from Tel Nami,” in *Kinattūtu ša dūrâti: Raphael Kutscher Memorial Volume* (ed. Anson F. Rainey; Tel Aviv: Institute of Archaeology, 1993), 189.

85 たとえば、Haya Ritter Kaplan, “Anatolian Elements in the EB III Culture of Palestine,” *ZDPV* 97 (1981): 18–35; William F. Albright, “Dunand’s New Byblos Volume: A Lycian at the Byblian Court,” *BASOR* 155 (1959): 31–34 を参照のこと。

86 この説は Hutter, “Widerspiegelungen religiöser Vorstellungen der Luwier,” 432; idem, “Aspects of Luwian Religion,” 277 に提唱されている。ただし、第 2 章で述べたように、後期青銅器時代アナトリアと前 8 世紀シリアに際立った宗教的連続性があったとは思われないため、私見では、あまり現実的な説ではないと考える。

あとがき

1 Mario Liverani, *Prestige and Interest: International Relations in the Near East ca. 1600–1100 B.C.* (History of the Ancient Near East/Studies 1; Padova: Sargon, 1990), 66–86.

2 代表的な研究として、Jan Bremmer, “The Scapegoat between Hittites, Greeks, Israelites and Christians,” in *Kult, Konflikt und Versöhnung: Beiträge zur kultischen Sühne in religiösen, sozialen und politischen Auseinandersetzungen des antiken Mittelmeerraumes* (ed. Rainer Albertz; AOAT 285; Münster: Ugarit-Verlag, 2001), 175–86 を参照のこと。

3 Thomas V. Gamkrellidze and Vjacheslav V. Ivanov, *Indo-European and the Indo-Europeans* (Trends in Linguistics Studies and Monographs 80; Berlin: de Gruyter, 1995), 768–79 および Singer, “Semitic dagān and Indo-European *_dheĝhom_,” 221–32 を参照のこと。共通する語の収集については Rabin, “Hittite Words in Hebrew,” _Or_ 32 (1963): 113–39 も参照のこと。

4 _KBo_ 15.25 (_CTH_ 396) obv. 13–15; Harry A. Hoffner Jr., “Hittites,” in Peoples of the Old Testament World (ed. Alfred J. Hoerth, Gerald L. Mattingly, and Edwin M. Yamauchi; Grand Rapids: Baker, 1994), 154 を参照のこと。また、Hoffner は注で、_KUB_ 15.34 (_CTH_ 483) i 45「山々はあなた方、神々の前で平らになるように！」にも触れている。_KUB_ 15.34 iii 52 も参照せよ。

5 Aslihan Yener, “A View from the Amuq in South-Central Turkey: Societies in Transformation in the Second Millennium BC,” in _The Aegean and the Orient in the Second Millennium_ (ed. Eric H. Cline and Diane Harris-Cline; Aegeum 18; Liège, Université de Liège, 1998), 275.

6 Harry A. Hoffner Jr., “An Anatolian Cult Term in Ugaritic,” _JNES_ 23 (1964): 68; idem, “Hittite Equivalents of Old Assyrian _kumrum_ and _epattum_,” _WZKM_ 86 (1996): 151–56. 後者において Hoffner は、ヒッタイト語の _kumra_ とヘブライ語で異教徒の神官を指す _kōmer_、およびヒッタイト語の _ipantu-_ とヘブライ語聖書のエフォド _ephod_ が同一の言葉である可能性を指摘している。

7 Cyrus H. Gordon, “Abraham and the Merchants of Ura,” _JNES_ 17 (1958): 31 n. 9..

略　語

AA	*Archäologischer Anzeiger*
AASOR	Annual of the American Schools of Oriental Research
AB	Anchor Bible
ABD	*Anchor Bible Dictionary*
AfO	*Archiv für Orientforschung*
ÄHK	Elmar Edel, *Die ägyptisch-hethitische Korrespondenz aus Boghazköi in babylonischer und hethitischer Sprache* II. 2 vols. Opladen: Westdeutscher Verlag, 1994.
AJA	*American Journal of Archaeology*
ANES	Ancient Near Eastern Studies
AOAT	Alter Orient und Altes Testament
AoF	*Altorientalische Forschungen*
ArOr	*Archiv Orientální*
AT	Alalakh Text
BA	*Biblical Archaeologist*
BagMitt	*Bagdader Mitteilungen*
BAR	*Biblical Archaeology Review*
BASOR	*Bulletin of the American Schools of Oriental Research*
B.C.E.	before the common era
BCSMS	*Bulletin of the Canadian Society for Mesopotamian Studies*
BiOr	*Bibliotheca Orientalis*
BN	*Biblische Notizen*
Bo	ボアズキョイ出土粘土板の目録番号
ca.	circa
CANE	*Civilizations of the Ancient Near East*. Edited by Jack M. Sasson. 4 vols. New York: Scribner's Sons, 1995.
CBQ	Catholic Biblical Quarterly
CHD	*The Hittite Dictionary of the Oriental Institute of the University of Chicago*. Chicago: The Oriental Institute of the University of Chicago, 1980–.
CHLI I	*Corpus of Hieroglyphic Luwian Inscriptions, Vol. I: Inscriptions of the*

	Iron Age. 3 vols. Berlin: de Gruyter, 2000.
CHLI II	Halet Çambel, *Corpus of Hieroglyphic Luwian Inscriptions*, Vol. II: *Karatepe-Aslantaş*. Berlin: de Gruyter, 1999.
CHM	*Cahiers d'histoire mondiale*
ChS	Corpus der hurritischen Sprachdenkmäler
CM	Cuneiform Monographs
COS	*Context of Scripture*. Edited by William W. Hallo. 3 vols. Leiden: Brill, 1997–.
CTH	Emmanuel Laroche, *Catalogue des textes hittites*. Paris: Klincksieck, 1971.
DBH	Dresdner Beiträge zur Hethitologie
DMOA	Documenta et monumenta Orientis Antiqui
EA	El Amarna
ELO	Elementa Linguarum Orientis
HdO	Handbuch der Orientalistik
HED	Jaan Puhvel, *Hittite Etymological Dictionary*. 6 vols. Berlin: de Gruyter, 1984–.
HKM	Sedat Alp, *Hethitische Keilschrifttafeln aus Maşat*. TTKY VI/34. Ankara: Turk Tarih Kurumu Basımevi, 1991.
IBoT	*İstanbul Arkeoloji Müzelerinde bulunan Boğazköy Tabletleri.* 4 vols. İstanbul: Maarif, 1944, 1947, 1954; Ankara: Türk Tarih Kurumu Basımevi, 1988.
IBS	Innsbrucker Beiträge zur Sprachwissenschaft
IEJ	*Israel Exploration Journal*
IOS	*Israel Oriental Studies*
IstMitt	*Istanbuler Mitteilungen*
JANER	*Journal of Ancient Near Eastern Religion*
JAOS	*Journal of the American Oriental Society*
JBL	*Journal of Biblical Literature*
JCS	*Journal of Cuneiform Studies*
JIES	*Journal of Indo-European Studies*
JNES	*Journal of Near Eastern Studies*
JSOT	*Journal for the Study of the Old Testament*
KBo	*Keilschrifttexte aus Boghazköi.* Berlin, Gebr. Mann, 1916–.
KUB	*Keilschrifturkunden aus Boghazköi.* 60 vols. Berlin, Akademie Verlag, 1921–1990.

MAOG	*Mitteilungen der Altorientalischen Gesellschaft*
MARI	*Mari Annales de Recherches Interdisciplinaires*
MDOG	*Mitteilungen der Deutschen Orient Gesellschaft*
MVAeG	*Mitteilungen der Vorderasiatisch-ägyptischen Gesellschaft*
NEA	*Near Eastern Archaeology*
NINO	Nederlands Instituut voor het Nabije Oosten
NRSV	New Revised Standard Version
obv.	obverse（粘土板の）表面
OLZ	*Orientalistische Literaturzeitung*
Or	*Orientalia*
PEQ	*Palestine Exploration Quarterly*
PIHANS	Publication de l'Institut Historique et Archéologique Néerlandais de Stamboul
RA	*Revue Assyriologique*
rev.	reverse（粘土板の）裏面
RGTC VI	Giuseppe F. del Monte and Johann Tischler, *Repertoire Geographique des Textes Cuneiformes*, Band 6: *Die Orts- und Gewassernamen der hethitischen Texte*. Wiesbaden: Reichert, 1978.
RHA	*Revue hittite et asianique*
RlA	*Reallexikon der Assyriologie*
RS	Ras Shamra
RSO	Ras Shamra-Ougarit
SAOC	Studies in Ancient Oriental Civilization
SMEA	*Studi Micenei ed Egeo-Anatolici*
StBoT	Studien zu den Boğazköy-Texten
StMed	*Studia Mediterranea*
THeth	Texte der Hethiter
TUAT	Texte aus der Umwelt des Alten Testaments
UF	*Ugarit-Forschungen*
VT	*Vetus Testamentum*
WO	*Die Welt des Orients*
ZA	*Zeitschrift für Assyriologie*
ZAW	*Zeitschrift für alttestamentliche Wissenschaft*
ZDPV	*Zeitschrift des Deutschen Palästina-vereins*

理解を深めるための参考文献

ここではヒッタイトについて、理解を深めたい読者のための代表的な文献を一覧している。一覧では英文の著作のみを挙げている。上級者は、注の書誌情報にある、さらなる主要文献と、英語以外の言語で書かれたものを含む二次文献を参考にされたい。

概説一般

Beckman, Gary, Richard Beal, and Gregory McMahon. *Hittite Studies in Honor of Harry A. Hoffner Jr. on the Occasion of His 65th Birthday.* Winona Lake, Ind.: Eisenbrauns, 2003.

Burney, Charles. *Historical Dictionary of the Hittites*. Lanham, Md.: Scarecrow, 2004.

Melchert, H. Craig. *The Luwians*. HdO 1/68. Leiden: Brill, 2003.

Yener, K. Aslihan, and Harry A. Hoffner Jr., eds. *Recent Developments in Hittite Archaeology and History*. Winona Lake, Ind.: Eisenbrauns, 2002.

発見と解読

Ceram, C. W. *The Secret of the Hittites: The Discovery of an Ancient Empire.* New York: Knopf, 1956. Repr., London: Phoenix, 2001.

通　史

Bryce, Trevor. *The Kingdom of the Hittites.* 2nd ed. Oxford: Oxford University Press, 2005.

———. *The Trojans and Their Neighbors*. New York: Routledge, 2006.

Kuhrt, Amelie. *The Ancient Near East, c. 3000–330 BC*. 2 vols. London: Routledge, 1994.

社　会

Akurgal, Ekrem. *The Art of the Hittites*. New York: Thames & Hudson, 1962.

Bryce, Trevor R. *Life and Society in the Hittite World.* Oxford: Oxford University Press, 2002.

Hoffner, Harry A., Jr., *The Laws of the Hittites: A Critical Edition*. DMOA 23. Leiden: Brill, 1997.

宗　教

Beckman, Gary M. *Hittite Birth Rituals*. StBoT 29. Wiesbaden: Harrasowitz, 1983.

Gessel, Ben H. L. van, *Onomasticon of the Hittite Pantheon.* 3 vols. HdO 1/33. Leiden: Brill, 1998–2001.

Hazenbos, Joost. *The Organization of the Anatolian Local Cults during the Thirteenth Century B.C.* CM 21. Brill: Leiden, 2003.

Kassian, Alexei, Andrej Korolëv, and Andrej Sidel'tsev, *Hittite Funerary Ritual: šalliš waštaiš.* AOAT 288. Münster: Ugarit-Verlag, 2002.

Miller, Jared L. *Studies in the Origins, Development and Interpretation of the Kizzuwatna Rituals.* StBoT 46. Wiesbaden: Harrassowitz, 2004.

Taggar-Cohen, Ada. *Hittite Priesthood.* THeth 26; Heidelberg: Universitätsverlag, 2006.

ヒッタイトと聖書

Wright, David P. *The Disposal of Impurity*. SBLDS 101. Atlanta: Scholars Press, 1987.

参考資料と史料翻訳

Beckman, Gary. *Hittite Diplomatic Texts*. 2nd ed. SBLWAW 7; Atlanta: Scholars Press, 1999.

Güterbock, Hans G., Harry A. Hoffner Jr., and Theo P. J. van den Hout. *The Hittite Dictionary of the Oriental Institute of the University of*

Chicago. Chicago: Oriental Institute of the University of Chicago. 1989–.

Hallo, William H., and K. Lawson Younger Jr., eds. *The Context of Scripture.* 3 vols. Leiden: Brill, 1997–2002.

Hawkins, J. David. *Corpus of Hieroglyphic Luwian Inscriptions. Vol. 1: Inscriptions of the Iron Age.* 3 vols. Studies in Indo-European Language and Culture 8. Berlin: de Gruyter, 2000.

Hoffner, Harry A., Jr. *Hittite Myths*. 2nd ed. SBLWAW 2. Atlanta: Scholars Press, 1998.

Hoffner, Harry A., Jr., and H. Craig Melchert. *A Grammar of the Hittite Language.* Part 1: *Reference Grammar*; Part 2: *Tutorial*. Winona Lake, Ind.: Eisenbrauns, 2007.

Payne, Annik. *Hieroglyphic Luwian.* ELO 3. Wiesbaden: Harrassowitz, 2004.

Sasson, Jack M., ed. *Civilizations of the Ancient Near East.* 4 vols. New York: Scribner, 1995.

Singer, Itamar. *Hittite Prayers.* SBLWAW 11. Atlanta: Society of Biblical Literature, 2002.

事項索引

［ア行］

［カ行］

［サ行］

［タ行］

［ナ行］

［マ行］

［ヤ行］

[ラ行]

［ワ行］

文書索引

聖　書

古代近東文書

古典文献

研究者索引

K

L

M

N

O

P

R

S

T

V

W

Y

Z

訳者あとがき

本書では、ヒッタイト王国の研究・歴史・社会・宗教、聖書の中の「ヒッタイト」について網羅的に解説されており、また最新研究が紹介されている。すでに「まえがき」で触れられているように、ヒッタイトの歴史に関する概説書には、ブライスの『ヒッタイト王国』（*Kingdom of the Hittites*）やクレンゲルの『ヒッタイト王国の歴史』（*Geschichte des hethitischen Reiches*）などがある。これらがヒッタイトにかんする詳細な研究書であることは間違いない。ただし、本書のように包括的かつ簡潔な研究書は他にあまり例がなく、日本語で読める図書として初学者に有意義なものになることを切に願っている。

原著が出版された2008年以降には、ヒッタイト学研究にはさらなる発展と動向があった。あとがきでは、ヒッタイト王国の領土の広がりと人口の多様性にかんする現在の研究動向と[*]、最後に学習者に有益と思われるいくつかのウェブサイトを紹介したい。

本書の第2章で解説されているように、前14世紀以降、ヒッタイト王国はアナトリア中央に留まらず、西部やシリアの国々を属国として勢力圏を拡大したことから、帝国時代と呼ばれる。王国は、ヒッタイト王が統治する、アナトリア中央を中心とする中核の領土とその周辺地域を合わせた領域と、王に従属を誓った現地の有力者が統治した属国、帝国の出先機関として王族が統治した副王国という構成要素に分けられる。最盛期、王国の支配領域は、南北では地中海から黒海にいたる地域に及んだ。また、東ではシリア

---

* 国土の広がりに関しては、Hajime Yamamoto, “The Concept of Territories and Borders in Hittites’ Royal Ideology,” *Orient* 55 (2020): 29–44 を参照されたい。この研究は日本学術振興会科学研究費2017年度若手研究（B）「紀元前2千年紀ヒッタイト王国によるアナトリア支配の実態と王国の境界」（7K13549）の助成を受けたものである。

北部まで、西はエーゲ海に至るアナトリア西部における多くの国々を属国とし、シリア北部ではそれらを統括するための副王国を設置して影響下においていた。このように、ヒッタイト王国は南北アナトリアを中心としながらも、帝国時代には西部および南東部へも影響力を強めていた。これらの地域では、ヒッタイト語と同じインド・ヨーロッパ語であるルウィ語話者が多く居住していたと思われ、彼らの文化的な伝統は王国の文化に編み込まれていくこととなった。また、彼らの言語であるルウィ語は、帝国時代から象形文字で記され始め、この文字体系は新ヒッタイト諸王国にも引き継がれたことから、ヒッタイト王国の崩壊後のアナトリア・シリア北部の歴史を考える上で非常に重要である。近年、このルウィの言語や文化的伝統にかんする研究が盛んである。とりわけ、ヒッタイト王国から新王国時代の連続性を解明するため、文献学・考古学の両方の立場から、象形文字ルウィ語を伴った碑を始めとするモニュメントやその周辺の歴史的景観についての研究が注目を集めている。

ヒッタイトについてより深く広く学びたい読者には、本書とあわせてインターネットサイトの閲覧もおすすめしたい。近年、楔形文字学の中では、文書資料やその関連情報のインターネット上での公開が盛んに行われている。ヒッタイト学でも、ドイツ・マインツの科学文化アカデミーが運営するウェブサイト Hethitologie-Portal Mainz で、神話・祈祷などの宗教文書のアルファベット翻字とドイツ語翻訳が完了し、現在は祭儀文書のコーパス化が進んでいる (http://www.hethport.uni-wuerzburg.de/HPM/index.php)。ここでは、粘土板の 3D データのアーカイブも一部公開されているだけでなく、コンピューター上での楔形文字の解析システムも構築されつつある。他にも、フィレンツェ大学のダリオ・フォサッティ（Dario Fossati）氏による Hittite Epigraphic Finds in the Ancient Near East (http://www.hittiteepigraphs.com/index.html) では、ヒッタイト文書や印章などが発見された遺跡を地図上で確認できる。タイフン・ビルギン（Tayfun Bilgin）氏による Hittite Monuments（http://www.hittitemonuments.com）では、ヒッタイト王国および新ヒッタイト時代のモニュメントの位置とその写真が網羅的に紹介されている。これらのサイトは、現在のトルコにおける重要な遺跡やモニュメントの位置を理解する上で非常に有用である。また、ミカエル・カマロサノ（Michael Cammarosano）氏による Hittite Name Finder（https://cuneiform.neocitie s.org/laman/finder.html）では、ヒッタイト文書に現れる人名・地名・神名などの固有名詞を検索できる。加えて、マールブルク大学が運営する eDiAna（https://www.ediana.gwi.uni-muenchen.de/news.php）では、ルウィ語を始めとする言語のコーパスが公開されている。現在、その他にもヒッタイトに関するウェブサイトは多数あり、研究機関や研究者個人によって常にアップデートされており、また新たに開設されつつある。これらのウェブサイトもヒッタイトの理解に活用されたい。

　最後に、本書の出版をご提案くださり、翻訳の監修と、出版にあたって多くのご助力をいただきましたアダ・タガー・コヘン先生に感謝申し上げます。また、日本語の翻訳をご確認いただき、有益なご助言をいただきました国士舘大学の森若葉先生と同志社大学の新井雅貴氏に感謝いたします。さらに、中近東文化センター附属アナトリア考古学研究所の吉田大輔先生と、同志社大学の北村徹先生、京都大学の増永理考先生には、ご専門のお立場から貴重なご意見をいただきました。この場を借りて深く御礼申し上げます。

2021 年 4 月 1 日

山 本　　孟

著　者
ビリー・ジーン・コリンズ（Billie Jean Collins）
Lockwood Press 編集長。エモリー大学中東・南アジア研究学部非常勤講師。イェール大学博士（近東言語文化学）。専門はヒッタイト学および古代地中海世界の比較宗教学。
主な編書に *A History of the Animal World in the Ancient Near East*, Brill, 2002, 共編書 *Religious Convergence in the Ancient Mediterranean*, Lockwood, 2019 ほか、多数のヒッタイト社会・宗教にかんする論文を発表している。SBL Press からは *Hittite Rituals from Luwian Lands* が近刊予定。

日本語版監修者
アダ・タガー・コヘン（Ada Taggar Cohen）
同志社大学神学部神学研究科教授。ベン・グリオン大学博士（ヒッタイト学）。専門はヒッタイト学、聖書学、ユダヤ学、現代ヘブライ語。
主な著書に *Hittite Priesthood*, Winter Verlag, 2006、『現代ヘブライ語における前置詞の重要性』リトン、2018 年ほか。

訳　者
山本　孟（やまもと　はじめ）
山口大学教育学部講師。同志社大学一神教学際研究センターリサーチフェロー。京都大学博士（文学）。専門はヒッタイト学。
主な著書に『霊と交流する人々 上巻（宗教史学論叢 21）』（杉木恒彦・髙井啓介 編、リトン、2017 年、分担執筆）ほか。

ヒッタイトの歴史と文化
前２千年紀の忘れられた帝国への扉

発行日　2021 年 6 月 30 日（初版）
　　　　2021 年 9 月 10 日（再版）

著　者　ビリー・ジーン・コリンズ
訳　者　山本　孟
監修者　アダ・タガー・コヘン
発行者　大石　昌孝
発行所　有限会社リトン
　　　　101-0061　東京都千代田区神田三崎町 2-9-5-402
　　　　電話 03-3238-7678 FAX 03-3238-7638
印刷所　株式会社 TOP 印刷

ISBN978-4-86376-088-2　<Printed in Japan>